中国民族性

一九八〇年代、中国人の「自己認知」

沙 蓮香 [著]

津田 量 [訳]

第二部

グローバル科学文化出版

目　次

序章　**文化と民族の性格** ·············3
　一　民族性の根本的な意味 ·············4
　二　文化とその基本特徴 ·············6
　三　文化の堆積が民族性にもたらす影響 ·············11

第一章　**課題の視角** ·············17
　一　歴史上の中国人研究に関する主な基本的観点 ·············17
　二　全体論の方法と民族性の二重構造 ·············25
　三　課題研究の三つの視点 ·············33

第二章　**課題構成** ·············45
　一　相互に補完し合う二つの部分 ·············45
　二　理論仮説と検証 ·············48
　三　サンプリング・調査票・データ処理 ·············51

第三章　**人格特質に対する評価** ·············67
　一　気骨（気節）が首位、中庸が中位、欺瞞が最後 ·············67
　二　年齢層と人格特質評価 ·············74
　三　学歴と人格特質の評価 ·············80
　四　職業と人格特質の評価 ·············83

第四章　**人格選択のコントラスト** ·············88
　一　人格選択における三つのパターン ·············88
　二　人格選択における歴史的目覚め ·············94
　三　人格と歴史の親和性 ·············112
　四　理想的な人格と実際の人格の選択 ·············115

第五章　**総合的な判断と分析** ·············130
　一　総合的な判断と分析のテーマと方法 ·············130
　二　歴史的人格への選択に対する総合的な判断と分析 ·············133
　三　理想の人格と現実の人格に対する総合的な判断と分析 ·············140
　四　歴史人格、理想の人格と現実の人格に対する総合的な判断と分析 ·····142

第六章　欲求と人生の価値 ················ 146

一　欲求を選択する際の「鏡」投射 ················ 146

二　人生の価値を選択する際の名声と実利 ················ 157

三　不朽の奉仕の心 ················ 169

第七章　修身 ················ 186

一　地位の選択を変える要因 ················ 186

二　お互い様 ················ 193

三　良いムードへの渇望 ················ 201

第八章　世の中喜怒哀楽 ················ 217

一　何で苦しみ、楽しむか ················ 217

二、喜怒哀楽を誰に訴えるか ················ 225

三、感情の「百花園」 ················ 236

第九章　性格構造の特性 ················ 244

一　民族性構造の二重性の特徴 ················ 244

二　性格構造の均整特性 ················ 277

第十章　民族精神 ················ 295

一　民族精神 ················ 295

二　伝統と現代化 ················ 306

三　民族精神を高揚させることについて ················ 315

付録一　特別職業階層の調査資料 ················ 325

一　特別職業階層の基本的状況 ················ 325

二　特別職業階層の調査結果 ················ 326

三　特別職業階層の調査状況に対する簡潔な説明 ················ 327

附録二　x^2 検定 ················ 365

あとがき ················ 368

訳者あとがき ················ 372

序章　文化と民族の性格

　文化から民族の性格を研究し始めることが我々の課題研究の中心である。

　民族は構造体であり、生物的・地理的・文化的・心理的な要素から構成されている。民族の性格は心理的要素の一部分なので、心理的要素を除き、他の民族の要素も直接・間接に民族性に影響を与えている。民族の生物的な要素（人種・血統・身体基準・生殖能力・成長能力などを含む）は民族が存在し、発展する生理的基礎であり、民族の構成員の身体条件や健康状態などに影響している。心理活動のメカニズムが生理活動、特に精神生理活動に存在するという点からみると、脳の生理機能は精神的活動に影響しうるので、多かれ少なかれ心理素質と健全な心にも影響しており、民族の素養に影響している。民族の地理的要素（領土・気候・地形・物産・食品の原料）は民族の生存環境の一種であり、民族の心理的特徴にも影響している。

　内山完造は『生ける支那の姿』の中で中国人について「支那人が一つも全集を造らぬのは、矢張茫茫たる大陸で、何ものもはつきりと区劃して見ることのできない、その辺の環境が彼等に影響して、大体の纏わりより以上に纏まると言ふことはないと言ふ、所謂る大陸根性を生んで来て居る。」と述べている。それは中国人の民族性は「大概・おおよそ」に偏る傾向があり、精確な理解を求めないことを意味している。しかし、民族性を研究するには、地理的要素だけを使って説明してはならない。もちろん地理的要素に影響されているが、中国人の性格は社会的要素から受ける影響が大きい。さもなくば、ほかの様々な民族性を持つわけにはいかない。例えば、勤勉・質素・清潔・大同思想などであるが、地理的要素は確かに民族性に影響を与えている。生物的要素と地理的要素は

間接的に民族性に影響する天然の要素であり、直接民族性に影響を与える社会的要素は文化である。

一、民族性の根本的な意味

民族性という概念は、中国語では「国民性」とも呼ばれ、英語では「national character」であり、民族あるいは国の文化の中に浸透した精神あるいは意義を示す。民族の内部で「一つの道理で貫徹する」精神文化であり、具体的に言うと、民族心理と民族心理で構成された特有の民族性・民族の魅力・民族の風情との形で表れる。民族性、国民性は個性と相対する概念であり、国を単位として国民の特徴を考察する際に用いられる言葉でもある。民族性は人格に相対する概念であり、個性・人格は英語では共に「personality」と呼ばれる。

人格は個体を表す概念であり、個人の心理的特徴や個性の総和を指す。人格の形成は社会化を通じて文化のモデルを心理のプロセスと基準に内面化し、最終的に個人固有の思考スタイルや仕方を身に付けることである。それに対して、民族性は民族の全体を表す概念であり、民族の中の大多数のメンバーが共有し、繰り返して現れる心理的な物と性格的な特徴の総和であり、人格の総合体である。ここでの心理的特徴と性格特徴は互いに結び付いているが、異なるものである。結びついている点からみると、心理的な物と性格的な特徴は両方とも心理プロセスに属する。しかし、心理的な特質は心理的な特徴や素質を含み、心理プロセスを示すだけではなく、心理活動のレベルをも示している。性格的な特徴は心理プロセスの総体であり、同時に一定の生活スタイルの特徴を表す。そのため、心理的な特質と性格特徴は異なっている。

民族性は民族の特徴を表している。そのため、民族性は民族の大多数のメンバーが共有し、繰り返し現れる心理状態と行動スタイルでもある。ここの「大多数」は二つの意味があり、一つ目は基本的に社会化し

た成人であり、二つ目は民衆を主体とした成人全体である。アメリカ人の学者インケルス[1]は成人に最も頻繁に現れて、比較的長く続く人格の特徴、あるいは方式があると述べたが、台湾の学者はそれを「モーダル・パーソナリティ（modal personality）」と訳した。つまり、成人には自ら同調する心理があり、その心理プロセスはある種の行為方式として現れ、留められ永続する。また、民族性を保存して永続させ後世に伝えるのは民衆であり、彼らの色々な活動にて客観的に現れる民族性や民族精神（言語・道徳・歌謡・風俗習慣・社会風潮・民間手工芸・音楽・美術・文学・農耕技術など）はよりいっそう伝統性を有する。社会の支配者と少数のエリートが歴史や時代に選ばれた者として、民衆に必要とされている。彼らは民族伝統の「尾」を引きずっている。民族性が政治・経済・文化の歴史を貫く歴史的なものである。ここから、民族性は疑いなく一人一人のメンバーの人格特徴として現れるものであるが、個々人の人格の和ではなく、民族性は民族全体の様相が現れるもので、歴史と社会の各方面に通じていることがわかった。中国の学者荘沢宣は『民族性と教育』（1938）の中で「民族性は民族中の全てのメンバーが互いに影響して生み出した共通の思想・感情・意志であり、個人を抑圧して懇ろに促す力である」と述べた。つまり、民族性はある民族の内部にある心理プロセスで、それが一種の心の力になり、それが各個人に他人と交流して互いに共有するという心理を生み出したからこそ、民族の精神生活と社会生活を維持して発展することができる。成人はまた様々な階層に分けられ、それぞれと老年・中年・青年である。そのうち、青年には民族性の焼印があり、わりと鮮明な時代的特徴と民族性の変化の趨勢が示されている。職業階層から見ると、成人は農業・工業・文化教育関連・科学技術研究の仕事に従事しており、それぞれ肉体労働者と頭脳労働者に分属する。現代社会では、頭脳労働者の人数が次第に増大しており、知識

1　アレックス・インケルス（Alex Inkeles）（1920 年 -2010 年）アメリカの社会学者。ハーバード大学教授、スタンフォード大学教授を歴任。ソ連社会研究の第一人者。

には伝播性と融合性があるので、頭脳労働者の性格特徴は変化しやすい。そのため、民族性を研究するには、共通する代表的なものや民族性の変化傾向を見つけ出すために、工農労働者や普通の民衆に注目するだけではなく、インテリ層も重視しないといけない。

　要するに、民族性は精神現象であり、民族の群体に存在する。社会心理学の歴史では、ドイツの民族心理学派とフランスの群体心理学派が民族精神（民族の心）あるいは群体精神（群体の心）を懸命に主張したことがあるが、それは精神現象の従属性を抹殺し、民族の精神あるいは群体の精神を独立する実体だと誇張した。これらの点が些か偏っているようである。しかし、彼らは個人と社会の間に存在している巨大な群体とその群体に付着している精神をはっきりと示した。民族性はその精神の重要な表れであり、民族の特色を明示した。民族の特色は有形のものに現れるだけでなく、無形の精神にも現れている。梁漱溟は中国文化を語るとき、中国文化はある地理的空間や歴史的時期における多くのものを指すだけではなく、ある意義や精神をも指している、と述べた。この見方は理にかなっている。文化に含まれているその種の精神・意義・文化の価値は、民族の統一をつなぎ止め、滅びない群体には欠かせない内在する紐帯であり、民族の特徴を体現しているのである。

二、文化とその基本特徴

　文化（culture）という概念は中国では昔から存在していた。南斉[1]（479-502）の王融[2]の『曲水詩序』の中には「神理を設けて以って俗を景（あきらか）かにし、文化を敷きて以て遠きを柔く[3]」というくだりがある。その

1　南斉（479 年 - 502 年）は、中国の南北朝時代に江南に存在した国。南朝の一つ。斉といったが、北朝の北斉や春秋戦国時代の斉などと区別するために南斉と呼ばれる。
2　王融（467 年 -493 年）は、中国南北朝時代、南斉の政治家・文学者。現山東省の人。武帝の命で「曲水詩序」を作る。六朝時代を代表する名門貴族出身。
3　「設神理以景俗、敷文化以柔遠」

文化は文治と社会教化の総称を指している。文化と社会の関係からの文化研究は 19 世紀ドイツのウェーバー[1]とマックス・シェーラー[2]などを代表とする文化社会学派から始まった。彼らは文化を宗教・思想・芸術・理想・価値などを含む精神的・人格的・直感的な産物と見なした。ただし、文化を独立の研究対象として研究し始めたのはイギリスやアメリカの文化人類学である。E. B. タイラー[3]は 1871 年に文化について「文化は知識・信仰・道徳・法律・風俗、及び社会メンバーが得た能力・習慣などを含む複合体である」とした定義は、今も権威とされている。ベネディクト[4]は『文化の類型』（1934）の中で「文化が人間と同じで、思想は行動と多少一致している類型あるいは整体である」と述べた。ラルフ・リントン[5]は『文化人類学入門』の中で「文化は後天的に習得した行為や行為によって引き起こされた結果の総合体であり、完全な『型』である」と考えた。つまり、リントンにとって文化は行為モデルであり、また行為の結果という形で文化遺産の中に現れている。イギリスの文化人類学者 B. K. マリノフスキ[6]は『科学の文化』（1944）の中で「文化は完全な全体であり、具体的なもの（容器や生活消費品）と無形の思想（信仰・

1　アルフレート・ヴェーバー (Alfred Weber)（1868 年 -1958 年）は、ドイツの社会学者・経済学者、マックス・ヴェーバーの弟。

2　マックス・シェーラー（Max Scheler）（1874 年 -1928 年）は、ユダヤ系のドイツの哲学者。ルドルフ・オイケンの門下生で」哲学的人間学の提唱者。初期現象学派の一人。

3　エドワード・バーネット・タイラー（Sir Edward Burnett Tylor）（1832 年 -1917 年）はイギリスの人類学者で「文化人類学の父」と呼ばれる。宗教の起源に関してアニミズムを提唱した。

4　ルース・ベネディクト（Ruth Benedict）（1887 年 -1948 年）は、アメリカの文化人類学者。著書に『菊と刀』がある。

5　ラルフ・リントン（Ralph Linton）（1893 年 -1953 年）は、アメリカの人類学者。

6　ブロニスワフ・カスペル・マリノフスキ（Bronisław Kasper Malinowski）（1884 年 -1942 年）は、ポーランド出身のイギリスの人類学者。

習慣・制度など）を含んでいる」と考えた。文化の本来の概念は文化人類学の概念である。文化人類学は文化を人類行為のある方式で思想と行為が一致する完全な総合体と定義したが、それは基本的に正しい。しかし、上述する学者たちの文化に対する説明や規定は歴史的視野を持っておらず、文化現象を社会歴史のプロセスの中で考察していなかったため、横の視角は比較的とされているものの、縦の分析が薄弱である。

　文化は社会歴史現象である。おそらく人類が生まれたと同時に、文化も生まれたのであり、文化は全てを包み込むと言えるであろう。そのため、文化という現象にはほかの現象にはない個性があり、特有の「質」的な規定性を有している。文化というものは、長い間の社会生活の中で凝集してきた生活スタイルの総体である。それはまず、文化自体が生活スタイルであり、思考スタイルと行動スタイルを含んでいる。血縁と地縁で結ばれた民族の群体は特有の生産・交換の方式と、問題を思考・解決する方式がある。その特有の「方式」があるからこそ、特有の製品が作られ、ある民族はこうであり、ああではないことを示している。生み出される物には二種類があり、物質的な物と精神的な物がある。生産用具・交通手段・日常用具・住宅・建築・服装・化粧品などは前者に属し、文字・言語・文学・芸術・宗教・道徳・科学などは後者に属する。しかし、注意すべきは、文化はあらゆる物に現れるが、物自体ではない。文化はただ人々の行動と思考のスタイルとして物に存在している。次に、文化は生活スタイルの総体である。文化は様々な物に現れている以上、その構成要素も多種多様である。文化は「方式」であるので「型」になっている。そのため、文化の内部の各要素が互いに制約し合い、補い合って作用しているのだ。その中のどれか一部の「方式」に変化が起きたら、必ずほかの部分は影響を受けるのである。文化内部のそのような相互の影響は、ある文化を異文化に打ち壊されたり、呑み込まれたりしないように守っており、相当な凝集力と排他性を示している。最後に、文化は長期に渡って凝集された結果であり、歴史の積み重ねである。横から見

ると、文化は民族が共有して一致する生活スタイルの総体であり、縦から見ると、文化は代々の人々と歴史的な富に凝集された生活スタイルである。代々の人に凝集された生活スタイルの総和は民族性となり、歴史的な富に凝集された生活スタイルの総和は文化遺産となる。

　文化は普遍性を有している。文化は人類によって創造され、人類は歴史の成績の総和を創造したのであり、「人類が環境を調整して生じたものを全て文化と呼ぶ」。人類は地球の生活環境を共有しているため、文化は全人類が共有し、普遍的で広く適用される面がある。文化の普遍性という特徴は人類がグローバル性のある生活を維持・発展させる一種の社会紐帯である。

　しかし、文化の主な特徴は普遍性ではない。それは文化が血縁と地縁のような天然の関係の基礎の上に積み重なってできたものなので、その基本的な役割は民族生活を維持・発展させることである。文化は民族の歴史の産物であり、民族の群体を結びつけて丈夫にさせる社会の紐帯である。先に文化の定義を述べるときに、文化は生活スタイルの「総体」であると言った。それは実際に文化の基本特徴はその総体性、あるいは全体性にあることをはっきりと示している。文化の全体性は民族を単位として形成されており、世界を単位として形成されたものではなく、またそのようなはずもない。文化は全体性があるので、民族が文化の優勢を保って発揮させることが可能になるし、もしある民族の文化が次第に分散して統一できなくなったら、その文化の優勢は次第に失われ、終には落伍してしまうだろうことを意味している。世界の長い歴史を持つ文化の中で、中国の文化だけは途切れることなく今日まで続いてきており、緊密な文化体系として世界の文化の森に頑強に立っているその事実は、文化の全体性を見事に証明している。

　文化の基本特徴は全体性（総体性）である。この基本特徴があるからこそ文化は固着性を帯びている。つまり、文化は全体的であり、「型」であり、「態」である。そのため、文化自体には勢力（文化のエネルギー）

が潜んでいる。その勢力・エネルギーはまた一種の慣性・惰性であり、比較的変わりにくい。文化の全体性はまた文化の排他性をもたらした。排他性は異文化を排除することを指し、その反対が同化である。民族の文化生命力は異文化を同化する能力に大きく表され、同化は様々なものを取り込むことではなく、精華を取り入れ、かすを捨て去り、己のものにすることである。

　要するに、全体性（総体性）は文化の基本的な特徴である。この基本的な特徴があるから、文化はまた固着性と排他性を持っているのだ。

　文化はまた変移性と相対性を持っている。スピードは遅いけれども、文化の歴史は文化の変化の歴史である。それから、歴史的に文化は常に変化しているため、文化現象は相対的であり、絶対に変わらないことはない。

　文化の変移は主に二つの要素によって引き起こされている。一つ目は異文化を同化するプロセスの中では、いつも新たに構成要素が増えたり、もともとの要素がなくなったりしていて、文化システムの小さい変化を形成している。その小さな変化が一旦システム化すれば、その変化も一定の方向へ進む。文化が変移する中で、「カルチャードリフト（cultural drift）」という現象も現れる。それは文化がある方向へ次第に発展するプロセスの中で現れた一連の極小さな変化を指し、その変化が最後には文化システムの破裂と解体を引き起こす。カルチャードリフトは文化の変移の中で次第に進むプロセスであるが、非常に大事なプロセスである。二つ目は社会の変遷によって引き起こされる文化変移である。文化は幅広い社会現象であり、物質文化（物質活動と様々な有形の物で表された文化）・社会（行為の）文化（社会メンバーが共に遵守する社会規範と規範行為によって表された文化）・精神文化（精神活動と精神が生んだ物によって表された文化）を含み、そのあらゆる文化は例外なく社会生産力と科学技術、及び上部構造の変化に伴って変化している。

　文化の変移性と相対性から、文化の歴史性と階級性も生まれた。異な

る歴史的な時期と階級社会の中で、あらゆる形態の文化は歴史と階級の烙印を焼き付けられた。階級社会では、上部構造の文化は上流階層の利益のために奉仕するのである。

三、文化の堆積が民族性にもたらす影響

　文化は全体であり、分散して不規則で秩序がないものではない。文化は規則的で秩序があるため、いつまでも続き、代々受け継がれるものである。また、文化は差異に満ち、常に変化しているため、文化には様々な形があり、代々変化している。文化の相伝であろうと、変化であろうと、全て文化が累積するプロセス中での現象である。
　文化の累積はまた文化の堆積と呼ばれる。ただし、文化の堆積という概念はもっと深い意味がある。いわゆる文化の堆積は、歴史上では累積されて伝播された文化の総量を指す。第一に、文化の堆積は質と量を統一した概念である。保存された文化の量が多いことは堆積した文化の層が深いことを示している。総量が多く、堆積した層が深ければ、文化的な優勢を意味する。文化の堆積の質的な表れは、民族全体の素養の優劣であり、内容の豊かさと構造の厳密さの程度を含む。文化は内容と形式に分けられる。内容から見ると、文化は多くの要素によって構成されており、その要素は文化を構成する単位である。例えば、チャイナドレス・北京の四合院・北方の馬車などはすべて単位である。チャイナドレスや「馬褂」という中国式の羽織などは、中国式の服装を構成する一種の文化叢であり、文化叢は簡単なものから複雑なものがあり、簡単な文化叢が互いに結びついて複雑な文化叢になり、複雑な文化叢が互いに結びついて特定の文化体となる。文化叢の結びつきは乱雑で無秩序なものではなく、規則的で系統的な全体であり、一定のモデルを形作っている。つまり、文化の形式から言うと、文化は文化叢が互いに結びつきあった一定のモデルである。このモデルでは、文化は横に結びついて一つの全体

になり、統一して分かれない。同時に縦に延びて一体となり、完全に揃っておりばらばらに散らばらない。アメリカの人類学者アルフレッド・L・クローバー[1]は文化のモデルを二種類に分け、一つは数千年にわたり連綿と続き歴史上、主導的役割を果たした主なモデルであり、もう一つは安定せずに変移しやすい副次的なモデルである。ここでの文化の堆積とは、主なモデルとそれに含まれる文化叢の連綿と続くプロセスを指す。文化のモデルが続くということは、それが質的に優勢であり、多くの人に好かれ、受け入れられていることを示している。中国女性のチャイナドレスが今も衰えないのは、それが美しいことを示している。もちろん、人々に好かれる文化現象が必ず美しく、素養の良いものであるとは限らない。文化の質と量の関係は、統一されているところと、統一されていないところがある。第二に、文化の堆積プロセスは累積と伝播との二つの側面からなり、累積と伝播により形成されたものの総量である。一般的に言うと、文化の累積が多いほど、堆積層が深く、その伝播能力は強い。例えば、中国文化が歴史上で伝播した範囲とスピートは中国文化の累積とは切り離せない。文化の伝播は大きく自然伝播と社会伝播の二つに分けられる。自然伝播は人々が社会での交わりを通じて自然に形作られたもので、社会伝播は静態と動態の二つの伝播がある。静態の伝播は物や製品に記載される文化モデルであり、動態の伝播はマスコミを通じて現実の文化現象をコピーし、新聞・雑誌・小説・放送・映画・テレビ・ビデオなどのメディアによって伝えられるものである。文化の累積は文化伝播の前提であり、文化伝播は文化の累積の拡散である。文化伝播がなければ、文化の累積もなくなってしまう。文化の本質から見ると、文化は絶えず伝播するものであるので、文化の紛失は総じて文化の累積より少ないのだ。

1　アルフレッド・ルイス・クローバー（Alfred Louis Kroeber）（1876 年 -1960 年）は、アメリカの文化人類学者。20 世紀前半の学界で大きな影響力を持っていた。

文化の堆積は二種類の要素で生み出される。古い文化の保存と新しい文化の増加である。文化には惰性があり、一旦作り出されたら、そのまま保存され簡単には消えない。そうして文化は次第に多くなるのだ。新しい文化と古い文化には元より対立関係にあるが、新しい文化が現れてその地位を確固たるものにしようとすると、固有のその古い文化と結合して、それを取り込んで総量を増やさないとならない。そのため、新しい文化の増加は固有文化の発展を弱めるばかりか、むしろ新しい文化は固有の文化の助けを借りて自己を保存・発展するので、却って固有文化を多く累積させたり、より広く伝播させたりする。文化が累積している間に新しい文化が増えていることから、我々は文化の累積の多寡が民族文化の根底（基礎）の厚さを象徴すると信じうるのである。文化は根が深く、基礎がしっかりしているならば、民族文化は長期にわたってその薫陶を受けられるのである。孫本文は文化の累積にについて「社会がある時期において累積した文化の総量を文化の基礎と呼ぶ。文化の基礎が成熟すれば、新しいものが自然に生まれるようになる。」と述べた。孫本文の見解は文化の促進作用について語り、発明が生まれるための全ての社会的条件を述べなかったが、彼は文化の累積の客観的な作用と、文化の累積が社会歴史を発展させる歴史的条件の一つであると指摘したのだ。

　では、文化の累積・伝播・堆積は民族性にどのような影響をもたらしたのであろうか。

　第一に、文化の堆積は民族性にとって社会環境の役割を果たす。社会環境には物質的なものと精神的なものがあることはよく知られている。物質的な社会環境は人々が生産活動をして物質世界を改造してできた環境であり、すなわちマルクスが述べた感性世界のことである。この感性世界は人々の行動と思考のスタイルを記録している。中国の色鮮やかな花柄の布地は中華民族が長期にわたって自然界と直接接触し、自然の草花を好む性格を記録し、鯉が龍門へ跳ぶ絵柄の洗面器は中国人の「福禄

寿」を重んずる心理状態を記録している。これらの感性が人々の前に現れ、絶えず人々の性格に影響を与えている。精神的な環境は心理環境とマスコミによって形成される擬態環境（複製環境・コピー環境）に分けられる。1960年代以来、情報が環境化し、環境も情報化したため、擬態環境は情報環境とも呼ばれる。呼び方が異なるが、意味は同じである。その精神的環境は現実的環境を複製（コピー）してマスコミを通じて現実環境を再現したものである。私たちは毎日テレビ番組、球技の試合を見ているが、それは現実生活ではなく、編集されて作られた複製品である。しかし、この環境が人々の心理や人格にもたらす影響は大きい。現実環境より柔軟で弾力性があり、感情や人を惹き付ける誘惑に満ちている。要するに、心理環境を除き、ほかの精神的環境と物質的環境は全て文化環境である。文化モデルは社会環境に凝集され、社会環境の背後にある深層の力になり、代々の人々の性格特徴に深く影響している。現代科学技術の急速な発展下で、マスコミの神通力は強く、伝統文化の拘束力は現代の反伝統的な文化モデルに押されて弱まれている。そのため、民族性の変化・改造もかなり早いのだ。

　第二、文化の堆積は民族性に社会尺度の役割を果たしている。民族性は標準に従って改造されるものであり、思うが侭にするものではない。民族性を思うが侭に改造しようとすると、必ず世論の非難と抵抗を受ける。民族性を改造するときに従う社会的尺度は規範であり、人々が共に守る行為規則である。特定の文化モデルは規範で人々の社会的行為を拘束し、規範の拘束力はまた人の社会化プロセスを通じてはじめて実現できる。人が社会化するプロセスの中で、規範が心理世界の内在尺度を内化し、人々が行動する際の心理的規則となる。文化には特殊な品格があり、大多数の人に好まれ、心から受け入れられるものである。例えば、中国人女性はチャイナドレスを着ることに対し、日本人女性は和服を着るように、文化とはそのようなものである。もし中国人女性に和服を着せたら、小走りに歩かなければならないことを好まないであろう。日本

人女性にとっては、和服を着て小走りに歩くことは美である。同様に、中国人女性にとって、チャイナドレスを着れば立ち居振る舞いが瀟洒で優美だと感じるが、日本人女性が着ると不自然に感じ、着たがらない。これは好きかどうか、慣れているかどうかの問題である。新しいやり方が一旦社会生活の領域に入り込んで、人の社会化プロセスを通じて内部の美の尺度に内化されると、人の行動をコントロールするようになる。そして過去の行動スタイルや伝統習慣を次第に変え、それによって民族性は改造されていくのだ。

　要するに、文化の堆積が民族性に与える深い影響はある種深層の力であり、人々は文化モデルに深く拘束されているが、拘束されているとは感じられないのだ。文化の力は巨大な社会的圧力であるが、人々は何ら圧力を感じない。同時に、文化が変化しているので、民族性も次第に改造されている。文化の堆積が民族性の改造に与える影響は、文化の環境化と文化の人格化の二つの大切な段階を経て実現するものであり、文化遺伝のメカニズムはその二つ段階に埋もれている。民族は遺伝するものであり、民族の遺伝は生物的遺伝と文化的遺伝を含む。生物的遺伝は遺伝子の組み合わせで実現するものであり、ある民族がどのような人種であり、他の民族ではないことを保証する重要な証である。現代では、遺伝子組換え技術が発明され、人工的に遺伝子を再構成することができ、人の生物プロセスにある種の文化的痕跡を残せるが、直接に民族の特徴を規定するのは文化的要素である。文化の遺伝は明らかに生物の遺伝とは異なるが、文化の遺伝にも「コード化してデコードする」プロセスがある。このプロセスは実は文化を絶えず累積し、伝播するプロセスである。ここから、民族性の形成及び改造のメカニズムが文化の堆積のすべて歴史プロセスに隠れていることが分かる。

　中国は歴史があり、文化伝統がある古い文明国家である。中国文化は堆積して中国人特有の民族性を形成した。この民族性には長所と短所がある。しかし、歴史から見ると、中国人の民族性には長所が優位を占め

ているため、中華民族は数千年にわたって衰えず、何度も外敵の侵入を受けたが滅びず、終始発奮努力して、落伍することに甘んじなかった。

　中国文化は早熟であり、中国人の民族性も早熟である。中国人は人生・人間関係・社会生活に対する態度がかなり規範的であり、処世哲学があり、婉曲で・ユーモアで・楽観的で・礼儀を弁え・人間関係を重んじ・自然の理に従い、同時に、陰謀を好み・世の道理を弄び・冷淡に傍観し・享楽を求める、ことなどである。中国人のこのような特徴は一見相容れないようであるが、後ろの特徴は前の特徴を補ったものである。特に長期間、経済と教育が立ち遅れていた状況の下で、そのような性格はちょうど苦境から脱して自分を守る方法であり、心理の投射でもある。そのため、中国人の民族性の中の長所と短所は往々にして分けられず、婉曲と虚飾、ユーモアと狡猾、足るを知り常に楽しむ、微笑みと陰謀、人助けと冷淡な傍観など、微妙な形で結び付いてきている。性格は時間・場所・人によって異なる。

　ある民族の心理的特質を見るときに、その知的能力も見なければならない。この点から見ると、中国人の民族性の中で大切なものは昔からの「学びて厭わず、教えて倦まず」と「古を好み敏にして之を求めたる者」という追求精神、及び「之を知るを之を知ると為し、知らざるを知らざると為す」という好学精神である。中国人は知を求めて良く学び、智謀があり、冷静に思考する能力がある。知的能力は中華民族の潜在能力である。中国の物質的条件が迅速に変り、教育レベルが大幅に向上しさえすれば、民族性の長所や潜在している力を必ずや発揮できる。

　しかし、文化の堆積が民族性を改造する大事な要素であるが、唯一の決定的な要素ではない。なぜなら文化は社会を発展させる根本的な力ではなく、文化の発展は生産力の発展と、あらゆる社会経済・政治・法律制度の発展及び思想体系の指導的作用によって決まるものだからである。民族性の改造は根本的に文化の発展を決めるものによって決められるのである。

第一章　課題の視角

　1986 年 3 月、筆者は『中国人の民族性と中国の社会改革』プロジェクトを中国国家教育委員会に申請し、その批准を得た。そして、同年 10 月、本プロジェクトは国家七期五カ年計画期間における重点科研プロジェクトとして推薦され、社会学界全体の支持を得た。これにより、中国人に関する研究が初の中国の国家重点科学研究プロジェクトとなり、国家社会科学基金の資金援助を受けることとなった。

一、歴史上の中国人研究に関する主な基本的観点

　中国の哲学史は人生哲学に関する思想史であり、人生は何物であるか、人間は何のために生きるか、どのように生きるかなどの問題を研究し、中国人の伝統的な人格研究の重要な理論的根拠を提供する。

　しかし、現実の中国人を対象として行われた考察と研究は、中国文化と西洋文化が接触してからである。19 世紀半ばになると、中国と中国人を研究する専門書が出てきた。当時、実際に中国に来て中国と中国人を考察した人は大きく三種類に分けられる。第一は長年にわたって中国で布教していた宣教師である。宣教師たちが中国人と中国文化に関する手紙のやりとりは、東西文化の交流と伝播に積極的な意義を持っている。これらの手紙の内容は史実としてヘーゲル、マルクス、エンゲルスなどをはじめとする中国に来たことのない西洋（特に西欧）の有名な学者と思想者たちに東方文化を研究する可能性を提供した。第二は、当時の中国学者と外交使節である。例えば、ウェード[1]というイギリスの駐中

1　サー・トーマス・フランシス・ウェード（Sir Thomas Francis Wade）（1818 年 -1895 年）は、イギリスの外交官、中国語と中国学の研究者。中国名は威妥瑪。

国漢文副使は、1837年にケンブリッジ大学を卒業し、1842年に中国語を勉強し、研究するために中国に派遣された。そして、1845年に一度イギリスに帰り、後に駐中国使節団に奉職し、1883年に再びケンブリッジ大学に戻った。彼は『Note on the condition and government of the Chinese empire in 1849』（1850）の中で、中国人は勤勉であるが、目先の損得で動いたり、ソロバンをはじいたりする功利主義の民族であると概述した。これらの外交使節は本国外交の必要に応えるために中国人研究にとりかかったが、客観的には中国文化と中国人研究の参考にもなった。第三は、東方文化と東方人格に対する好奇心と科学精神に駆り立てられ研究に取り組んだ学者である。フランスの宣教師であるユック[1]は1844年に北京から出発し、2年の月日をかけ、中国の内陸とチベット地域を歩き回り、1854年に『中国帝国追想』を発表した。ドイツの地理学者、地質学者であるリヒトホーフェン[2]は中国の十数の省を考察した後、『独立種族』という本を著した。後には、イギリスの哲学者ラッセル、アメリカの社会学者ロス、アメリカの哲学者デューイなどが相前後して中国に来て、中西文化に対する比較研究と中国民族性に関して行った研究は、今も貴重な価値を有している[3]。

　中国人の自国の国民性に対する研究は中国の現代史とほぼ同期である。巌復・康有為・梁啓超から魯迅・胡適・陶行知にかけて、中国の社会改革と文化建設に志す志士や見識を持つ文化人は皆、中国の民族性について論じたことがある。

　現在に至るまで、中国人に対する研究は数多くあるものの、まだ一致した結論は出ていない。もし『中国国民性』（一）の中に収録された71

1　エヴァリスト・ユック（Évariste Régis Huc）（1813年-1860年）中国名は古伯察。
2　フェルディナント・フォン・リヒトホーフェン男爵（Ferdinand Freiherr von Richthofen）（1833年-1905年）は、ドイツの地理学者・探検家。近代的地形学の分野の創設者とされ、中国の研究を通じて、シルクロードの定義を定めた。
3　沙蓮香『中国民族性1』参照

人の学者、500余りにわたる観点を大ざっぱに分類し、各観点が現われた頻数を統計すれば、歴史上の中国人に関する研究の基本的な観点及び観点の分布状態は大体把握できるであろう。

本課題の分類は荘沢宣が『民族性と教育』の中で提案した15種類の観点、梁漱溟が『中国文化要旨』の中で国内外の学者の観点に対する10種類の分類、潘光旦が『民族特性と民族衛生』の中でスミスの26種類の観点に対する三つの分類（生理と心理類、経済品行類、社会品行類）及び過去20年程の間に中国の香港と台湾も含む中国人と中国文化に関する研究の主な観点によって行われ、主に八つに分けられる（表1-1、図1-1）[2]。71人の学者の主な著作・論文に現われた頻数によって各類の観点を分析すれば、「勤倹で労働に耐え、貧困に安んずる」という観点が最も多く、24.4%であった。その次は「私利私欲・虚偽嫉妬」であり、22.3%であった。三番目から八番目はそれぞれ「家族第一・権威主義」（12.9%）、「仁愛慈悲・自ら修身する」（11.6%）、「大雑把で無知」（8.5%）、「中庸謙虚・円熟含蓄」（8.3%）、「聡明器用・自強不息」（6.8%）、「大らか・平和寛容」（5.2%）である。

以上の8種類の歴史上の観点に対して、中国の社会改革が進展しつつある1980年代を生きる現代人はどのような見方を持っているかを知るために、本プロジェクトでは289人の知識人（高等教育を受けた人）を対象にアンケート調査を行った。調査内容は二つある。一つは、調査対象者は8種類の観点を賛成と反対の程度に応じて七段階で評価する（点をつける）こと。もう一つは、調査対象者は評価に基づいて、中国人最大の長所と短所を選択することである。[3]

1　沙蓮香主編『中国民族性1』参照のこと

2　『中国国民性』（一）の中に収録された論点の中のいくつかの論点は民族性に関する論述ではないので、ここでの分類には収録していない。

3　中国人研究に対する評価と選択の質問事項：歴史上、中国人の民族性を研究する学者による観点は多い。下に歴史研究の中で一致する観点と異議のある観点をそれぞ

表 1-1　歴史上中国民族性に関する主な観点

観点類別	観点の例	観点の出現回数	観点の出現割合
1. 仁愛慈悲 自省修身	儒教重視　感情本位　倫理精神　慈善　情誼を尊ぶ　情理の態度　修養重視　自尊自謙　内向的　各自相安　恩情を知る　……	63	11.6%
2. 至大至剛 平和温厚	和合重視　平和愛好　博愛と平和精神　自然帰向　非好戦的　狭隘な民族観念　自治重視　平和文弱　平和主義　厚徳載物　……	28	5.2%
3. 中庸謙恭 円熟含蓄	安命不争　妥協　安定　競争力衰弱　持中　和諧重視　謙譲　婉曲　早熟　冷淡　丁重　……	45	8.3%
4. 聡慧器用 自強不息	自強不息　堅強有為　器用　智仁勇　自然法　闊達　創造の才能　向上心　科学精神　理性主義　……	37	6.8%
5. 勤労倹約 安貧楽道	堅靭　適応力　蘇生力　忍耐　保守と形式　天命思想　創造性なし　伝統主義　倹約節約　勤勉　安分知足　…	132	24.4%
6. 無知蒙昧 大雑把	退化　科学発明の欠乏　いい加減　注意力散漫　創造力薄弱　愚昧迷信　倫理観の欠乏　好奇心の欠乏　空理空論　似て非なる　……	46	8.5%
7. 私利私欲 虚偽欺瞞	言葉に信なし　自ら欺く　民族主義なし　散漫　自己主義　利に聡い　利己　無情　残忍　……	121	22.3%
8. 家族至上 権威主義	汎道徳主義　重農思想　群居保身　農民根性　尊卑上下　祖先崇拝　個人の権利の蔑視　忠孝　独立精神の欠乏　従属精神　……	70	12.9%

れ列挙した。これらの観点をよく読んだ後、各観点に対するあなたの意見を、点をつけることで示してください。そして、列挙された各観点の中から中国人が具えている最大の長所と短所を選んでください。

各点数の表すところ

第一章　課題の視角　21

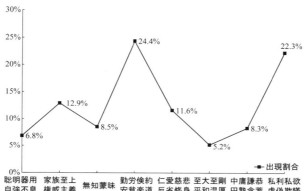

図 1-1　歴史上の中国民族性に関する主な観点

　歴史上の主な観点に対する評価において最も得点が高いのは「聡明器用・弛まず奮闘する」で、平均値は 2.63 であり、その次は「大らか・平和寛容」(2.62) である。得点が最も低いのは「私利私欲・虚偽嫉妬」で、平均値は− 2.34 である（表 1-2、図 1-2）。

表 1-2　歴史上の主な観点に対する評価（平均値）

	平均値	標準偏差
勤勉耐労 安貧楽道	2.50	2.42
私利私欲 虚偽嫉妬	− 2.34	3.25
家族至上 権威主義	− 1.20	3.28
仁愛慈悲 反窮修己	2.24	2.07
無知蒙昧	− 1.39	3.56

中庸謙恭 円熟含蓄	0.54	2.74
聡明器用 自強不息	2.63	2.56
至大至剛 平和温厚	2.62	2.30

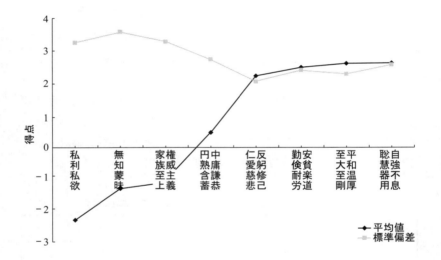

注：n = 289

図 1-2　歴史上の主な観点に対する評価（平均値）

　5，3，1の三つの肯定的評価の和を賛成とし、－5，－3，－1の三つの否定的評価の和を反対として、パーセンテージで示せば、表1-3のようになる。その中で、歴史上の主な観点に対して、賛成の度合が最も

高いのは、表 1-1 の「5.勤倹で労働に耐え・貧困に安んずる」であり、83.1％である。その次は「聡明器用・自強不息」で、82.4％である。それに対して、歴史上の主な観点に対する反対の度合が最も高いのは、表 1-1 の「6.大雑把で無知」で62.9％、次いで「家族第一・権威主義」で、60.6％である。（表 1-3、図 1-3）

表 1-3　歴史上の主な観点に対する評価と選択（％）

	賛成	不賛成	分からない	中国人の最大美点	中国人の最大欠点
勤勉耐労 安貧楽道	83.1	11.0	5.9	24.9	2.6
私利私欲 虚偽嫉妬	25.0	71.9	3.2		45.2
家族至上 権威主義	32.3	60.6	7.1		20.3
仁愛慈悲 反窮修己	81.1	9.1	9.2	12.1	
籠統無知	32.4	62.9	4.6		16.4
中庸謙恭 円熟含蓄	55.4	35.5	9.1	2.0	11.8
聡明器用 自強不息	82.4	10.1	7.5	35.7	1.3
至大至剛 平和温厚	82.0	8.7	9.3	24.3	

注：長所と短所について選択肢からの選択であるので、総和は 100％に満たない。

　総じていえば、評価の平均値からみても、賛成あるいは反対のパーセンテージからみても、歴史上の主な観点に肯定的評価が多数であること

が分かる。しかし、賛成にも特徴がある。即ち、歴史上において中国人が余り持っていないと思われる国民的特性、例えば、「聡明器用・自強不息」や「大らか・平和寛容」などは、今回の調査で比較的多くの人が中国人の最大の長所であると考えた。このことから、歴史上あまり主張されていなかった観点が、今回のアンケート調査で多くの人に支持されていることが分かる。

表1-3から、被調査者が選択した中国人の最大の長所は「聡明器用、自強不息」で、35.7%にのぼることが分かる。第2位の「勤倹で労働に耐え、貧困に安んずる」（24.3%）と第3位の「大らか・平和寛容」（24.9%）にはほとんど差が見られない。それに対して、短所については、調査結果と歴史上の主な観点の出現頻度に大きな差はなく、最大の短所は「私利私欲・虚偽嫉妬」（45.2%）で、次いで「家族第一、権威主義」（20.3%）であった。

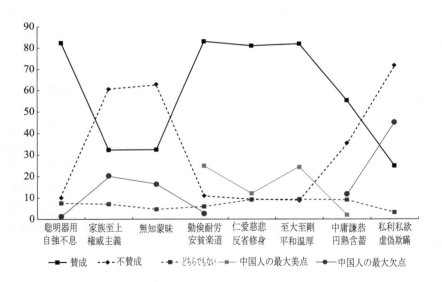

図1-3　歴史上の主な観点に対する評価と選択（％）

以上の調査結果から分かるように、歴史上の中国人に関する観点には様々なものがあり、賛美・称揚もあれば、厳しい批判もある。更に中華民族の時代遅れや無知蒙昧に対する憎しみや、中国が十全に発展できなかったことに対する心痛から生じた評価もある。今までの中国人に対する全ての研究は、中国人の姿をわざと歪める意図でなされたものでないならば、今日、我々が中国人の精神活動の歩みを探り、中華民族の精神のアウトラインを描き、民族イメージを反映させることに大きな意味を持つのではないだろうか。科学的な歴史は一枚の鏡であり、この鏡を利用して過去の自分を研究し現在と比較することもできるだろう。

　その一方、この鏡の役割には限界がある。この限界は、歴史上の研究者は当時の歴史舞台に生きる我が国民に対する理解と把握の限界（即ち、研究者本人の認識活動は歴史に制限される）というだけではなく、歴史において、我が国民の自分自身に対する認識と理解、自らの潜在的エネルギーの自覚的な運用と発揮の限界でもある。従って、今日、中国人の過去と現在を研究するとき、歴史上の研究を再度研究する必要があり、歴史上の中国人の行動に対して歴史的研究を行う必要もある。

　しかし、「今日の我々」は、歴史という鏡を利用して、どんな角度から現在の自分と「過去の自分」を映すにしても、制約が必ず存在している。この制約性は主に、今日の我々があれやこれやの理由や今の好悪を基準として、歴史上の観点に賛成したり、反対したりするということを指す。こうなると、歴史における中国人の長所と短所を評価する意義のある観点は十分な力を発揮することができなくなる。つまり、今、我々が歴史上の観点への評価を通じて、歴史という鏡が映したものの多くは、歴史的研究における元の「過去の我々」の姿ではなく、「今日の我々」になる。

二、全体論の方法と民族性の二重構造

　中国人学者であれ、外国人学者であれ、彼らの中国人に対する研究と

認識には思想と人を思考させる論点が豊富に含まれている。例えば、荘沢宣は『民族性と教育』において、中国民間の諺・格言・歌謡・文学芸術などに対する具体的な分析を通して、中国人の国民性を以下のような三つの次元から考察した。

一、人生に対して。修身、同郷の間の誼・親切、おおらか・平和寛容、中庸・調和、我慢、謙譲という五つの特徴に表れる。

二、物事に対して。本分に安んじ足るを知る・篤実で努力するという二つに表れる。

三、宇宙に対して。天命に従う・成り行きに任せるという二つに表れる。

この三つの次元は、実際には「天」「地」「人」という三つの方面である。荘沢宣のは最も啓発にとんだ研究は、この三次元分析方法を出しただけではなく、主従の観点と階層の観点を三次元と融合させ、中国人の民族性を縦横に交わる複雑な構造を提案したことにある。次元と階層は違うが、互いに関係し、複雑かつ柔軟に繋がっている。

荘沢宣は中国人の民族性に対する三次元分析において、各構成要素は同一視されておらず、主従の関係で区別されているとした。荘沢宣によると、「天」「地」「人」という三つの方面の中で、人生は出発点であり、終着点でもある。「宇宙と人生に対処するとき、中国民族は『和』を重視する。従って、天道と人道が融合して天命が誕生する。また、中国民族は『楽』を重視する。人生の享楽を重視するからこそ、素朴な生活を追い求めることができる。家族生活においては、家族関係を和して睦むのみならず、家族生活の融和と安楽をも追求する。従って、家族をはじめ、個人の修養を積むときでも、同郷の人と付き合うときでも、倫理と人道を重んじる。」[1]以上からも分かるように、荘沢宣の分析において、三次元分析の交差点（立脚点）は「和」と「楽」という精神である。中国の有名な史学者・文学者である銭穆は 1978 年、香港中文大学新亜書院の

1　荘沢宣など『民族性と教育』、452 ページ。

招請に応じ、中国民族性と中国文化に関して講演をしたとき、以下のように述べた。中国文化は「和合」を重んじる。中国人は人を論じるとき、個別の人を論じずに人倫を論じる。人倫は人々が付き合う際の共通した関係である。他人とうまく付き合えればこそ、一人の人になれる。また、中国人は後天的な人文を重んじる。また、中国人は「和合」を重んじるので、家庭が社会の中で一番重要な地位を占めていると言える、と。荘沢宣と銭穆という二人の学者の観点には類似性があり、彼らの観点は歴史的根拠と道理を有している。

荘沢宣の三次元分析において、中国民族性と民族理想の関係という問題も出された。荘によると、中国民族性と民族理想の間には因果関係がある。大部分の民族性は民族理想に由来する。中国民族の理想ということは、宇宙に対して天命の観点を持ち、人生に対して倫理と道徳を重んじ、物事に対して純朴な生活を守るということである。天命の観点を重視する結果として、天命に従うという消極的な心理が生じる一方、成り行きに任せるという態度を意識的に養った。倫理と道徳を重視した結果として、中庸と調和の精神を伸ばし、自分に対して我慢と謙譲を守り、他人に対しておおらかで平和寛容という道徳で対処する。純朴な生活を重視する結果として、本分に安んじ足るを知るという心理が受動的に生じた一方、実直で努力して行うという態度が意識的に培われた。(図1-4)

以上から分かるように、荘沢宣の三次元分析には、実は、密接に関わっている二つの異なるレベル、即ち民族理想と民族性、或いは理想層と心理層が含まれている。中国人が理想的な生活を追い求めるとき、ポジティブな心理的な結果が出る一方、ネガティブな心理状態も生じた。中国人は貧しい社会生活を生きたため、最終的には人格上に不完全なところが

1　銭穆『中国歴史から中国民族性と中国文化をみる』、22 ～ 23 ページ、台北、聯経出版公司、1984。

生じる。この人格の不完全は表の下部で列挙した「科学的発明の不足、社会的意識の不足、宗教的信仰の不足」というものである。

　潘光旦は『民族特性と民族衛生』という本の中で民族特性の四つの立脚点、即ち、文化・経済・自由意識・生物或いは種族を打ち出した。潘によると、「一つの民族にとって、まず、安定した生物的な基礎が必要である、そして、強固な意志、豊富な物質的生活、豊かな文化事業が具わってから、民族が発展できる」[1]。しかし、人々は往々にして生理的な健康を意識し、心理的な健康をおろそかにしており、「健康な精神があればこそ健康な身体がある。」ここで彼が論じる精神というものは「知力の賢愚・意志の強弱・情緒の安定などを含む心理生活の全て」[2]を指す。潘は生物学の立脚点から出発し、民族の健康を考察した。彼が民族の衛生の行き先を論じたとき、今日でも重要な意義を持つ見解を打ち出した。それは彼が指摘した中国民族の四つの弱点である。即ち、体力の不足・科学的能力（研究能力）の不足・団結力（組織力）の不足・社会的な意識の不足である[3]。

　中国史上、見識のある学者の一人とされる潘光旦の見解には独自性があり、科学的な根拠も明確で、一定の合理性を持っている。人はハイレベルな動物であり、社会化しつつ発展してきたので、生物学の規則はもちろん人類の生活にも適用される。しかし、人類の生活に適用する生物学の規則だけでなく、社会学・哲学などの非生物学の規則によっても制限・規制されている。つまり、生物学の規制は人類生活に適用できるが、適用できないところもある。この「適用、又は不適用」こそが、人間と動物を厳格かつ徹底的に区別するものである。このため、我々は潘の上述の四つの能力の不足に対する説明について、どこか足りないのではないかとの思いを禁じ得ない。例えば、潘は中国民族の団結力と組織力の

1　潘光旦『民族特性と民族衛生』。2、34ページ、北京、商務印書館、1937。
2　潘光旦『民族特性と民族衛生』。2、34ページ、北京、商務印書館、1937。
3　潘光旦『民族特性と民族衛生』。2、34ページ、北京、商務印書館、1937。

第一章　課題の視角　| 29

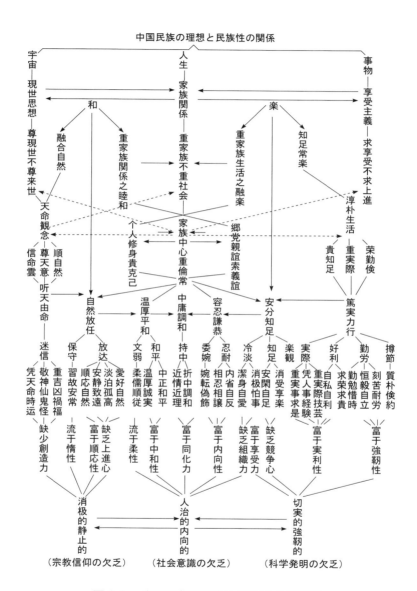

図1-4　中国民族の理想と民族性の関係図

不足を自然と人文の淘汰に起因すると論じた。千数百年来の水害や旱魃などの自然災害が、中国民族を非常に不幸な自己中心的な心理的性質を奇形的に発展させてしまった。彼はまた、自己中な人々が集まるが（家庭には血縁関係があるので、ここでは論じない）、力を合わせることは望めないとする。選択と淘汰の原則から民族の不健全な環境の根源を探った彼の中国人研究は、独自の啓発性を有している。費孝通先生は1987年に、「潘先生の生涯の学術の一番の根幹の目的は富国と種族の優生化であり、彼はいかにして中国人を徳・智・体という根本的な三方面素質の素質を高めようかと研究していた」と述べた。

　方法論の問題がある。それは、中国人民族性を研究するとき、歴史的・具体的な基礎研究に基づき、全体の観点と全体論を用いなければならないということである。即ち、中国人の民族性全体を考察しなければならない。民族性は一人の個体心理の多方面の表れではなく、一人の個体の心理的特徴と表現を単純に足したものではない。民族性は一つ一つの個体が持たない非常に抽象的な特徴（科学的な抽象は具体的なもので、一人ひとりの個体の持っている具体的な特性の総合である）であり、システム科学における全体論・社会科学の構造論的な特徴を持っている。この方法論の問題について、銭学森はかつて、「社会行為という巨大なシステムを描くとき、この巨大なシステムは無数のシステムからなっており、人間は瞬間的にこの無数のシステムをはっきりと見ることができないため、還元論ではなく、全体論を使わなければならない。もちろん、このマクロ的な方法はミクロ的な方法を基礎にしたものなので、実際には全体論と還元論は統一されている。この巨大なシステムを研究するには、マクロの変数、多くは千・万・億の変数が必要となる。これらの変数を全部研究するのは無理であるが、できる限り研究し、研究しながら研究の不足を発見することこそ、科学研究に対する態度である。」と論じた。[1]

1　銭学森は1988年5月17日の社会行為理論のシンポジウム及び5月18日の沙蓮香宛の手紙で、この観点について述べた。

中国人の民族性を研究するとき、歴史的と現実的な方法、調査方法と理論的方法を結び合わせて、踏み込んだ調査研究を繰り返して行い、中国人民族性を構成する諸々な要素と要素間の相互関係及び全体におけるこれらの構成要素の構造特徴を見出す必要がある。こうして初めて中国人を外国人から区別することができる。民族性の特徴を決定するのは諸々の人格的な特質だけではなく、特質の相互関係も関わる。そして、民族性の表れは、これらの特性と歴史的・社会的かつ文化的な背景と条件によって制約される。特に、その中の文化は一つのモデルとして作用し、人々の行動様式と思考方式を制限し、異なる種族と国家の民族性の特徴と分けることができる。今までの研究において、中国人は同情心に欠けるという比較的普遍的な観点があるが、これは外国人に最も非難されている人格の特質であると梁漱溟がかつて指摘した。中国人が同情心に欠けるという人格的特質の表れとして、悲劇を見るときあちこちで笑い声が聞こえること、卑劣なことを物笑いの種とすること、心身の障碍者を馬鹿にすることなどが挙げられる。他人の禍や不幸を喜び楽しむのである。これらの現象は我々もよく見るが、ここで論じたいのはこれらの現象を如何に説明するかということである。一昨年、録画映像を見たとき、類似した現象に出くわした。ある経済犯罪者が横柄な態度から一転して涙を流すのを目の当たりにした時、人々は思わず笑った。私はこの笑いが他人の不幸を笑う笑いではなく、あざけりの笑いだと見て取った。中国人の笑いは本当に妙なもので言い表すことが難しい。ある笑いは腹の底からの笑い・含みのある笑い・甘い笑い・辛辣な笑い・親切な笑い・冷たい笑い・朗らかな笑い・理解に苦ませる笑いなのである。中国人の笑いと中国の言葉の豊富さは密接な関係があり、同じ中国人のユーモア・婉曲・忍耐・克己・常に楽しいなどの特徴も分けることはできないのである。中国人は孔子と孟子の人文主義の影響だけではなく、荘子の自然主義の影響も受けている。民族性は多くの要素と多くの方面で構成されている総体である。従って、全体から中国人を理解すること

は中国人民族性研究の一つの重点である。全体的な観点から中国人を考察し研究してこそ、中国人の長所と短所、現象と本質を併せることによって、中国人の心理状態を理解することができる。もちろん、全体から見れば、民族の心理状態を構成する主な要素の研究は重要であるが、要素の相互関係及び要素と関係が構成する全体像を研究することも同様に重要である。

　全体論と関わるもう一つの方法論の問題は、中国人の民族性の二重性という問題である。性格学と精神分析理論から見れば、全ての個体の心理活動に矛盾があり、絶対的に憂いがなかったり、逆に、完全に悲しく苦痛であったりということはほとんどない。フロイトの自我論の中の「超自我」は専ら「自我」を保護して導き、「エス」の充足しようとする欲望を抑圧する。「超自我」は良心の自我に属し、社会規範が社会化を経た後の結果となる。「自我」は道徳的で社会規範を遵守し、社会に適応させる。「エス」は非道徳的で、本能から来る欲望の衝動を満たそうとする。人間の内心には矛盾があふれている。非道徳的なものもあれば、非道徳に対する監視とコントロールもある。例えば、良いことをすれば、自分も嬉しいし、世の中の人も称えてくれる。それに引き換え、悪いことをすると、自分もやましいし、世の人にも非難される。人にはいいことをする可能性もあれば、悪いことをする可能性もある。人格構造には人格の二重性が隠されているのである。

　ここで論じた民族性の二重性は特定の意義を持ち、性格学と精神分析理論が論じた個体の人格構造の二重性と類似しているところもあれば、区別されるところもある。民族性は集合体であり、横から見ると、家庭と地域にわたる多くの人の性格の総合であり、縦から見ると、年代と年齢にわたる多くの人の性格の総合である。民族性の二重性は民族性の各人格の特質間の排斥・反対、または、融合・補充の関係を指し、民族性構造の特徴を表している。もともと民族性は一定の文化規則（文化モデル）の組み合わせによって形成されたものであるが、これらの文化規則

は単一のもの、或いは、同じものだけで構成したのではない。これについては世界のどの国でも同じであるが、中国人の民族性の構造においてより顕著に突出しており、特色となっている。

三、課題研究の三つの視点

（一）社会心理学と民族心理学

　民族性・民族性格・民族精神は、社会心理の特殊な表れである。民族性に対する専門研究は民族心理学の範疇に属する。

　民族心理学は 19 世紀中期のドイツに遡ることができ、その分野では、ヴァイツ（T. Waits）、ラーツァルス[1]とシュタインタール[2]の三人が創始者と呼ばれている。ヴァイツは『未開民族の人類学』（1859）の中で心理特質を説明するために、四つの要素を提起した。具体的に以下の 4 つである。1、意志。人は努力を通じて自然を克服する。2、言語。人間は明確な言語を持っている。3、宗教心。人間には宗教心がある。4、感情。人間は社会生活に必要な基本的な感情を持っている。ヴァイツによると、心理学の視角からいえば、各民族には特に差異はないが、同一な方法で各民族を教化しても、違う文明が生み出される。それは風土・移住・宗教思想という 3 つに差異が存在するからである。その中で特に風土の文明に対する影響が最も大きい。[3]ラーツァルスとシュタインタール

1　モーリッツ・ラーツァルス（Moritz Lazarus）（1824 年 -1903 年）は、ドイツの哲学者。ベルン大学、ベルリン大学哲学教授。ハイマン・シュタインタールと共に「民族心理学」の開拓者。
2　ヘルマン・ハイマン・シュタインタール（Hermann Heymann Steinthal）（1823 年 -1899 年）は、ドイツの言語学者。ベルリン大学で言語哲学的な研究を行なう。心理学的な方法を言語研究に導入し、諸言語を構造的タイプによって分類した。これは、ヴィルヘルム・ヴント、義弟のモーリツ・ラーツァルスと共に「民族心理学」を創始といわれ、社会心理学の先駆。
3　張安世『各国民族性』、5 ページ、上海、華通書屋、1930。

は 1859 年に『民族心理学と言語学』という雑誌を創刊し、1890 年まで合計 20 巻を発行し、民族心理学の研究時代を切り開き、初めて民族心理学を研究した。1859 年、ラーツァルスとシュタインタールは二人の名義で第一巻の巻頭で「民族心理学緒論」を発表し、それに基づき、ラーツァルスは三巻の『精神生活』を著したが、その前の二巻は 1865 年に発表され、言語・風俗起源・芸術など民族心理学の研究分野を切り開いた。ラーツァルスとシュタインタールによると、個体心理学は基本的には孤立した個人の精神を研究対象とするが、人々の社会性が共存するとき、個人の精神現象とは全く異なる特殊な精神現象が生じ、この特殊な精神現象を全体精神・民族精神と呼ぶべきであるとした。従って、心理学では個体心理学以外の社会の人の心理学を研究する必要があり、民族心理学はこの要求に応じて生まれた学問である。また、ラーツァルスとシュタインタールは、民族心理学は民族精神に関する科学であると指摘した。言い換えると、民族心理学は言語・神話・宗教・文学・芸術・習慣・法律・家族・教育などの現象を研究対象とし、民族精神生活における各要素と法則に関する科学である。ラーツァルスとシュタインタールに引き続き、植物学者・遺伝学者のバウアーとマックス・シュルツェ[1]などの研究が発表された。その後、ラーツァルス以降の民族心理学を系統的に整理し、豊富な民俗資料に基づき、民族心理学を独立した学問へと導いた学者はヴント[2]である。

　ヴントはもともと生理学の研究に従事し、ヘルムホルツ[3]の下で医学を

1　マックス・ヨハン・ジグモント・シュルツェ（Max Johann Sigismund Schultze）（1825 年 -1874 年）は、ドイツの解剖学者、動物学者。

2　ヴィルヘルム・マクシミリアン・ヴント（Wilhelm Maximilian Wundt）（1832 年 -1920 年）は、ドイツの生理学者、哲学者、心理学者。実験心理学の父と称される。

3　ヘルマン・ルートヴィヒ・フェルディナント・フォン・ヘルムホルツ（Hermann Ludwig Ferdinand von Helmholtz）（1821 年 -1894 年）はドイツ出身の生理学者、物理学者。

勉強したが、知覚研究をきっかけに心理学の研究に興味が移った。生理学を研究するときに身に付けた実験的な操作能力は心理学研究に役立ち、ヴントは実験方法を拡大・強化して、心理学分野へ導く実験的な道を切り開いた。しかし、実験心理学は知覚などの研究には役立ったが、複雑な精神現象を解析することができなかった。歴史的かつ社会的な領域における人々の精神生活の軌跡を研究する際には、比較という方法を用いねばならない。1900 年からの 20 年間、ヴントは民族心理学の研究に取り組んだ。彼が著した 10 巻の『民族心理学』は、言語篇（第 1・2 巻）、芸術篇（第 3 巻）、神話宗教篇（第 4・5・6 巻）、社会篇（第 7・8 巻）、法律篇（第 9 巻）、文化と歴史篇（第 10 巻）の六編からなっている。1912 年に発表された『民族心理学要論』は、彼の民族心理学の研究課題、研究方法と具体的な構想が概述されている。

　個体心理学と民族心理学の区別について、ヴントは、前者は直接経験の意識要素とその構成を研究課題とするのに対して、後者は人類社会集団の一般的な発展とその共通精神の産物の根底に隠されている精神過程を研究対象とするとした。そして、ヴントは明確に人類社会生活における精神的な産物を研究対象とした。具体的に言えば、言語・神話・風俗の三つである。言語は表象・思考などの心理過程と密接に関わるもので、神話は民族の内部に表現された恐怖・驚き・希望などの心理過程の表れで、風俗は社会が個人行為に対する要求で、個人は積極的・消極的にこの社会的な要求に向き合う。従って、ヴントの民族心理学において、社会生活に共通する精神的な産物としての言語・神話・風俗は、個人精神における知・情・意とそれぞれ対応している。

　要するに、心理学の発展史において、ヴントの貢献は主に二つある。一つは、ヴントは世界で初めての心理学実験室（1879）を開設し、複雑な心理現象を実験室で研究し、物質的な手段を介して、見えず触れぬ精神現象を観察し、記録できるようにした。こうして物理的研究が行えるようにし、心理学研究の重点を実証科学に置くことによって、哲学か

ら心理学を完全に切り離し、独立した学問としての地位を確立したことである。もう一つは、ヴントは世界で初めて 10 巻からなる『民族心理学』を著し、民俗学・歴史学・文化学の立場から一つの民族の社会心理に対する研究を行ったことである。ヴントは後の心理学者のように社会心理学の学科性を明確に意識しなかったが、心理現象と社会生活及び民族伝統との関係に目を向け、心理領域における民族心理の重要性に気づき、社会心理学の誕生と発展を強力に促した。ヴントの心理実験室の開設は心理学を自然科学と有機的に結び合わせたというなら、民族心理学の誕生は心理学を人類学・民俗学・歴史学・文化学・社会学などの人文学科と有機的に結び合わせたといえよう。

　ドイツの民族心理学派とほぼ同じ時期に心理学の舞台に登場した学派にはアルフレッド・フイエ[1]とル・ボン[2]を代表とするフランスの群衆心理学派がある。フイエはオーギュスト・コントの社会学を静態と動態に分ける分類方法に基づき、民族性要素を動と静の二種類に分類した。静態民族性要素は種族と物理的環境を指し、動態民族性要素は心理的要素と社会的要素を指す[3]。そして、それに基づき、フイエは民族性を先天的なものと後天的に習得するものの二種類に分けた。フイエはほかの人類学者と同様、種族を歴史を動かす重要な要因であるとし、社会生活の発展とその役割をおろそかにし、「人種優劣論」を唱えた。研究の意義からみると、フイエは人種の気質などの静態要素が民族性に対する影響を見つけた。

1　アルフレッド・フイエ（Alfred Jules Émile Fouillée）（1838 年 -1912 年）フランスの哲学者。
2　ギュスターヴ・ル・ボン（Gustave Le Bon）（1841 年 -1931 年）フランスの社会心理学者。フランス革命の虐殺行為やナポレオン・ボナパルトの侵略戦争に賛同・協力した "群衆" を研究対象にして、心理学的視点・方法から『群衆の心理・行動の特徴』を明らかにしようとした。
3　張安世、『各国民族性』、9~11 ページ、東京、丸利印刷合資会社、1910。

ル・ボンは初めて群衆心理学を専門的に研究した社会学者であり、1895年に豊富な内容と独自の見解を持つ『群衆心理学』を発表したので、「フランスの大学者」とか「社会心理学の泰斗」と称されている。『群衆心理学』を発表する前に、ル・ボンは『民族発展の心理』という本を発表した。『民族発展の心理』は民族の魂の心理的特徴を描写することを目的とし、民族の心理的な性格・文明要素の中において民族の心理的な性格はどのようであるか・性格の結果から見られる国民の歴史・民族の心理性格は如何に変化したか、という四篇からなっている。ル・ボンはその本の中で、心理の上で、民族は還元できない根本的な性格を持ち、その根本的な性格の周りに変化する付属的な性格が存在することを論述した。新しい時代において、根本的性格は必ず現れ、そして、国民の生活・制度・信仰・美術など見えるものは見えない民族の魂によって織りなされた見えるものである。その見える織りなされたものの背後で働いている心理的性格の総合が民族の魂である。また、ル・ボンは『群衆心理学』[1]の中で社会心理学の角度から民族の魂を説明した。『群衆心理学』は群衆心理・群衆の意見と信仰・群衆分類の三篇からなっている。ル・ボンは第一篇で群衆の心理現象を分析し、第二篇ではかなりの紙幅を費やして群衆の意見及び信仰の原因、即ち、群衆の心理的な現象の背後にある民族性を論述した。彼によると、民族が有する全ての信仰・制度・芸術・文明は全て民族精神が表面に発露したものに過ぎないという。民族の力は、とても根深く、偉大なものである。およそ民族が具えている特性は全て民族の力によって支配されている。従って、各国の群衆はそれぞれ異なる信仰と行為を有しており、外界の感化も受けている。彼は、民族性は「遺伝と継承」によってなされ、「遺伝と継承」は民族精神の総合であり、過去の思想・感情・需要を代表しており、民族は祖先から受け継がれたものの暗示を表しているとした。[2]

1　（仏）ル・ボン『民族進化的心理定律』、5〜16ページ、北京、商務印書館、1935年。

2　（仏）ル・ボン『群衆心理学』、97、101〜103ページ、北京、商務印書館、

心理学を専門とするウィリアム・マクドゥーガル[1]（W. McDongarr）は 1908 年に一冊目の著作『社会心理学』を著した後、1920 年 3 月に『集団心』を発表した。『集団心』は集団心理学の諸原理・国民心と国民性・国民心と国民性の発展、の三篇からなっている。本の中で、マクドゥーガルは国民心理の発展に必要な三条件を提起した。即ち、国民心の同質性・国民生活の伝播の自由・伝播過程における偉人の役割である。偉人の役割の部分で、マクドゥーガルは孔子が文化の伝播に果たした役割を高く賞賛し、孔子が中国の文化的統一において与えた感化力は計ることのできないものであると指摘した。この三つの必要条件を論述した後、マクドゥーガルはまた、これらの単純な集団心理の活動条件に優れた他の条件も提起した。それは国民の共通目的・国民の社会的諸責任・国民生活の継続・個人心理に類似した国民心の組織とその諸形式・国民の自意識である。マクドゥーガルの社会心理学の思想は複雑なものであり、貴族主義の立場からヨーロッパ革命運動における集団心理を論述したこともあれば、民主主義の立場から集団生活における伝播の自由を提唱したこともある。1920 年、マクドゥーガルはアメリカに移住し、ハーバード大学で心理学教授を務めたが、それと同時に、彼の集団心説はアメリカの心理学界、特に F. H. オールポートの強い批判に遭った。この外、1921 年、マクドゥーガルは『国民の福利と衰退』『論理と現代世界問題』などを著した。1925 年、日本文明協会は『集団心』を叢書に収録した。

　以上の簡単な回顧から、社会心理学と民族心理学は、ほぼ同じ時代に誕生しただけではなく、その中に含まれている心理学的な思想もほぼ同じであることが分かる。ヴントとマクドゥーガルを代表とする民族心と集団心学派は心理学を民族心理学と社会心理学へ発展させた。それに対

1927。

1　ウィリアム・マクドゥーガル（William McDougall）（1871 年 -1938 年）イギリスの心理学者。1920 年渡米し、ハーバード大学・デューク大学教授。全体として進化論的・目的論的立場をとり、本能を重視した社会心理学を展開。

して、ル・ボンを代表とする群衆心理学派は社会学を社会心理学と民族心理学へと発展させた。この二つの学問は誕生してから離れたことはなく、190年代に文化人類学の発展によってさらに密接に結び付くことになった。その中で、ラルフ・リントン[1]は基礎性格型と地位性格の二つの概念を提出し、社会性を社会とその構造の中に置いて研究を行った。リントンによると、異なる社会では人格基準も異なり、同じ社会においても、社会地位が異なれば、人格基準も異なる[2]。性格はある種多様な範囲内で多数の人の最頻値を示す。このようにして、リントンは性格を統計上の意義を持つ概念として用い、これより性格研究は実証的な色彩を帯びることとなった。

　インケルス[3]は1930年代以来、社会性及び民族性に関する研究を大量に考察した後、統計の意味から民族性の概念を規定した。彼は1954年に著した『民族性』の中で、民族性を成人の中で最も頻繁で永続的な人格の特性・方式と定義した。インケルスによると、今までの民族性に関する定義には重要な共通点がある。それは「共有性」或いは頻数である。共有性・頻数の面から見ると、民族性とは実は最頻数（m ode）である。いわゆる民族性は頻数の最も多い性格構造と同一視することができる。即ち、社会内部において個人の人格変数の分布の中で、頻数が最も高いものである。定義の中の「永続的な人格の特性・方式」について、インケルスは民族性の各要素となるものは、衝動や感情などへの対処の仕方、自己の思考方式など、性格の特徴であるとした。しかし、民族性はこれらの要素の外的形態ではなく、多くの形態の中で一貫性を持つ安定した傾向であり、行為の「心理力」であり、これらの要素に対して不断に変化する抵抗性・不変性である。そして、民族性が成人に共通した性格で

1　ラルフ・リントン（Ralph Linton）（1893年-1953年）は、アメリカの人類学者。
2　北川隆吉『現代社会学大辞典』、284～285ページ、東京、有信堂高文社、1984。
3　アレックス・インケルス（Alex Inkeles）（1920年-2010年）

なければならないというのは、成人は社会活動に参加し、社会的な責任を負うからである。従って、頻数の最も多い成人の性格は従属変数であり、解析することができる。[1]インケルスは以上のような民族性の定義に基づいて、三つの研究分野を提案した。一つ目は、調査を通してある性格特徴の調査実施の可能性及び生活の中における表れを確認すること。二つ目は、調査を通してその「規定要因」を探しだすこと。三つ目は、社会と文化のシステムの中に置いてこれらの性格の役割を考察することである。[2]インケルスは著書の中でこの三つの研究分野を巡り、質と量を併せる研究方法で民族性を具体的に論じ、社会心理学と民族心理学から民族性に対する研究の方法と理論を充実させた。

（二）「社会心」と民族性の深層性

　社会心理現象に対する研究は、19世紀半ばに、フランスの医学心理学者ベコヘイム（H. Becoheim）、ジャン＝マルタン・シャルコーらの暗[3]示や催眠の研究に始まり、主に暗示―模倣論であった。最初のこの研究は歴史に対する反動であり、当時のヨーロッパの民衆運動に用いるのはもちろん間違いであったが、群衆にある心理感染現象の存在を掲示したので、社会学者にとって社会心理現象の研究に応用されることが可能になったのである。例えば、エミール・デュルケム[4]は「個体の心が集まり、

1　See Alex Inkeles and Daniel J. Levinson,National Character: The Study of Modal Personality and Sociocultural Systems, in G.Lindzey(ed.). *Handbook of Social Psychology*, vol. II, 1954, 1, 2.

2　See Alex Inkeles and Daniel J.Levinson,National Character: The Study of Modal Personality and Sociocultural Systems, in G. Lindzey(ed.). *Handbook of Social Psychology*, vol. II, 1954, 1,2.

3　ジャン＝マルタン・シャルコー（Jean-Martin Charcot）（1825年 -1893年）は、フランスの解剖病理学の神経科医。

4　エミール・デュルケム（Émile Durkheim）（1858年 -1917年）は、フランスの社会学者。

交感、混合によって新しい違う心の持つ個体に変わる」と述べた。デュルケムはル・ボン、ガブリエル・タルド[1]などと同じように、社会心理を「実体」「社会心」と見なし、個体心と異なるもう一つの実態であると指摘した。そして、社会心は「超個人的」なもので、最高の実態である。このような観点は間違ったもので、社会心理学史において「二元意識論」と批判されている。しかし、早期の社会心理学の「社会心」という説には一定の合理性があり、社会心理の交互作用に気づいており、デュルケムのような「交感と混合」などの思想も生まれたのである。

　社会心理は自発的な社会精神現象であり、社会と個人の間における大きな群体に存在し、また、社会の個体や群体の相互の衝突・制約・推進によって、全く面識のない群の者を興奮させることもできれば、興奮した群を失望させることもできる。従って、社会心理という社会精神は海のようなもので、時化て荒れ狂うときもあれば、凪いで穏やかなときもある。社会心理には表層もあれば、深層もある。表層には現実的かつ意識的なものが多いのに対して、深層には歴史的かつ無意識のものが多い。民族性は民族文化の堆積として、風土と人情の中に存在し、社会心理の深層にある。

　従って、課題の研究においては単純に社会心理学と民族心理学の原理を使うのではなく、これらの原理を運用すると同時に、深層心理学、或いは精神分析理論を用いた。精神分析理論、特にフロイトのパンセクシュアリティ（全性愛）には欠陥があるが、一つの理論として、心理の深層世界を探求することにおいては意味深長なものがある。つまり、民族心性は自発性・深層性・無意識性などの特徴を有するため、課題では深層心理学を一つの研究の視点とする。そして、深層心理研究を利用するとき、必ず心理構造の問題にも触れなければならない。

1　ジャン＝ガブリエル・ド・タルド（Jean‐Gabriel de Tarde）（1843年-1904年）は、フランスの社会学者、社会心理学者。

（三）民族性構造分析

　中国社会改革以降、社会生活には何時からともなく幾度かのブームがあった。例えば、「洋装ブーム」の時には、誰もが洋服を着るようになった。中国人特有の体形・スタイルは、中国の伝統的な服装でも、洋服でも、綺麗に着こなせる。しかし、「洋装ブーム」の問題は、人々の洋装がちぐはぐであることで、殊に言葉遣い・表情・所作が悲しいほどみっともなかったということである。1988年の下半期に北京で「お酒のボトルを壊す」ことが若者の中で流行したが、これらの若者たちはきちんとした身なりであった。ボトルを壊すという粗野な振る舞いは、西洋社会の「暴力団」に倣った行為であったかも知れないが、若者たちの一挙一動、一言一句はやはり彼らなりの「特徴」を持っていた。また、本来は高尚で優雅なビリヤードは、1988年に流行ったのだが、中国では性質が変わり、ビリヤード場は賭場になってしまった。このような例は枚挙にいとまがなく、仔細に観察し、考察すれば、これらの現象の背後には重大な社会問題が存在することが分かる。さもなければ、事態を防ぐことはできないだろう。

　課題では、以上の現象の背後、或いは、深いところで一貫して作用しているものに着目したい。我々の日常生活の中で、悪い役割を果たすものは見た目で上品ではない、潔くない、美しくないものだけではなく、見た目であまり悪くないものでもある。それは外見は堂々としている一方で、多くの悪癖をなすものである。つまり、民族性の構造の問題である。

　深いところにおいて、社会学の社会構造には表層と深層、上層と下層がある。社会の表層には政府・法廷・警察・軍隊など社会機能を執行する実体、及び規範行為と社会コントロールを含む「公」的活動がある。それに対して、社会の深層には、地縁と血縁などの紐帯で繋がった家族、コミュニティ、及びそこで活躍する露天商・居酒屋・茶館・市場などがある。そこでマスコミはありとあらゆることを知っているスポークスマ

ンとして、上から下、下から上へと情報と知識を伝達・提供する。社会構造と同じように、民族性にも表層と深層、公とプライバシー、外と内などの似た構造がある。

　従って、課題を研究する視点としては、更に民族性の構造分析を進める。具体的に言えば、民族性に対して文化的かつ精神的な深層研究を行う。潘光旦は『民族特性と民族衛生』の中で、勤勉倹約という中国人の人格特徴を説明するとき、「長さ・幅・厚さ（深さ）」という三つの面から論述した。その中における「長さ」とは、労働時間の長いことで、「幅」は懸命に働く労働者が多いこと、「厚さ（深さ）」は「絶え間なく真面目」に費やす力である。潘光旦のこの合理的なやり方は、本課題の民族性に対する文化上の分析に大いに意義があり、ここではこのやり方を本課題研究における一つの視点とする。つまり、本課題では、中国民族性を、中国文化の長さ（悠久の歴史）、幅（大きな包容力）、厚さ（深さ）（厚い蓄積）の三つの方面から分析する。また、中国民族性を文化的背景の下に見通し、分析する。この分析方法によって趙雲祺は課題の論文『山西人の性格』において、黄河流域にある、農業的なもの、自力更生的かつ自由自在なもの、上品なものという当地の文化類型を提示した。1949 年〜 1979 年の間に発掘された遺跡は 1020 個所ある。1982年の統計によると、宋代以前の木製建築は 106 個所あり、楼閣・レンガの塔は 280 個所、古代の大型墳墓は 35 個所、有名な寺は百余りある。寺院と墳墓の壁画の面積は 8000㎡ある。古代の書院は 71 個所。歴史上の文化的に有名な者は 546 人いる。山西文化は山西人の性格の形成と継承に大きな影響を及ぼしている。

　民族性に対する精神分析研究ということは、中国人の様々な性格の現れを通して、その背後にある「受け継がれてきたもの」を探すということである。つまり、「現在」を通じて「過去」のものを探すことである。精神分析理論において、分析過程において、分析を受ける人は過去の抑えられた感情や欲望を、分析を行う者に移すという「転移」の現象があ

る。これはフロイトが異常心理に対する分析の中で初めて発見した現象で、実際には内心に存在する様々な無意識の内容の投影である。ユング[1]の分析心理学には「集団無意識」理論がある。それによると、無意識を個人無意識と集団無意識の二種類に分け、前者は個人経験の中で抑圧され、忘れ去られた無意識感情や無意識思考などであり、後者は精神遺伝によって累積され、民族性に累積された原始的な性格である。集団無意識は実際のところ民族の記憶における歴史の投影である。「転移」現象においても、「集団無意識」現象においても、全て社会心理過程における継承性と構造性を示したのだ。物的文化に過去の人類活動の足跡が記録されたのと同じように、現在の心理過程に過去の心理的な痕跡が存在する。民族性は現在と過去を貫く恒久なものである。従って、深層心理学の観点を用いて、各社会心理現象の背後に隠された古今を貫く精神の力を分析するのは、民族性に対する構造分析のもう一つの仮説である。

　要するに、課題の研究視点は構造分析である。こういう問題を考察し研究する視点は深層心理学と同じ流れを受け継ぎ、また、民族心理学と社会心理学の研究と互いに補いあっている。

1　カール・グスタフ・ユング（Carl Gustav Jung）（1875 年 -1961 年）は、スイスの精神科医・心理学者。深層心理について研究し、分析心理学を創始した。

第二章　課題構成

　本章では中国人の民族性と中国の社会改革に対する仮設と具体的にこの仮説をどのように実施するかについて説明する。

一、相互に補完し合う二つの部分

　課題視点から見ると、中国人の民族性と中国の社会改革という課題は二つの部分に分けられる。

（一）歴史という鏡
　この部分では、歴史上の中国人研究に関する著名人や名著を分析・整理して編纂し、「歴史の測定器」とも呼ぶべき資料集を編み、それに基づき、『中国民族性』（一）を出版した。そして、その書を現在と過去とを比較する鏡として用いる。「鏡」の概念を初めて提唱したのは社会学者のチャールズ・クーリー[1]である。彼は個人と社会の関係から自我の形成を考察し、自我は個人と他者相互の繋がりの中で形成されたものであるとし、個人は他者の自分に対する見方から自己を認識する（自己認識）が、この他者の見方の中から映し出された自己を「鏡の中の自己」と呼ぶ。後に、フランスの精神分析学者ジャック・ラカン[2]（J. Lacan）は自我の形成を研究する中で「鏡像段階（mirror stage）」という概念を出した。それによると、6カ月から18カ月の幼児が鏡に映った他人の像を見て、

1　チャールズ・ホートン・クーリー（Charles Horton Cooley）（1864年-1929年）は、アメリカの社会学者。
2　ジャック＝マリー＝エミール・ラカン（Jacques-Marie-Émile Lacan）（1901年-1981年）は、フランスの哲学者、精神科医、精神分析家。

それを自分の像だとして取り入れて、同一視することで、自己の像を獲得し、自分と鏡像を区別するようになると言うことである。クーリーの鏡にしろ、ラカンの「mirror」にしろ、全て自分を他人と照らし合わせることから問題を考察し、自我の内部に「他我」が提供する対照物を設置するものである。この研究方法は参考に値する。

　課題では「鏡」という概念を借り、「歴史の測定器」を鏡とし、現在と過去、そしてその繋がりを対照させる。

　「歴史の測定器」を見た後に、現実生活における我々を考察する、或いは、現実生活中の我々を見た後に、半世紀前、百余年前の学者たちの目に映った中国国民を見れば、中国人の民族性はどのようなものか、どれほどこれらの民族性が変わり難いかがはっきりする。「歴史の測定器」は鏡のようなもので、自己を詳しく見ることができる。例えば、歴史上、多くの学者が中国人を「小経済人」であるとか「商才」があると評する。彼らが列挙した実例はひどいものかもしれないが、経済的な視点から経済が苦手な中国人を見て、遠大な視点を欠き、目先の得失に汲々とし、自らを賢いと思って得々としているなど、経済的な品性が低いという弱点を指摘している。「歴史の測定器」の中の「小経済人」や「商才」の記述を読み、中国の社会改革中に現れた「爆発戸（成り金）」と小商人の視野が狭く、機を見て利を得ようとする社会の現実をみれば、「鏡の中」と「現実」には類似点があることが分かる。現在にあるものはまさに過去に出現したもので、過去の再現である。「現在」に繰り返して出現した、根強くゆるぎないものは遠い昔の「根」に遡ることができるのだ。

　（二）現実的心像

　課題を構成するもう一つの部分はアンケート調査によって得られた結果である。この結果は人々が現実生活の中での心理状態であり、ここでは「心像」という概念を用いる。

　心像（イメージ）は認知心理学でいうイメージとして用いられる概念

であり、記憶に残された認知対象の「像」であって、知覚・記憶・思考などの認知過程をより深く探求するのに用いられる概念である。人格心理学（パーソナリティ心理学）においては、「心像」は人格を理解するために用いられるもので、即ち、外向型、内向型、個性外向型、社会外向型などのように、人格のタイプを規定するための概念である。また、人格心理学で心像を研究するものには心理測定法・投影法・サイコグラム・アンケートなどが挙げられるが、全て全体から人格を理解しようとしている。例えば、その中のサイコグラムは、グラフや図を用いて、身体と精神における異なる人格タイプの各特徴の強さを示すことを通して、その人の有する各タイプの人格を記述する方法である。フロイトは夢に関する説明も「心像」研究に属すとし、曖昧ではっきりしない夢は、睡眠時の心像であり、現実生活で満足させられないものを夢の中で満足させることであるとした。ユングの人格心理学も又、心像心理学であり、ユングの心像研究は心理学の領域にとどまらず、儀礼・神話・宗教・文学・芸術・劇・文化遺産などの広範な領域に及んでいた。

　課題では「心像」という概念を借用し、調査結果を概括する。つまり、課題のアンケート調査結果に対する記述である。前に述べたように、課題の研究視点は中国人の民族性に対する構造分析である。この構造分析は人格心理学の「心像」研究と類似性と共に、差異もある。叙述の全体性、構造性の面では類似性を持つが、研究自身の複雑さから見れば全く異なっている。以下で見る調査結果から分かるように、中国人の自我意識と自己描写には非常に独特なところがある。

　この部分の研究が課題の重点である。歴史研究は現在の中国人を理解するためのものである。アンケートは、瞬間的に変化し、異なる社会心理現象において穏やかで緩慢だが不断に動き続ける心理的な脈拍に対する判断と基本的把握である。もちろん、アンケート調査は現実的な研究方法の一つであり、重要な方法でもある。課題ではアンケート調査と同時に、聞き取り調査・討論・観察・撮影などの方法も用いた。1988年

8月、筆者と筆者の大学院生、計6人は大連郊外にある碧海山荘にて実地調査を行った。碧海山荘は1987年5月に農民たちにより造られ、管理されているもので、伝統的な特色と共に近代的設備も備える観光地である。そこで働く従業員は基本的には農民（若者が多い）である。調査グループのメンバーたちは山荘での仕事に実際に加わり、従業員たちと共に半月余り生活を共にし、従業員たちと観光客のやり取りや、地方の習俗人情を自ら見聞きした。職場の従業員としての顔、また、従業員でないときの顔の違いや、近代化過程における伝統の持つ力と人々の価値観の微妙な変化を感じた。これはアンケート調査からはわからず、歴史資料からも読み取れない真実である。

　従って、課題を構成する歴史的研究と現実的研究は相互に補完し合う二つの部分である。

二、理論仮説と検証

　課題には理論仮説には二つの基点がある。一つ目は通常の一般理論仮説の要求であり、二つ目は中国人研究の課題の持つ特徴である。

（一）理論仮説の基本的要求
　理論仮説は実証的研究の根拠である。理論仮説は現実問題及びその存在条件を考察する基礎の上に、一連の問題を出し、工具的な概念を用いて述べた。そして、これらの概念を用いて命題を構成したり、理論モデルを作ったりし、さらに、社会実験・社会測定などの調査方法でこれを検証する。

　しかし、理論仮説には限界があることに留意せねばならない。理論仮説で指摘した問題（予測される要素とそれに対応する関係）は現実世界の事実と対応せねばならない。例えば、理論仮説で出された不安は刺激によって引き起こされた命題であり、不安と現実生活における刺激的事

実（例えば試験競争や電気ショックを受けること）との対応関係にしか用いられず、刺激要素の場合以外には用いられない。理論仮説は現実の中の複雑な要素をいくつかの重要な要素に簡素化し、実験は予め定められた条件下で行われる。従って、理論仮説とその実験が、一旦、社会生活の中で用いられると、その限界が露になる。特に、社会精神現象に対する研究の理論仮説と社会実験においては、その限界は更に明らかになる。あるいはこの原因（少なくとも重要な原因の一つ）により、現実社会の実証的研究（実証的研究中の統計学的手法も含む）に対して、かつて激しい論争があった。統計的手法は社会実験、社会調査に応用され、社会現象に対する客観的かつ量的な研究が可能になったものの、いまだに解明が待たれる重要な問題がある。例えば、統計過程の各変数において、被調査者の主観変数、主観的評価、主体の感じ方、主体の尊厳などに属するものがある。これらの変数は被調査者がある種の必要や価値観によって判断を下し、自己の考えと行為を合理化させるものであり、これらの変数とデータの客観性との間に矛盾が生まれるかもしれない。そして、この矛盾をうまく処理できなければ、理論と実験の信憑性と実効性に影響を及ぼす。従って、理論仮説と実験のプロセスにおいて、被調査者の主観的変数が統計データに与える干渉をできるだけ減らし、調査票の中で主体意識を客観化した上で、統計プロセスに入らなければならない。

（二）課題仮設の特徴

中国人の民族性研究という課題の明らかな特徴は、研究対象が中国人の総体であり、その総体とは、現在に至る歴史的に長期な中国人である。本研究は80年代の中国人を切り口に、彼らを通じて古今を貫き、民族文化を継承する中国人の特徴を把握する。中国人に関する歴年の研究では、中国人は早熟であり老けている、聡明であり如才がない、勤勉倹約であり守旧である、純朴であり幼稚である、礼儀正しいが自分勝手、義

を重んじるが粗野などの観点が出てきた。その具体的な観点はどうであれ、そこから中国人の特徴に関する考えが分かる。ここ40年来、我々は中国人の様々な行いを目にしてきた。その中には、1950年代の平和で繁栄していた時代に生きる中国人、50〜60年代の政治闘争を経験した中国人、70年代末期の近代化の兆しの下の中国人など非常に多様である。80年代の改革開放に至り、多くの人々が自分の得手を発揮するチャンスをつかみ、改革の波にもまれ、泥まみれになりながらも、現代人は歴史的には「悪徳」とされるスタイルで歴史の表舞台に躍り出て、本能のままに動いている。そうは言っても、中国人には理性があり、観念的にことの是非を心得ているのである。従って、どんなに卑劣な悪人が成功して歴史的な人物になり、公の場で見かけは堂々と立派であっても、「小人」であると分かっているのだ。

　従って、中国人民族性の課題の理論仮説は複雑な人間の行いをある種の命題に簡素化し、比較的整った操作的な概念・関係として規定することは難しい。一般的な実証研究において、「操作可能」は実験と測量の必要条件である。例えば、知能とリーダーたる資格の関係を研究するとき、知能とリーダーたる資格は操作的な指標の測定通じて、どれを高いとするか低いとするかを決めることができる。しかし、中国人に対する実証的研究のアンケート調査は、総合的に、十分な命題を通じて調査と測量を行う必要があるが、一番重要なのは命題や指標の数（もちろん、問題を説明できる一定の数量を保たねばならない）ではなく、各種の指標を通して「関係」と全体的な特徴を探すことである。

　こうしてくると、課題の理論仮説は中国人民族性の構造と特徴に着目し、そして、その構造の特徴を巡って調査票を設計し、一定数の指標を提供し、この課題に対する調査と統計を行う。

　中国人の民族性構造には二重性と多元性という特徴がある。つまり、中国人は実生活において、社交的・表面的・こだわり・自制的・礼節・情と理・自分と他人など、優れたものを顕そうとしている。そして、そ

の反面にあるものは、人々はこっそりと蔽い・隠し・回避しようとするのである。それは社交的でなく・表面的でなく・不礼で・無理無常な劣った性質である。中国人民族性にあるこのような二重の多元的構造は違なる状況下において異なる現れ方をする。知識があり、道理が分かる人には前者が多く表れており、おおよそ理想的なものである。余り知識のない人に後者が多く表れており、多くは現実的なものを代表しているといえよう。

　他の国の国民の性格構造には二重性・多元性がないということではなく、アメリカ人の美と醜、日本人の菊と刀、他の全ての国の国民の明と暗、公と私は全て一つに繋がっている。しかし、中国人の二重性・多元性には独自の特徴があり、具体的な構成要素と要素間の具体的な関係、及び二重性の表れ方にも独特なところがある。

三、サンプリング・調査票・データ処理

（一）サンプリング
　アンケート調査において、サンプリングは非常に重要で、アンケート調査の信憑性と効果を確立する前提である。

　課題の研究対象は全国多数の成人が共有する民族性の特徴であるので、サンプル全体の平均数は全国の成人の多数の特徴を代表できるものでなければならない。従って、サンプル全体を構成する様々なサンプルの指標も全国人口分布の割合に大きく一致しなければならない。しかし、このような割合でサンプリングするとなると、課題のアンケート調査を進められなくなる。例えば、41歳以上の肉体労働者である農民たちのほとんどは文盲であり、彼らは自ら調査票に答えられない。従って、これらのサンプルは事実上無効なサンプルとなり、調査結果の鑑定に不利となる。中国農村の現実的な状況から見れば、自分で調査票に回答できる成人の農民は基本的に40歳以下の小中学校を卒業した者である。こ

のような基本的な事実に基づくと、サンプル全体の構成成分の割合は大きく変化せざるを得ない。年齢構成上、31歳以下の青年が半分近くを占める。学歴構成においては、小中学校教育を受けた人が約半分を占める。このことがサンプルの構成と全国の人口構成との間の割合の一致を妨げてしまい、サンプル全体の平均数の代表性もある程度犠牲になってしまう。

　この欠陥を補うために、サンプリングの過程で、農村に近い町のサンプル比率を増やした。その中には小学校の教員・医者・現場や末端組織の幹部・郵便配達人・協同組織や信用組合の社員などが含まれている。そうすると職業カテゴライズの比率に影響を及ぼし、頭脳労働者の割合が相対的に高くなり、サンプルの代表性も失いかねない。

　しかしながら、違う側面でみると、41歳以上の農民は中国人の伝統的価値観と行動様式をより体現しているが、彼らの持つ民族性特徴は、社会の進歩発展と文化・教育や科学技術の発展に伴い、彼らの性格特徴もまたその代表性を次第に失っていく。そして、社会の発展と民族性が変化する趨勢を代表する者は一定の文化レベルと自己認知能力を持つ人と頭脳労働者である。

　要するに、サンプル全体の各構成要素の比例に調和がとれていないことから見れば、サンプル全体の平均数が全国の成人の多数の民族性を代表できず、全体の標準差、即ち、サンプリングの誤差が大きいことが分かる。しかし、社会の発展と民族の自己認知と民族が変化している趨勢から見れば、サンプルの比率のバランスが崩れることは免れ得ないことである。サンプルの中の教育を受けた青年と頭脳労働者の回答データは一定の代表性を持つといえる。

　課題ではランダムサンプリング法を採用し、全国13の省と市に対して層化抽出を行う。この13の省と市はそれぞれ、北京・上海・深セン・大連という、南北の二つの都市と二つの開放都市、そして、江蘇・福建・安徽・貴州（遵義）・湖南・甘粛（蘭州）・陝西（西安）・山西・黒竜江

という、東西南北の四つの区域の特徴を有する省と市である。本課題では主に、東の沿海都市から内陸地区までの手工業に従事する者や、個体企業で働く流動人口の心理的な特徴を調査する。

サンプルは性別・年齢・学歴・職業の四つにおいてそれぞれグループに分けた。

性別は二つのグループに分けた。男性 67％、女性 33％

年齢では四つのグループに分けた。

　01 組：30 歳以下、49％

　02 組：31 ～ 40 歳、22％

　03 組：41 ～ 50 歳、17％

　04 組：51 歳以上、12％

学歴では三つのグループに分けた。

　初（初等学歴）：小学校以下、10％

　中（中等学歴）：中学校と中等専門学校、56％

　高（高学歴）：大学以上、34％

職業では四つのグループに分けた。

　肉体：農民、工人、手工業者、個人経営者など、40％

　頭脳：教師、科学技術者、医者、幹部など、40％

　接客：商店、旅行先や旅館などで働く従業員、10％

　学生：専門学校・大学の在校生、10％

学生は元来職業ではなく、就職を待つ状態であるが、比較的敏感で、新しい世代の人の性格的な特徴を代表するので、課題では学生を一つのグループとして考察する。

アンケート調査を効果的に行うために、課題では家庭を訪問し、調査票を配り、回収する方式を取った。調査員は本学の教員と院生を主とする 13 人のチームである。回収された調査票は 1838 部で、回収率は 92％である。残りの 162 部の調査票は紛失、或いは、要求に不適合であったため統計に入れなかった。

サンプルには三つの特殊な職業層がある。それぞれ全国 10 個余りの省と市の女性幹部層（298 人）、沿海地域から甘粛と陝西の流動的な個人経営者層（53 人）、大連碧海山荘の従業員層（54 人）である。単独で行われたこの三つの特殊な職業層に対するアンケート調査を加えると、課題では合わせて 2243 人の成人の中国人を調査した。

　課題では中国人という集合体の特性を研究するので、この集合体にいる全ての要素である全ての中国人を研究対象とし、全ての人に表れている民俗特性を帰納することにした。しかし、全ての中国人に対してアンケート調査を行なうことはプロジェクトチームの手に余ることであり、その必要もない。サンプリングの原則に従い、全中国人から一部の人を抽出し、調査・統計・分析を行うことで、被調査者の属する調査対象全体が反映された中国人全体の民族特性を推測して描き出すことができる。中国の国情と課題の特徴により、一般的なサンプリングと異なるサンプリング案を確定した。

　まず、アンケート調査の調査対象は中国人総体なので、被調査者にいかなる制約条件をも加えてはならない。しかし、調査票の内容は民族特性を反映させることができる質問項目からなっており、これらは一定の教育を受けた者にしかその内容を理解し、正確に答えることができない。中国では歴史的、経済的な原因から教育が遅れており、人口を構成する中に相当数の文盲がいる。また、調査票には「文化大革命前」、「文化大革命」中など時間の差がある項目もあるので、小中学校、更には大学レベルの若者にも実際に文化大革命を体験していない者がおり、この調査票に答えることができない。また、課題は中国人民族性の趨勢を研究する特性を持つので、調査票の質を確保するために、調査対象とする者に対して以下の制限を加えることとする。

（1）18 歳以上の中国人

（2）小学校以上（小学校を含む）の教育レベルを有する

（3）非精神病患者

次に、もしサンプリングの原則に沿って、アンケート調査を行ない、サンプルの分析結果から全体の特性を精確に推定するためには、確率比例抽出の方法に厳格に従い、各レベルの抽出単位を正確に設定し、サンプリング誤差を計算し、サンプル全体の特性を統計・推測せねばならない。1987年の『中国社会統計年鑑』によると、調査条件に符合する中国人は4億人余りで、全国31個の省・市・自治区に不均衡に分布している。もし規定通りにこのサンプリング方法を用いてサンプルを抽出するならば、それにかかる費用をプロジェクトチームが負担することができない。費用に心配する必要がなかったとしても、大規模のサンプリングに広く用いられるサイズ比例確率サンプリング（PPSサンプリング）（或いは、ほかの効果のあるサンプリング）を使えば、確率比例抽出の原則に厳格に従って、各レベルの抽出単位を確定しなれればならないのだが、国勢資料などによって各レベルの抽出単位を確定することは非常に大きな負担である。そして、抽出単位の資料の不足（例えば、各街道や田舎町の資料は、その属する市、県にしかない）によってサンプリングが台無しになる可能性も高い。たとえ完全な各レベルの抽出単位を得たとしても、被調査者は調査票の内容に主観的な判断を下だす必要がある。アンケート調査は国勢調査のように人々の基本的な指標（年齢、教育レベルのレベルなど）だけを調査するものではなく、中国の高い文盲率（約60％）、人口の流動性、被調査者の協力性などの影響を受けて、調査票への回答の質と調査票の回収率を確保することができなくなり、ひどい時には、最終的なアンケート調査の実施時に、ランダムサンプリングの原則から乖離し、サンプルの変数の分布が全体の分布からかけ離れ、調査の失敗にいたることもある。しかし、調査票の調査内容には名義変数と順序変数が多いので、サンプル全体に対する統計分析もその性質を論述し、説明するものである。そして、中国人民族性に対する探求は、アンケート調査の統計データによって中国人の国民性を定性的に論述し、説明するのであり、人口や物価の統計のようにサンプリングの誤

差によって統計と判断を行い、調査されたもの全体の具体値（あるいは信頼区間）を確認する必要はないのである。従って、サンプリング案を確定するとき、以上の客観的条件の制限を克服するために、また、経費が許す範囲内でランダムサンプリングの原則に沿い、代表性と合理的分布を確保できるサンプルを抽出するために、我々はクラスターサンプリング——層化抽出と判断——クォータ法と結び合わせた抽出方法を用いた。ここでは準概率抽出方法と呼ぶことにする。

　サンプリング時に、我々は先ず、クラスターサンプリング法を用い、中国内地の30の省・特別市・自治区を第一サンプルユニットとし、1から30の番号を付けて30の省・特別市・自治区に対応させ、ランダムに13個の番号をサンプリングし、その番号に対応する省・特別市・自治区を第一サンプルユニットのサンプルとした。ここで述べておかねばならないのは、第一サンプルを抽出するとき、5回行ったことである。このようにして得られた五つの第一サンプル案を地理的位置・経済・文化・風俗などの環境背景の特徴を基に比較し、その中から最も良いと思われる案を選び、第一サンプルユニットとした。五つの第一サンプルユニット案を比較検討した上で確定したのは、サンプルが2000部と大きくないという条件下で、できるかぎり合理的に分布している全国的なサンプルを得て、代表的かつ全面的なアンケート調査を行うためである。また、分析抽出はグループ内の同質性により誤差が大きくなるため、五つのクラスターサンプリング案に対して判断抽出を行う必要もある。この点については本節ではまた具体的に論述する。さらに、もし第一サンプル抽出を一回だけ行い、そして、抽出されたサンプルにチベット自治区のような辺鄙な区域が含まれるならば、交通・言葉の壁、経費・マンパワーの不足により調査票の配布・回収が困難になる。従って、クラスターサンプリングを実施するとき、判断抽出も行った。これも抽出方法を準概率抽出と呼ぶ一つの理由である。

　クラスターサンプリングをするとき、最終的には13の省と市からな

る第一サンプルユニットを選定した。この13の省と市は広東省・福建省・湖南省・安徽省・江蘇省・上海市・貴州省・山西省・西安市・北京市・遼寧省・甘粛省・黒竜江省である。

　地理的位置から見れば、この13の省と市には、東西南北の地域の省と市が全て含まれている。中国の行政大区割から見れば、六つの行政大区が全て含まれており、そして、各行政区で抽出された省と市の数は各行政区で調査票に答える資格を持つ人数に比例している。抽出された13の省と市の規模（調査票に答える資格を持つ人数）の差異から見れば、規模が最も大きい四川省・河南省・山東省と規模が最も小さいチベット・青海・寧夏をサンプルに入れなかったので、サンプル規模の差異が引き起こす誤差を客観的に減少させ、調査の効率を全体的に向上させることができる。そして、中国南北の政治・経済・文化の中心である北京と上海も含まれるので、調査の時代的な特徴も明らかにできる。また、中国が実施した対外開放政策の民族性に与えた影響を切実に反映させるために、我々は特別に中国南北の開放港の深センと大連で広東と遼寧に対するアンケート調査を行うことにした。

　中国は広大であり、人口も多いことから、もし13の省市でその下部に属する市・県・郷など、更に、その下部の個人にまで第二段、第三段のクラスターサンプリングを行ったならば、前にも述べたように、現実的ではないし、科学的でもなく、サンプル数が少ない状況下において、全体的な合理的分布を保証できない。一方で、サンプリングされた省・市・県などは自然・文化・経済・風俗などの影響により、各グループ内には強い同質的な傾向が見られる。そして、この同質的な傾向が高ければ高いほど、各グループ間の差異が大きくなる。課題では全体から一部のグループを抽出して調査を行うので、もしグループ間の差異が大きすぎれば、サンプル中の各グループの代表性も低くなる。特に、サンプル数が少ない場合には更にこのような傾向が見られる。従って、クラスターサンプリングで13の省と市を選定した後、更にこの13の省・市におい

て層化抽出を行う。

　層化抽出法とは、母集団の事前理解に基づき、ある層化変数により母集団をいくつかの子集団に分け、各子集団に対してサンプリングを行う標本調査の手法である。各層からの抽出は無作為あるいは機械的に行われる。層化抽出法はしばしば標本誤差を減らし、サンプルの質を高め、単純な無作為抽出で得られる算術平均よりも変動の少ない加重平均を生成することができる。従って、13の省と市でそれぞれ層化抽出を行う時、サンプルが大きくない場合、サンプリングの誤差を減らし、精度を向上させることができる。層化抽出案を作成するとき、性別・年齢・職業・教育レベルの四つの変数から職業を層化変数として選出した。『中国社会統計年鑑』（1987）による関係資料と課題の特徴から、職業変数を設置し、その人数の分布を以下のように確定した。

　　肉体：農民・工場労働者・手工業者・個人経営者など。約40％
　　頭脳：教師・科学技術者・医者・幹部など。約40％
　　接客：商店・旅行先や旅館などの従業員。約10％
　　学生：各種大学・専門学校の在校生。約10％

　層化変数の各職業層にいくつかの職業があるので、具体的に調査を実施するときに、ややもすると各職業の抽出に調和が取れなくなり、各層の差異が大きくなり、サンプリングの精度を低下させる可能性がある。従って、統計年鑑の関係データを参照し、各職業層の各職業の被調査人数の比例に対してルールを決め、各職業層の同質性をできるだけ増やし、各層の差異を減らし、サンプリングの精度を上げる。一方、サンプル全体の特性は職業にだけではなく、性別・年齢・職業・教育レベルなどにも反映している。しかし、調査票の数には限界があり、層化抽出を行っても層化抽出後の抽出単位を確定し、全ての被調査者に対してランダムサンプリングを行うことは難しい。従って、課題の特徴と具体的条件に基づいて、『中国社会統計年鑑』（1987）における被調査者全体の性別・年齢・教育レベルに関するデータを参考にし、各職業層に対してサンプ

リングを行い、調査票を配るとき、性別・年齢・教育レベルの三つの変数が全体の分布状況において、重複しないようにランダムサンプリングとアンケート調査を行うことにした。こうすることでランダムサンプリングの原則を前提の下で、高い代表性を有するサンプルと合理的に分布している調査総体を得られる。ここから分かるように、層化抽出した後のサンプリングにおいてクォータ法が用いられている。これが前に述べた層別抽出法とクォータ法を合わせて採用した理由であり、この抽出法を準概率抽出と呼ぶ理由でもある。

表 2-1 有効調査票と『年鑑』の比較

	同類統計結果			（年鑑）資料
性別	男	1238	68.3%	62.25%
	女	577	31.7%	36.75%
職業	頭脳	715	39.7%	※
	肉体	762	42.3%	
	接客	153	37.0%	
	学生	166	9.2%	
年齢	≤30 歳	842	48.14%	59.35%
	31 － 40 歳	106	23.21%	21.90%
	41 － 50 歳	299	17.10%	12.34%
	≥50 歳	202	11.55%	6.40%
教育レベル	高	605	34.2%	1.38%
	中	55.7	98.0%	51.73%
	低	179	10.1%	46.89%

※ 1987 年の『中国社会統計年鑑』にこの表がない。

準概率抽出は以上で述べたような特徴を持つので、精確にサンプリング誤差を計算するのが難しい（課題ではそれも計算する必要はない）。しかし、回収された1838部の有効な調査票の相対特性に関する従属変数の分布と『中国社会統計年鑑』（1987）（以下で『年鑑』と略する）の関係資料との比較から、調査総体と研究総体の分布は基本的に一致していることが分かる。この意味において本課題のサンプリングと調査は有効であると言える。

教育レベルの統計結果と『年鑑』の資料の間に大きなズレがある。それを説明する理由は以下の通りである。

（1）課題は以前の研究を超えるという特性を持つので、高学歴者の割合を増やす必要がある。

（2）『年鑑』の中の教育レベルの程度は人々が受けた最高教育の程度を指す。新中国が成立して以来、中国は文盲を無くすためにいろんな措置を講じた。『年鑑』の人口構成における数多くの初等教育レベル（小学校とその以下）の人々はこのような社会背景の下で教育を受けたのである。しかし、中国の文盲率は非常に高く、新文盲と半文盲の割合は60%〜65%以上に達している。つまり、毎年少なくとも1000万人あまりの文盲、半文盲の人口が増加している。国勢調査の時、これらの人は小学校教育レベルと記載されたが、実際には学歴に値する能力がないので、アンケート調査の調査対象に入れなかった。従って、統計結果と『年鑑』の間には37%に近い差が出た。

（二）調査票の設計

『中国人の民族性と中国社会改革』という課題の調査票は2回の試験を経て、最終的に32の質問項目を確定した。この32の質問項目は三つの部分に分けられる。第一部分は被調査者本人とその家庭状況である（性別・年齢・学歴・職業・給料・所有する理論や小説などの書籍・刊行物）。第二部分は問題に対する被調査者の評価・選択である。この部

分が調査票の主たる部分であり、人格特質に対する評価と選択、社会需要とそれを満足させる手段、感情の表現方式、生き甲斐などが含まれている。第三部分は被調査者の余暇とその利用状況（毎日の余暇の時間量、最も好きな余暇活動、最も時間を費やす余暇活動、マスメディアとの接触時間、購買行為に対する広告の影響、ニュースに対する信頼度、家族との対話時間）である。基礎変数は 192 ある。その中で独立変数は 4 あり、従属変数は 188 ある。

　調査票を設計するとき、下記の四つの特殊状況を考慮し、それに対応する処理を施した。

　第一に、民族性の生理的要素に関する質問項目である。民族性の生理的要素は種族の遺伝的要素であり、血液型・体力・精神・身長・神経的素質とその機能が含まれている。これらの要素は民族性の特徴に影響を及ぼしている。歴史上、中国人は生殖能力が極めて強いが、神経が麻痺しているとか、神経が無いなどと述べている者たちもいる。この偏狭できつい言葉は中国の知識人の憤懣を掻き立てた。李景漢は潘光旦の著書『民族特性と民族衛生』の序言の中で、中学校時代にスミスの『中国人の特性』（日本語版）を読んだときに、本の余白に鉛筆で多く批判が書かれていたことに気付いたと述べている。この批判の多くは読者が読書時に表した反感であり、その中には「冗談じゃない」「でたらめこくな」、「くそったれ……」など怒りを表す下品な言葉もあった[1]。このような状況は現在でもあるが、一概に悪いこととは言い切れない。研究者が中国の文化と民族性を理解するとき、多少文化差異の影響を受けるが、ここで重要なのは民族感情ではなくて、科学研究であるのだ。

　長期的な遅れと無知蒙昧であることから見れば、生きるか死ぬかの貧苦にあえぐ生活をしている民衆は、飢餓、貧困、全ての不幸と脅威に対して慣れて、麻痺状態に陥ってしまっている。しかし、これは中国人の

1　潘光旦『民族特性と民族衛生』、5 〜 6 ページ、北京、商務印書館、1937。

種族に貧弱が遺伝しているということを表しているのではない。荘沢宣は『民族性と教育』の「中国民族の身体と知力」の部分で、多くの事実を用いて中国人は劣等民族・老衰民族ではなく、貧弱であるのは後天的なものであることを説明している。彼は様々な材料を用い、中国民族の根底は悪くないと述べた。「中国民族は身体の上では確かに西洋人には及ばないが、これは先天的なものではなく後天的なものによる。生殖細胞質（germplasm）からいうと、中国人は西洋人に及ばないのかもしれない。遺伝学から言うと生殖細胞質は人体が育み伝えるところのものであるが、人体の全ての器官と何らの関係を持たず、一世代ごとの変化は極めて小さい。従って、体が弱い人であっても生殖細胞質が伝えるところが強いものであったならば、彼の子孫が適切な環境下、栄養下で育ったならば、十分に強健となるであろう。言い換えると、近代の中国人の身体が弱いのは環境が悪く、栄養が足りないことに起因する。もし適切な環境と栄養が与えられれば、中国人の身体は西洋人に劣るとは限らない。そして中国人の病気への抵抗力と環境順応力が西洋人より強いのは、自然淘汰を受けたためである。」[1] 彼は「中国民族の身体の良いところと言えば、優れた順応力と生育力である。多少の乾湿・暖冷・飢餓・天災・疾病などがあってもほとんど生き延びる。悪いところと言えば、元気・活力がなく、進取・冒険の気風に欠けているところである。」と述べている。[2]

　知力に関しては、1920 年代には早くも国内外の学者が測定・研究を行っており、1960 年代から 80 年代に至っても、依然として多くの測定・研究がなされていた。これらの研究によると、中国人の神経機能は西洋人に劣っていないことが分かる。そして、測定された平均値や児童の知恵のレベルは外国人とほぼ同じであり、ある外国人より高い場合すらあ

1　荘沢宣『民族性と教育』、469、626 ページ、北京、商務印書館、1939。

2　荘沢宣『民族性と教育』、469、626 ページ、北京、商務印書館、1939。

る。[1]

　生理要素は民族性の中で二次的な地位にあり、また、中国人の身体と知力に関する測定研究は今まで多く行われているので、本課題の調査票においては身体と知力に関する質問項目を設計しなかった。

　第二に、迷信と信仰に関する質問項目。歴史研究において、多くの学者が中国人は迷信深く、宗教的信仰に欠けていると指摘している（『中国民族性』（一）参照のこと）。調査票の中ではこれについて直接に言及しなかった。理由は二つ挙げられる。一つは中国人の迷信観点と迷信行為は複雑で、忠孝や自信に欠けること等に関係している。中国人は地獄の「黄泉の国」や神鬼、神のご加護等を信じるが、自分の希望を何かの信仰や実際の行動に託すことはほとんどない。従って、迷信という人格的特質に対して単独に質問項目を設計しなかった。もう一つは、中国人は迷信深く信仰に欠けることに関係している。近代化建設の角度から見れば、信仰に欠けるということは更に大切である。そして、信仰に欠けていることに関する調査は他に口頭での質問によって行うことができる。調査票のデータを処理するとき、このデータは説得力を持つ。

　第三に、不潔であること、時間を守らない（光陰を惜しまない）こと、生命力が強いことに関する質問項目。この問題に対する一部の学者の考えは悪いとは言えないものの、ひどい。中国人が不潔であり、時間を守らず、生命力が強いことは事実ではあるが、これらの現象を中国民族性そのものに帰結させてはならない。最低の生活条件の農民の家に行って見てみれば、彼らが良く整理し、清潔好きで、家の庭や室内の景観にこだわっていることが分かるだろう。不潔と貧困はいつも伴って中国人の生活にやって来るのである。中国人の不潔は私徳と繋がっている。つまり、いつも自分のものやところをきれいにし、他人（公の場）を汚くする。そして、衛生に気を配るゆとり・条件がないほど、汚物を公の場に捨て

1　荘沢宣『民族性と教育』、470 〜 474 ページ、北京、商務印書館、1939。

る。従って、衛生に気を配るということを論じるとき、貧困な生活という客観的な条件の外に、重要なのは公徳に欠けるという根深いゆるぎない悪癖である。時間を守らないということも長期にわたって遅れた小規模農業経済と分散した手工業的管理方式と直接的な関係がある。しかし、近代化建設がある程度発展すれば、人々の時間観念は向上しよう。これは、近代的な管理方式を採り入れた企業や会社の働き方から見てとれる。従って、時間を守らないことが中国民族の固有の「天性」とか、変え難い本性とは言えない。生命力が強く、貧困の中で生活し、生き延び、なかなか死なないということは、基本的に生理的遺伝に属し、生活条件と教育レベルが向上し、人口のコントロールが実現されれば、この生理上の強靱性と耐性は民族の劣等性だと蔑視されることはないだろう。中国人の民族性は、逆境を受け止め、天命を受け容れる。この特徴は肉体的には忍耐力に表れる。民族性を研究する目的は民族心理の性質を高めることであり、生理的性質は心理的性質に影響を及ぼしているが決定的・根本的な要素ではない。本課題では心理的性質の向上に視点を置くことにする。

　第四に、中国民族性構造の複雑性に関する質問項目。この面について、調査票では多くの質問を設定した。それは主に三つの面に分けられる。

　（1）時間差設計

　中国人の持っている長所と短所の表れとその歴史的役割は、歴史上の中国民族の治と乱の繰り返しと一致している。従って、中国では、「雷鋒に学ぶ」のような立派な人や優れた行いを称揚する運動を起こすこともあるし、「文化大革命」時の「打つ・壊す・奪う」のように全国的な「悪戯」を起こすこともある。従って、調査票では「文化大革命前」、「文化大革命中」、改革解放後の三つの時期における人格評価に対する質問を設計した。その調査の結果は我々に深く考えさせるものであった。

　（2）価値差設計

　ある事件（人・物・関係・観念から構成される）の価値は、客観的にこの事件が持っているものだけを指すのだけでなく、人々自身の需要・

態度・感情・認知・思考・判断など心理的・理論的な主観的要素と繋がり、主体にとって必要なものになってこそ初めて価値に転じることができる。しかし、価値あるものは目の前のものとは限らず、実際に目前にあるものを除いて、目の前や現実にない、自分にとって必要なものも含まれている。従って、人格評価・動機趣向・人生態度について、調査票では理想的な状態と現実の状態を区別する質問項目も設計した。この部分の調査票の構造は非常に面白い。

（3）自他差設計

調査票は被調査者に自我評定、自我表現に属する質問項目を答えてもらった。自我は孤独な「個」ではなく、「他我」との繋がり、比較・相互作用によって存在する。また、中国人は特に人間関係を重視し、社会的分業が明白ではなく、交通通信と伝播ツールが発達していない社会環境においては、人間関係を重視しなければならない。従って、調査票で自己と他人の区別に関する質問項目も設計した。その結果、他人の答えは恰も「自己」を映す鏡である。

こうしてみると、調査票の基本的な内容は歴史上の中国人に関する主な論点を参照したものやそれ以外もあり、改革に表れた民族性要素、近代化研究に意義のある民族要素もある。調査票の質問項目は中国民族性の特徴そのものではなく、民族性の測定と判断に用いる。

前で既に述べたように、アンケート調査は本課題の主な構成部分である。そして、設計した調査票の基本的な目的は、現在中国人の民族性を論じ分析することを通して、中国人民族性に関する理論仮説を検証し、同時に、コンピューターを利用して調査結果に対して統計処理を行い、中国民族性及びその構造を深層の要素と関係を見つけてよく反映させることである。

（三）データの処理

調査で回収された有効調査票は1838部で、データ処理の基本的方法とプロセスは以下の通りである。

第一、データベースの設立

dBASEIII ソフトでグループ分け集計プログラム作成して用い、一連の集計後のデータベースを用いる。

第二、データ処理

主に SP ソフト（Statpac-Statistical Analysis-Package）と SPSS ソフト (Statistical Package of Social Science) と自作プログラムを利用した。

SP ソフトはメンテナンスが便利・操作が簡単・調査票の処理に適するなどのメリットがある。その主な機能は以下のようである。（1）頻数の統計、（2）量的統計（平均値、分散、最大値、最小値、極差、メディアン、並数）、（3）分割表、（4）相関と単回帰分析、（5）T 検定、（6）多元回帰分析、（7）分散分析、（8）その他

SP ソフトの使い方は以下のようである。（1）コードを作成し、処理の必要に従ってアンケートからコード表を作成する。（2）データファイルを作成する。（3）制御ファイルを作成する。（4）実行する（5）実行結果を必要に応じてプリントアウトする。

データを処理するとき使ったのは 1984 年版の SPSS/PC ソフトである。

大部分のデータの処理はコンピューターで行い、用いたコンピューターは IBM-PC である。一部のデータ処理は統計局の専門家に委託し、大きな機器を用いて行った。

データ処理の主な内容には以下のものが含まれる。（1）頻数分布——質問項目の各選択肢を選択した人数、（2）分割表——独立変数（性別・年齢・職業・教育レベル）と従属変数（7 〜 23 の質問項目）の表を作り、質問項目ごとに各年齢組、各職業組、各教育レベル組の回答状況を比較する、（3）曖昧なクラスタリング、この点については、第六、第九章で説明する、（4）有意検定など関連する検定。データ処理の結果はコンピューターによってプリンアウトし、本書中の表と図はそれを基に作成された。

第三章　人格特質に対する評価

　本章からはアンケート調査の結果に対する分析・説明し、総合的かつ論理的な論証を行う。

　調査票ではまず 14 項目の人格特質に関する設問を設計し、回答者にこの人格特質に関する 14 項目に対して点数を付ける方法で評価させた。そして、それに基づき、「文化大革命前」「文化大革命中」「中国改革開放以降」という三つの時期の大多数の人々がそれぞれ最も具えていた人格特質と最も乏しかった人格特質を回答者に選択させることにした。また、14 項目の人格特質から理想の人格と実際の人格（自分の実際的人格と他人の実際的人格）を選択させた。アンケート回答者の上述のいくつかの人格に対する評価と選択を通じて、回答者の自我意識と人格構造の特徴を更に理解を深めることとする。

一、気骨（気節）が首位、中庸が中位、欺瞞が最下位

　調査票に設計された 14 項目の人格特質は、歴史上の中国人研究に関する主な観点と現実によくある心理現象を参照したものであるが、歴史上の観点と現実における心理現象には区別がある。つまり、調査票の 14 項目の人格特質は中国人の人格特徴とは同じものではなく、その中のいくつかの人格特質は中国人の民族性の変化の趨勢を計るために、中国社会の改革の発展に合わせて設計されたものである。この 14 項目の人格特質には仁愛・気骨・義侠・忠孝・理智・中庸・私徳・功利・勤倹・進取・実用・嫉妬・屈従・欺瞞が含まれる。

　14 項目の人格特質の基本的な意味合いは以下のとおりである。

　（1）仁愛。人に対して博愛・仁慈・親切・寛容を尽くす。誠意があり、

憐憫の情を持つなど。

（2）気骨。危険に面しても畏れず、折れても曲がらず、志を曲げて栄華を求めず、卑屈でもなく傲慢でもないなど。

（3）義侠。家で父母に頼り、外は友たちに頼る。危険な時に助け合うことなど。

（4）忠孝。年長者を敬い、国に忠を尽くす。信義に背かず、忘恩や不義をしないなど。

（5）理智。熟考してから行動する、理をもって人を説得する、智で勝つことなど。

（6）中庸。不偏不党、調和して適当である。我慢して譲り和を求めることなど。

（7）私徳。自らの利の為に、公共の秩序、公共財産、公衆衛生、社会の利益を顧みないことなど。

（8）功利。金銭や地位を求め、そのために手段を選ばないことなど。

（9）勤倹。刻苦素朴、苦労に耐え、勤勉で節約であることなど。

（10）進取。現状に安んじず、冒険する。競争意識があることなど。

（11）実用。目の前の実利と個人の満足を重視することなど。

（12）嫉妬。自分の能力・地位・専門とほぼ同じような成功者を排斥・攻撃することなど。

（13）屈従。権威に服従し、おもねり、弱きを虐め、強きを畏れることなど。

（14）欺瞞。誤魔化す、欺く、嘘を吐くことなど。

（一）平均値から見る評価の結果

以上の14項目の人格特質に対して、5点、3点、1点、0点、－1点、－3点、－5点の7段評価方式を採用した。5点が最高点で、回答者がある人格特質に対して最も好きだという最高価値の判断を表し、－5点が最低点で、ある人格特質に対して最も嫌いだという最低価値の判断を

表す。3点、1点、0点、－1点、－3点はそれぞれ好き、ちょっと好き、どちらとも言えない、ちょっと嫌い、嫌い、を表す。その中で、0点は中間にあり、中性的な価値評価であり、もし得点が0点を上回ると、肯定的・積極的な価値評価に属し、もし得点が0点を下回れば、否定的・消極的な価値評価に属するとする。（表3-1、図3-1）

表 3-1　14 項目人格特質の得点順序

人格特質	平均値	標準偏差
気節	4.05	1.561
忠孝	3.92	2.020
仁愛	3.87	1.532
理智	3.75	2.170
勤倹	3.10	2.362
進取	2.91	2.182
義侠	2.33	2.571
中庸	0.01	3.448
実用	－ 0.63	2.553
功利	2.77	2.769
私徳	－ 3.58	2.102
屈従	－ 3.69	2.356
嫉妬	－ 3.83	1.976
欺瞞	－ 3.83	2.025

中国民族性（第二部）　一九八〇年代、中国人の「自己認知」

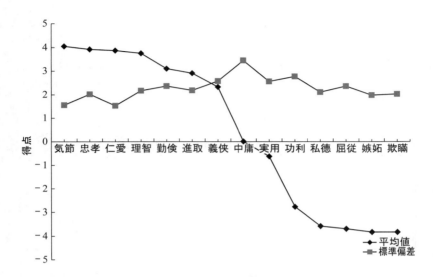

図 3-1　14 項目の人格特質の得点順序の図

　標準偏差は、データや確率変数の散らばりの度合、あるいは、データが平均値の周りにどのように分散しているかを表す数値である。標準偏差の値が大きければ、代表値の代表性が大きく、収集したデータの散らばりの度合が大きいことを示す。反対に、標準偏差の値が小さければ、代表値の代表性が小さく、収集したデータの散らばり度合が小さいことを示す。もし標準偏差の値が 0 であれば、収集したデータに差がなければ、この数値は代表値である。

　統計結果から見れば、回答者の 14 項目の人格特質に対する評価で、得点が最も高かったのは気骨で、最も低かったのは欺瞞である。そして、得点は順に、気骨・忠孝・仁愛・理智・勤倹・進取・義侠・中庸・実用・功利・私徳・屈従・嫉妬・欺瞞である。

（二）パーセンテージからみる評価の結果
　表 3-2、図 3-2-1、図 3-2-2 から見れば、回答者が 14 項目の人格特質

に対する肯定的評価の6項目、即ち気骨・忠孝・仁愛・理智・勤倹・進取は全て5点のパーセンテージが最も高く、7段評価の首位を占めた。否定的評価の功利・私徳・屈従・嫉妬・欺瞞は－5点のパーセンテージが最も高く、同じく7段評価の中で首位である。この2種類の評価は明らかに極端である。即ち、肯定的な人格特質に対して強烈に肯定を、否定的な人格特質に対しては極度に否定しており、義侠と中庸に対する肯定と実用に対する否定はそれほど強くはなく、中ほどに近い。

表 3-2　14 項目の人格特質に対する 7 段得点のパーセンテージ集計

得点 % 人格特質	5	3	1	0	－1	－3	－5	Σ
仁愛	57.0	32.9	5.5	4.1	0.2	0.2	0.2	100.0
気節	66.3	23.8	4.7	4.1	0.5	0.4	0.2	100.0
義侠	25.5	35.3	19.8	11.2	3.3	2.9	2.0	100.0
忠孝	59.6	29.5	5.5	4.4	0.5	0.3	0.2	100.0
理智	55.6	30.4	7.4	4.3	1.0	0.8	0.4	100.0
中庸	6.4	17.1	19.0	20.7	11.2	16.9	8.7	100.0
私徳	1.3	1.2	0.9	9.0	5.6	23.8	58.4	100.0
功利	2.8	3.6	3.9	11.8	7.9	25.1	44.7	100.0
勤倹	41.4	34.0	11.6	8.2	2.5	1.4	1.0	100.0
進取	38.6	31.4	11.5	9.2	3.0	2.6	0.8	100.0
実用	4.3	12.2	14.3	20.7	16.0	23.0	9.6	100.0
嫉妬	0.8	1.0	1.2	7.2	4.6	20.2	65.2	100.0
屈従	0.6	1.3	1.0	6.5	6.0	25.0	59.7	100.0
欺瞞	1.4	0.8	1.0	7.3	4.7	16.7	66.3	100.0

（三）中性的評価

中庸という項目の 7 段得点において、パーセンテージが最も高いのは 0 点と 1 点で、それぞれ約 20％を占めた。もし 1 点、3 点、5 点という三つの得点の和を肯定的評価の値として、－1 点、－3 点、－5 点という三つの得点の和を否定的評価の値として見なせば、肯定的評価は 43％で（即ち、中庸に肯定的評価を持つ人は 43％を占める）、否定的評価は 37％となる。そうすると、20％を占めている中性的評価は 7 段評価の中において低い割合である。従って、中庸という項目の平均値は中性に近づくが、データの散らばりの度合が大きいことが分かる。その一方、実用の項目に対する評価は中庸とほぼ同じ状況である。7 段評価において 0 点は－3 点の 22％に次いで 20％である。そして、実用に対する肯定的評価は 30％、否定的評価は 48％を占めておりで、データの散らばりの度合も大きい。つまり、中庸と実用に対する中性的価値の判断は散

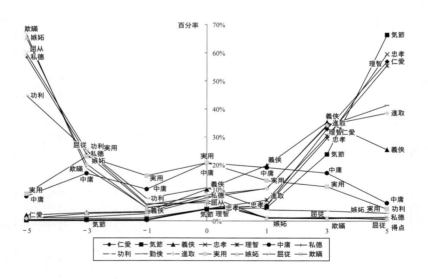

図 3-2-1　14 項目の人格特質に対する評価のパーセンテージ

らばっており、統一していない。そして、この二項目に対する全体的評価も整ったり集中したりしておらず曖昧である。また、評価の傾向から見れば、中庸は肯定的、実用は否定的である。

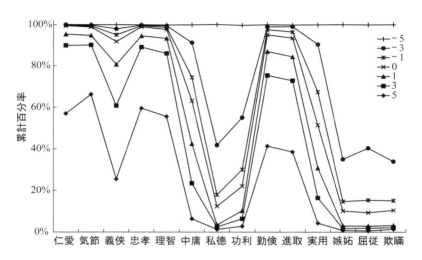

図 3-2-2　14 項目の人格特質に対する評価のパーセンテージ

　中庸と実用の評価に対する曖昧さは、実際の表れの中で、ある種温和なものへの尊奉である。特に、たとえ形式的でもあろうとも「文化大革命」の中で得られなかった気骨への高らかな頌歌である。「中庸」と「実用」は生活の中で丁度良く、保護と満足をもたらす作用がある。「中庸」が含む哲理は、中国の庶民が代々平凡な生活の中で黙々と守って来たことで、それを持って円満でないことを円満にして、心の不平を平衡に保ってきた。1950 年代以降の多くの政治闘争の中で、「中庸」は不運にも闘争対象となり、「批判」され、「糾弾」された。それは、中庸は階級闘争味に欠けているからであり、これらの糾弾・攻撃におびえる人たちは中

庸を正面切って認めたくないのだ。つまり、人々は、自分が遵奉していることを曖昧で不明確に表しているのだ。「実用」も又然りで、長年来、人々は何度も損をし、割を食ってきて、やはり、「実用」が良いということになったのだろう。まさに、「君子にあらざれば小人なり」である。調査票において、人々が一般的に崇める気骨・仁愛・理智などの人格特質は高得点であり、欺瞞・嫉妬など人々が嫌う人格特質の得点は低い傾向があるが、実際にはそうではないものもある。中庸と実用は、人々が好む人格特質であり、実際の生活中でも行えるものであり、回答された調査票の中では中性的な面が現れている。

二、年齢層と人格特質評価

　調査票の変数には性別・年齢・学歴・職業・特別職業層がある。
　統計の結果から見れば、男性と女性の人格特質に対する 14 項目の評価得点順序は同じであることが分かる。従って、本章では性別ごとの価値判断を省略した。また、以下で展開させた質問票の各問題に対する統計結果からみれば、男性と女性の回答には明らかな差異がないので（付録二 χ 2 検定を参照）、以下各問題に対して行った組別の比較では、性別ごとの各種比較を省略し、婦人幹部に対する比較分析を以て、これに代えた。それは、婦人幹部組を特別職業層として課題の分析に加えることが大きな意義を持っているからである。

　（一）「文化大革命」を経験した四つの年齢層
　課題では四つの年齢指標を設定した。01 組は 30 歳以下、02 組は 31 〜 40 歳、03 組は 41 〜 50 歳、04 組は 51 歳以上を指す。この四組に分けるのはこの四つの年齢層が、ちょうど中国の異なる歴史時期に生きたという大きな差異を考慮したからである。知識人を例にとれば、四つの年齢層の歴史背景はおおよそ以下のようである。

01組は1966～1976年の「文化大革命」の時、8歳以下の小学生であった（まだ生まれていない人もいる）。彼らの多くは自分の目でこの痛ましい社会大動乱を目にした。

02組は「文化大革命」の時、基本的に9～18歳で、中学生であった。彼らは極めて吸引力のある革命スローガンに引き付けられ、街に造反に行き、その後は農村や工場、あるいは辺境の農場に流された。

表3-3　年齢層及びその社会経歴

年齢組（歳）＼社会経歴	1966－1977年当時	
	年齢（歳）	社会経歴
51歳以上（04組）	29－38歳以上	事業を為せなかった
41－50歳（03組）	19－28歳	大学時代、学業が荒廃
31－40歳（02組）	9－18歳	中学時代、下放される
30歳以下（01組）	8歳以下	小学時代、文化大革命を目撃

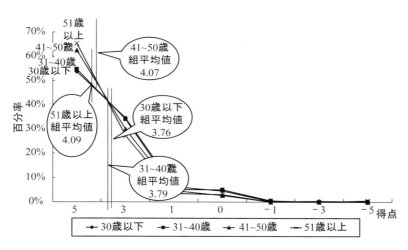

図3-3　各年齢層の平均値

03 組は 02 組と同じような特徴を持っており、当時 19 ～ 28 歳の血気盛んな年代で、彼らは「革命」に身を投じたが、その後、末端組織と工場に行かされ、再教育を受けることになった。

04 組は当時の 29 ～ 38 歳の者で、「三十にして立つ」という人生の最も輝かしい時期を革命によって磨り潰されてしまった。（表 3-3、図 3-3）

（二）年齢の増加につれ、仁愛・気骨・理智・勤倹の 5 点の割合も増加

5 点、3 点、1 点という三つの得点の平均値はプラスであるものは肯定的評価である。

表 3-4、図 3-4-1、図 3-4-2 から見れば、四つの年齢層は年齢が高ければ高いほど、仁愛・気骨・理智・勤倹という項目の人格特質に対する肯定的評価の割合の平均値も大きくなる（勤倹の平均値を除く）。即ち、年齢が増すにつれ、この 4 つの項目の人格特質に対する肯定的な割合も高くなる。

表 3-4　年齢層別 14 項目人格特質評価の得点表（％、平均値）

		5	3	1	0	− 1	− 3	− 5	平均値	標準偏差
1. 仁愛	01	53.7	34.5	6.3	4.4	0.2	0.3	0.2	3.76	1.59
	02	54.7	34.0	5.2	4.9	0.5	0.0	0.2	3.79	1.57
	03	62.5	29.8	4.7	2.7	0.0	0.0	0.0	4.07	1.34
	04	65.3	27.2	3.5	3.0	0.0	0.0	0.5	4.09	1.48
2. 気節	01	62.0	26.1	5.8	4.2	0.5	0.5	0.3	3.91	1.65
	02	63.5	24.9	5.2	4.7	0.7	0.2	0.0	3.96	1.58
	03	74.2	19.1	2.3	3.3	0.0	0.3	0.0	4.30	1.35
	04	75.7	18.3	2.0	4.0	0.0	0.0	0.0	4.35	1.29

3.義俠	01	23.1	36.6	17.6	12.2	3.8	3.2	2.4	2.18	2.33
	02	28.1	33.7	21.2	9.9	3.0	1.0	1.5	2.46	2.17
	03	25.8	33.1	20.7	11.0	2.3	4.0	1.7	2.26	2.31
	04	24.8	31.7	24.8	9.9	2.5	3.0	1.5	2.25	2.22
4.忠孝	01	53.7	32.0	7.5	4.4	0.4	0.4	0.4	3.68	1.73
	02	61.8	26.8	3.9	5.4	0.2	0.2	0.0	3.93	1.57
	03	67.9	22.4	4.0	3.3	1.0	0.3	0.0	4.09	1.53
	04	60.4	30.2	1.5	4.0	0.5	0.0	0.0	4.06	1.41
5.理智	01	52.1	31.1	8.4	4.8	1.3	1.1	0.5	3.55	1.88
	02	53.0	32.5	7.4	3.7	1.5	0.5	0.2	3.66	1.72
	03	60.9	26.1	7.4	3.3	0.0	0.7	0.3	3.87	1.68
	04	62.9	29.2	3.0	4.5	0.0	0.5	0.5	3.89	1.67
6.中庸	01	5.5	14.8	18.9	19.5	11.6	18.0	10.4	−0.27	2.68
	02	7.1	15.5	20.0	22.2	10.6	16.7	6.7	0.08	2.58
	03	2.7	19.4	17.7	21.1	11.4	19.1	8.0	−0.19	2.53
	04	8.9	23.8	19.3	22.3	10.4	7.4	5.9	0.73	2.50
7.私徳	01	1.0	1.4	1.4	6.9	5.6	23.4	60.0	−3.66	2.04
	02	2.0	0.7	0.7	11.8	5.4	25.4	53.2	−3.35	2.23
	03	1.0	0.0	0.0	9.0	4.7	22.1	62.5	−3.78	1.91
	04	0.5	1.0	1.0	12.4	6.4	23.3	54.5	−3.42	−2.08
8.功利	01	2.8	4.9	4.9	12.4	8.1	27.4	39.6	−2.55	2.67
	02	4.2	1.7	1.7	12.1	7.6	22.4	46.6	−2.77	2.70
	03	1.3	2.0	2.0	10.7	8.0	19.7	54.2	−3.23	2.34
	04	0.5	3.0	3.0	10.4	6.4	25.7	50.0	−3.19	2.26
9.勤倹	01	31.6	35.2	15.7	10.5	3.7	2.1	0.6	2.66	2.13
	02	40.9	35.5	10.8	7.9	2.2	1.0	0.7	3.13	2.00
	03	56.9	31.4	4.7	5.0	0.3	0.7	0.7	3.78	1.75
	04	58.4	27.7	4.5	5.0	1.0	0.0	3.5	3.61	2.23
10.進取	01	40.2	32.7	10.3	9.7	2.8	2.1	1.1	2.95	2.21
	02	37.4	35.0	12.8	8.9	2.5	2.0	0.5	2.94	2.08
	03	33.1	36.1	13.4	8.0	3.7	4.0	0.7	2.68	2.25
	04	29.2	36.6	12.4	11.4	4.5	4.0	0.0	2.52	2.18

11. 実用	01	4.4	10.6	13.4	23.7	15.9	22.4	8.8	－0.60	2.49
	02	3.0	13.5	17.0	17.7	17.0	21.7	8.9	－0.54	2.49
	03	1.3	13.7	13.7	19.4	14.0	23.7	13.4	－0.91	2.55
	04	4.5	13.4	12.4	16.3	14.9	27.2	8.9	－0.66	2.62
12. 嫉妬	01	0.4	1.3	1.8	7.6	4.9	21.4	62.0	－3.71	1.99
	02	1.0	0.5	0.0	6.9	4.4	20.4	65.8	－3.88	1.89
	03	0.3	0.3	1.7	5.0	4.0	18.7	69.2	－4.02	1.73
	04	1.5	0.5	0.0	8.9	3.5	13.4	71.8	－3.94	2.02
13. 屈従	01	0.4	1.2	1.1	5.8	6.1	27.5	57.5	－3.69	1.87
	02	0.7	1.0	1.0	7.1	7.1	23.6	58.6	－3.63	1.99
	03	0.0	0.7	1.3	6.0	4.7	20.4	65.9	－3.92	1.75
	04	0.0	2.0	0.5	8.9	4.5	21.3	62.4	－3.74	1.94
14. 欺瞞	01	1.0	1.3	1.4	7.2	6.3	21.2	61.3	－3.66	2.07
	02	1.2	0.2	0.7	6.9	4.4	17.7	68.2	－3.91	1.93
	03	0.0	0.7	0.7	7.0	2.7	15.4	73.6	－4.14	1.66
	04	1.5	0.0	0.0	10.4	0.5	12.4	74.8	－4.04	1.97

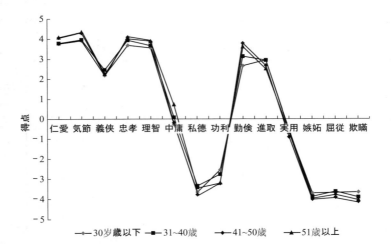

図 3-4-1　年齢層別 14 項目の人格特質評価の得点図（平均値）

肯定的評価において、02 組と 03 組は義侠と忠孝に対する評価の得点がそれぞれ首位であった。これは 02 組の人が更に義侠、正義を重んじるのに対して、03 組の 41 ～ 50 歳の年長者は更に忠孝を重んじることが示されている。

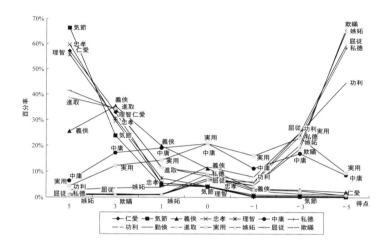

図 3-4-2　14 項目の人格特質の評価図

（三）中年では、私徳・実用・嫉妬・屈従・欺瞞に対する否定的評価が首位

調査の結果から、四つの年齢層は私徳・実用・嫉妬・屈従・欺瞞に対する評価が全て否定的なものであることが分かる。そして、その中で、03 組の人々の否定的評価の程度が最も高い。しかし、これらの人格特質の否定的評価は肯定的評価とは異なり、年齢が上がるにつれての得点の逓減がみえない。（表 3-4、図 3-4-1、図 3-4-2 を参照）

（四）青年の評価においては、中庸が最低で、進取が最高

四つの年齢層の中庸に対する評価は全て中性に近づくが、標準偏差

値が高く、得点が集中しておらず、0点近くに多く分散している。（表3-4、図3-4-1、図3-4-2）

その中で、02組と03組の中庸に対する評価の得点（平均値）はそれぞれ0.08と-0.19で、更に中性的である。01組と04組の得点平均値はかなり離れている。04組は肯定的評価が0.73であるのに対して、01組の否定的評価は-0.27であり、平均値は最低である。

進取という項目に対する評価においては、01組の肯定的評価の得点は明らかに他の組、特に04組より高い。これは30歳以下の青年たちの評価において、最も否定的なものは中庸で、最も肯定的なものは進取であることを示している。

三、学歴と人格特質の評価

調査票の学歴変数は「高・中・初」の三つがある。その中で、高は高等教育レベル（大学以上）、中は中等教育レベル（中学・高校・高等専門学校）、初は初等教育レベル（小学以下）を意味する。

（一）高学歴は、仁愛・気骨・理智・進取への肯定的評価が高い

人格特質に対する肯定的評価において、高学歴組は義俠・忠孝・勤倹を除くその他の人格特質、例えば、仁愛・気骨・理智・進取などに対する評価点が最高で、明らかに初等学歴組を上回った。そして、その中で、進取という項目に対する肯定的評価点は学歴につれて増加する傾向がみられる。これは高学歴の人は伝統的な人格特質を重視するとともに、近代的意義のある人格特質をも重んじていることを表している（表3-5、図3-5）。

しかし、義俠・忠孝・勤倹に対する肯定的評価においては、初等学歴組が最も高く、高学歴組より明らかに高い。これは、初等学歴組は義俠・忠孝・勤倹という三つの人格特質を重視していることを示している。

第三章　人格特質に対する評価 | 81

（二）初等学歴ほど私徳・功利・嫉妬・屈従・欺瞞への否定的評価は
逓減

　「高・中・初」という三つの学歴組は、私徳・功利・嫉妬・屈従・欺
瞞という五つの人格特質に対する評価は全て否定的評価であり、その中
で、高学歴の否定程度は明らかに初等学歴より高い。そして、この三つ
の学歴組の間では、この五つの人格特質に対する評価の得点は初等学歴
ほど、逓減する傾向があり、学歴による認識上の差が認められる。（表
3-5、図 3-5）

表 3-5　　学歴別における 14 項目の人格特質評価の得点表（％、平均値）

		5	3	1	0	−1	−3	−5	Σ	平均値	標準偏差
1. 仁愛	高	63.0	30.0	4.0	2.0	0.0	0.0	0.0	100	4.09	1.33
	中	53.0	34.0	6.0	5.0	0.0	1.0	0.0	100	3.70	1.66
	初	53.0	37.0	7.0	3.0	0.0	0.0	1.0	100	3.78	1.62
2. 気節	高	76.0	21.0	2.0	1.0	0.0	0.0	0.0	100	4.03	2.16
	中	62.0	25.0	6.0	5.0	1.0	1.0	0.0	100	3.87	1.71
	初	61.0	21.0	6.0	5.0	0.0	1.0	0.0	100	3.89	1.64
3. 義侠	高	24.0	38.0	21.0	10.0	4.0	2.0	1.0	100	2.40	2.08
	中	24.0	33.0	21.0	12.0	3.0	4.0	3.0	100	2.10	2.43
	初	32.0	36.0	14.0	8.0	2.0	5.0	2.0	99	2.55	2.42
4. 忠孝	高	58.0	31.0	6.0	3.0	1.0	0.0	0.0	99	3.88	1.52
	中	59.0	30.0	5.0	5.0	1.0	1.0	0.0	101	3.86	1.64
	初	71.0	20.0	4.0	4.0	1.0	0.0	0.0	100	4.15	1.46
5. 理智	高	62.0	27.0	7.0	2.0	1.0	1.0	0.0	100	3.94	1.61
	中	52.0	32.0	8.0	5.0	2.0	1.0	1.0	101	3.54	1.95
	初	48.0	35.0	7.0	6.0	1.0	1.0	1.0	99	3.43	1.95

6. 中庸	高	4.0	14.0	18.0	19.0	13.0	20.0	13.0	101	−0.58	2.70
	中	6.0	17.0	22.0	22.0	11.0	16.0	7.0	101	0.09	2.58
	初	10.0	23.0	16.0	18.0	9.0	14.0	10.0	100	0.34	2.91
7. 私徳	高	1.0	0.0	0.0	4.0	4.0	23.0	68.0	100	−4.08	1.65
	中	1.0	1.0	1.0	11.0	6.0	24.0	57.0	101	−3.54	2.07
	初	2.0	3.0	3.0	12.0	6.0	29.0	45.0	100	−2.96	2.44
8. 功利	高	2.0	2.0	5.0	11.0	7.0	22.0	52.0	101	−3.12	2.46
	中	3.0	4.0	3.0	11.0	8.0	26.0	45.0	100	−2.81	2.63
	初	4.0	5.0	7.0	14.0	11.0	29.0	31.0	101	−2.11	2.75
9. 勤倹	高	39.0	35.0	13.0	7.0	3.0	1.0	1.0	99	3.02	2.07
	中	40.0	34.0	12.0	9.0	2.0	2.0	1.0	100	3.01	2.14
	初	52.0	34.0	6.0	4.0	1.0	1.0	2.0	100	3.54	2.05
10. 進取	高	45.0	36.0	11.0	5.0	2.0	2.0	0.0	101	3.36	1.87
	中	33.0	35.0	12.0	11.0	4.0	4.0	1.0	100	2.61	2.31
	初	32.0	35.0	12.0	10.0	5.0	5.0	1.0	100	2.25	2.38
11. 実用	高	3.0	11.0	13.0	21.0	15.0	26.0	11.0	100	−0.87	2.25
	中	5.0	11.0	16.0	21.0	17.0	21.0	10.0	101	−0.56	2.58
	初	3.0	26.0	12.0	16.0	15.0	19.0	8.0	99	−0.07	2.66
12. 嫉妬	高	1.0	1.0	1.0	4.0	2.0	16.0	76.0	101	−4.21	1.76
	中	1.0	1.0	1.0	8.0	5.0	22.0	63.0	101	−3.77	1.98
	初	2.0	2.0	2.0	11.0	5.0	25.0	53.0	100	−3.27	2.36
13. 屈従	高	0.0	0.0	1.0	2.0	3.0	23.0	71.0	100	−4.26	1.31
	中	0.0	1.0	1.0	7.0	7.0	27.0	57.0	100	−3.69	1.80
	初	1.0	2.0	2.0	10.0	10.0	26.0	49.0	100	−3.20	2.21
14. 欺瞞	高	0.0	1.0	1.0	4.0	3.0	17.0	74.0	100	−4.20	1.59
	中	1.0	1.0	1.0	8.0	5.0	20.0	64.0	100	−3.76	2.02
	初	2.0	1.0	1.0	13.0	4.0	19.0	60.0	100	−3.47	2.30

注：高は大学以上の教育レベルの者、中は中学・高校・高等専門学校の教育レベルの者、初は小学以下の教育レベルの者を表す。以下、同様。

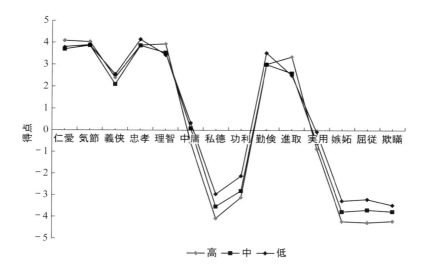

図3-5　学歴別における14項目人格特質評価の得点図（平均値）

（三）中庸と実用への評価は高学歴組が最低

全体的に見れば、中庸と実用という二つの人格特質に対する評価の得点はそれぞれ－0.58と－0.87であって、中性的評価に近い（表3-5、図3-5）。

しかし、学歴組別から見れば、高学歴組と初等学歴組は中庸に対する評価の得点はそれぞれ－0.58と0.34、実用に対する評価の得点はそれぞれ－0.87と－0.07であり、高学歴組の中庸と実用に対する評価の得点が最も低いことが分かる。

四、職業と人格特質の評価

職業は、肉体労働者・頭脳労働者・従業員・学生の四組に分けた。この四つの職業組は14項目の人格特質に対する評価において年齢組・

学歴組と共通点がある。それは、四つの職業組の評価も基本的には肯定的評価・否定的評価・中性的評価に近い三種類に分けられ、一定の傾向を示していることである。

（一）頭脳組は、仁愛・気骨・理智・義侠・忠孝・勤倹への肯定的評価が高い

14 項目の人格特質に対する肯定的評価においては、頭脳組は進取を除くそのほかの六項目に対する評価の得点が一番高い。肉体組の肯定的評価の得点は頭脳組より低く、特に気骨に対する評価について、肉体組と頭脳組の得点の間には 0.7 の差がある。これは頭脳組が肉体組より更に気骨を重んじることを表している（表 3-6、図 3-6）。

（二）学生は進取重視、屈従軽視

14 項目の人格特質に対する肯定的評価においては、学生組は進取に対する評価の得点が首位であり、そして、その平均値の標準偏差が一番小さい。これは学生組が進取を重視するだけでなく、さらに評価も一番集中していることにある（表 3-6、図 3-6）。

否定的評価においては、屈従に対する四組の評価の平均値は同じで、評価の得点には大きな差はない。しかし、学生組の平均値の標準偏差は頭脳組より低く、四組中で最下位である。これは学生組の屈従に対する否定が頭脳組ほど分散していないことを示している。

表 3-6　職業別における 14 項目の人格特質評価の得点表（%、平均値）

		5	3	1	0	− 1	− 3	− 5	Σ	平均値	標準偏差
1.仁愛	肉	49.0	38.0	7.0	5.0	0.0	0.0	1.0	100	3.61	1.55
	頭	64.0	29.0	4.0	3.0	0.0	0.0	0.0	100	4.11	1.33
	接	54.0	35.0	3.0	8.0	0.0	0.0	0.0	100	3.78	1.55
	学	58.0	32.0	6.0	1.0	1.0	1.0	1.0	100	3.83	1.77

2. 気節	肉	57.0	29.0	7.0	5.0	1.0	1.0	0.0	100	3.75	1.72
	頭	78.0	18.0	2.0	2.0	0.0	0.0	0.0	100	4.46	1.12
	接	58.0	24.0	9.0	6.0	2.0	1.0	0.0	100	3.66	1.86
	学	68.0	25.0	5.0	2.0	0.0	0.0	0.0	100	4.20	1.29
3. 義侠	肉	26.0	36.0	18.0	9.0	4.0	4.0	3.0	100	2.25	2.45
	頭	26.0	34.0	23.0	10.0	3.0	3.0	1.0	100	2.38	2.16
	接	17.0	30.0	22.0	19.0	3.0	6.0	4.0	100	1.56	2.51
	学	23.0	42.0	16.0	12.0	5.0	2.0	0.0	100	2.46	1.97
4. 忠孝	肉	62.0	26.0	5.0	5.0	1.0	1.0	0.0	100	3.89	1.69
	頭	60.0	30.0	6.0	4.0	0.0	0.0	0.0	100	3.96	1.44
	接	54.0	34.0	5.0	5.0	1.0	1.0	0.0	100	3.73	1.67
	学	51.0	33.0	9.0	2.0	3.0	1.0	1.0	100	3.52	1.95
5. 理智	肉	46.0	35.0	9.0	6.0	2.0	1.0	1.0	100	3.34	1.99
	頭	65.0	26.0	5.0	2.0	1.0	1.0	0.0	100	4.04	1.56
	接	58.0	30.0	6.0	5.0	1.0	1.0	1.0	100	3.77	1.84
	学	50.0	34.0	10.0	4.0	1.0	1.0	0.0	100	3.58	1.72
6. 中庸	肉	8.0	19.0	20.0	21.0	9.0	14.0	8.0	100	0.26	2.68
	頭	3.0	16.0	19.0	19.0	13.0	19.0	11.0	100	0.25	2.63
	接	6.0	13.0	26.0	21.0	15.0	15.0	4.0	100	0.15	2.33
	学	4.0	10.0	12.0	19.0	15.0	24.0	16.0	100	− 1.05	2.69
7. 私徳	肉	1.0	2.0	2.0	10.0	6.0	27.0	52.0	100	− 3.34	2.19
	頭	1.0	1.0	0.0	7.0	4.0	21.0	66.0	100	− 3.89	1.91
	接	1.0	1.0	1.0	11.0	3.0	20.0	63.0	100	− 3.69	2.08
	学	1.0	0.0	0.0	7.0	5.0	26.0	61.0	100	− 3.83	1.79
8. 功利	肉	4.0	5.0	4.0	11.0	10.0	28.0	38.0	100	− 2.45	2.76
	頭	2.0	2.0	5.0	11.0	7.0	22.0	53.0	100	− 3.17	2.45
	接	2.0	1.0	2.0	12.0	9.0	24.0	50.0	100	− 3.16	2.32
	学	2.0	7.0	3.0	15.0	6.0	26.0	43.0	100	− 2.65	2.70

9. 勤倹	肉	40.0	36.0	9.0	8.0	3.0	2.0	2.0	100	2.98	2.27
	頭	46.0	34.0	10.0	7.0	1.0	1.0	1.0	100	3.33	1.98
	接	37.0	26.0	20.0	13.0	1.0	2.0	1.0	100	2.71	2.21
	学	21.0	38.0	20.0	9.0	10.0	1.0	1.0	100	2.21	2.10
10. 進取	肉	31.0	35.0	12.0	11.0	5.0	5.0	1.0	100	2.47	2.38
	頭	41.0	36.0	12.0	6.0	2.0	3.0	0.0	100	3.14	2.01
	接	36.0	31.0	15.0	11.0	1.0	5.0	1.0	100	2.67	2.35
	学	50.0	36.0	5.0	7.0	1.0	0.0	1.0	100	3.57	1.82
11. 実用	肉	4.0	15.0	14.0	19.0	17.0	21.0	10.0	100	− 0.51	2.16
	頭	3.0	10.0	14.0	21.0	16.0	25.0	11.0	100	− 0.87	2.49
	接	4.0	9.0	19.0	23.0	14.0	22.0	9.0	100	− 0.59	2.45
	学	5.0	2.0	13.0	23.0	15.0	22.0	7.0	100	− 1.85	1.72
12. 嫉妬	肉	0.0	1.0	2.0	9.0	6.0	25.0	56.0	100	− 3.56	1.94
	頭	1.0	1.0	2.0	5.0	3.0	15.0	75.0	100	− 4.13	1.85
	接	0.0	0.0	0.0	9.0	3.0	18.0	70.0	100	− 4.07	1.61
	学	2.0		2.0	3.0	3.0	26.0	65.0	100	− 3.95	1.88
13. 屈従	肉	0.0	2.0	2.0	8.0	8.0	29.0	53.0	100	− 3.56	1.83
	頭	0.0	1.0	1.0	4.0	3.0	21.0	70.0	100	− 4.12	1.60
	接	1.0	1.0	1.0	8.0	7.0	26.0	58.0	100	− 3.66	1.97
	学	0.0	1.0	0.0	0.0	6.0	28.0	65.0	100	− 4.12	1.39
14. 欺瞞	肉	1.0	1.0	1.0	9.0	7.0	22.0	59.0	100	− 3.59	2.06
	頭	0.0	0.0	0.0	6.0	3.0	16.0	75.0	100	− 4.28	1.44
	接	1.0	1.0	1.0	9.0	4.0	15.0	69.0	100	− 3.85	2.04
	学	0.0	1.0	1.0	3.0	4.0	22.0	68.0	100	− 4.01	1.81

注：頭は頭脳労働者組、肉は肉体労働者組、接は従業員組、学は学生組を表す。以下同様。

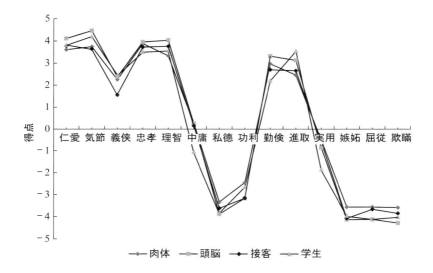

図3-6　職業別における14項目の人格特質評価の得点図（平均値）

（三）人格特質に対する否定的評価において肉体組は最下位

　表3-6は面白い現象を示している。それは、肉体組の私徳・功利・実用・嫉妬・屈従・欺瞞への否定的評価の程度が最低であることである。高学歴組と学生組の否定的評価の程度は初等学歴組より高い。

　頭脳組と肉体組の比較からみれば、頭脳組の14項目の人格特質におけるいくつかの特質に対する肯定的評価と否定的評価の程度は肉体組より高い。つまり、肉体組の肯定的評価と否定的評価の得点は頭脳組より低いということである。そして、14項目の人格特質の平均値標準偏差においては、肉体組は頭脳組より高い。これは、肉体組の14項目の人格特質に対する認知は頭脳組ほど深くなく、認知においても比較的分散していることが表されている。

第四章　人格選択のコントラスト

　調査票には14項目の人格特質評価に続き、「文化大革命前」、「文化大革命中」、「改革開放後」という三つの時期における人格特質の質問項目を設け、前の14項目の人格特質から、この三つの時期の大多数の人々が最も具えていたと思われる人格特質と最も欠如していたと思われる人格特質を回答者に選択させた。選択方法は二項選択で、その二項の平均値を取った。1966年の「文化大革命」から既に20年あまり経った。従って、調査票では、20歳以下の者は「文化大革命前」と「文化大革命中」の二つの時期の質問には回答しないこととした。よって、「文化大革命前」と「文化大革命中」に関するデータは、20歳以上の者の評価の数値である。

一、人格選択における三つのパターン

（一）「文化大革命前」は勤倹が多く、理智に欠ける
　「文化大革命前」に最も具わっていた人格特質の上位四つは勤倹（20.5％）・仁愛（17.0％）・忠孝（13.5％）・気骨（5.0％）である（表4-1、図4-1 ～図4-3）。

表 4-1　　三つの歴史時期における人格特質の選択

	平均値	最も具わっていた（％）			最も欠けている（％）		
		「文化大革命前」	「文化大革命中」	「改革開放後」	「文化大革命前」	「文化大革命中」	「改革開放後」
気節	4.05	5.0	2.5	1.5	4.5	③ 10.5	③ 10.0
忠孝	3.92	③ 13.5	3.5	3.0	2.0	④ 5.0	④ 10.0
仁愛	3.87	② 17.0	1.0	3.0	3.0	② 15.0	② 13.5

理智	3.75	2.0	1.5	④ 9.5	① 13.5	① 19.0	4.5
勤倹	3.10	① 20.5	2.5	3.5	1.5	2.5	① 22.0
進取	2.91	3.5	1.5	① 19.0	② 12.5	5.0	6.5
義侠	2.33	2.0	3.0	2.5	3.0	3.5	6.0
中庸	0.01	3.0	③ 10.5	3.0	2.0	2.5	2.0
実用	− 0.63	1.0	3.0	② 17.5	5.0	2.5	3.0
功利	− 2.77	0.5	④ 6.0	③ 14.0	③ 6.5	2.0	2.5
私徳	− 3.58	0.0	6.0	5.0	④ 5.5	1.5	2.5
屈従	− 3.69	0.5	① 15.5	1.0	④ 5.5	1.0	1.5
嫉妬	− 3.83	0.0	5.0	5.0	3.5	0.5	2.0
欺瞞	− 3.83	0.5	② 11.5	4.0	5.0	1.0	1.5

注："○"内表示選択順序

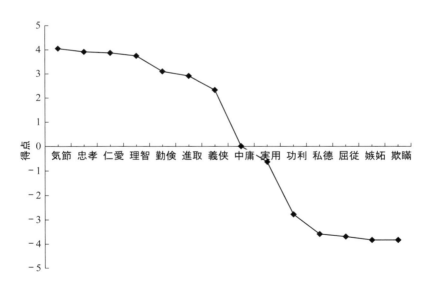

図 4-1　三つの歴史時期における人格特質の選択（平均値）

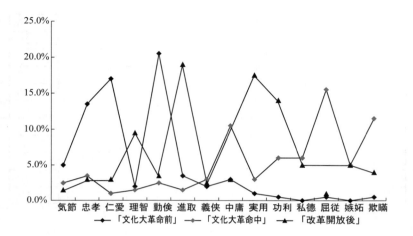

図 4-2　三つの歴史時期において最も具わっていた人格特質の選択（％）

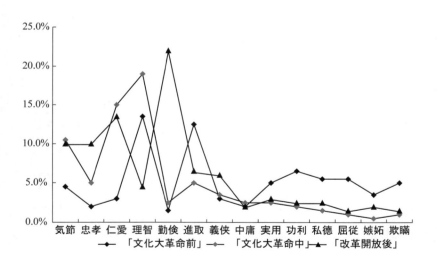

図 4-3　三つの歴史時期において最も欠けていた人格特質の選択（％）

表3-1、表3-2における上位四つの人格特質に対する評価から見れば、
理智を除いて、その他の三項目は「文化大革命前」、人々が最も具えて
いる人格特質に入ったことが分かる。そして、第5位の勤倹は「文化大
革命前」の最も具わっている人格特質の1位に選ばれた。これは人々の
心の中で「文化大革命前」の人がよいとされる人格を持っていることを
示している。その一方で、人々に最も欠けていた人格特質に対する評価
は、理智が第一位で、13.5％を占め、その次は進取（12.5％）・功利（6.5％）・
私徳と屈従（この二項目が共に5.5％で並び第四位）である。つまり、
理智と進取だけが肯定的評価に入り、その残りの功利・私徳・屈従は否
定的な評価である。回答者は「文化大革命前」の人の人格特徴は理智・
進取のような肯定的なものと功利・私徳・屈従のような否定的なものの
どちらも際立っていないととらえていることが示されている。全体とし
て「文化大革命前」の人はややよいとされる人格を持っているという結
果が出た。

　（二）「文化大革命中」の人々は屈従的で、理智に欠ける
　上位四つに選ばれた人格特質は、順に屈従（15.5％）・欺瞞（11.5％）・
中庸（10.5％）・私徳（6.0％）である（表4-1）。
　ここで注意すべきは、14項目の人格特質評価において上位四つに選
ばれた人格特質が「文化大革命中」の人格には入らず、また、肯定的人
格特質が一つも選ばれてないということである。それに対し、選ばれた
のは全て否定的人格特質で、上位二位は評価が最低の人格特質である屈
従と欺瞞である。即ち、屈従と欺瞞は「文化大革命中」の人々が最も具
えていた人格特質である。これは「文化大革命中」の人々の人格に対す
る一種の悪い評価であり、「文化大革命」そのものに対するある種の不
満だといえる。「文化大革命」の惨禍に何万、何億もの人々が巻き込まれ、
全国規模の災難になった理由には、もちろん人々の熱狂もあるが、「文
化大革命」の「力」への屈従もある。そして、この屈従は自分と他人を

騙す色合いを帯びた屈従である。

「文化大革命中」、人々が最も欠けていた上位四つの人格特質は理智（19.0％）・仁愛（15.0％）・気骨（10.5％）・忠孝（5.0％）である。この四項目は全て14項目人格特質中の肯定的評価であり、回答者は「文化大革命中」の人々の人格に悪い評価をしていることが示されている。

　（三）「改革開放後」は進取に富み、勤倹に欠ける

「改革開放後」の人格特質は、首位が進取（19.0％）で、次いで実用（17.5％）・功利（14.0％）・理智（9.5％）が続く（表4-1）。

これを表3-1、表3-2における上位四つの人格特質と比較すると、理智だけが「改革開放後」も残り、他の仁愛・気骨・忠孝は全て入らなかったことが分かる。つまり、「改革開放後」最も具わっているとされる四つの人格特質において、二つが14項目にわたる人格特質の肯定的評価に属し、一つが否定的評価、残った実用は否定的評価に属するものの、中性的評価に近づいている。

「改革開放後」最も欠けている人格特質の上位四つは勤倹（22.0％）・仁愛（13.5％）・気骨（10.0％）・忠孝（10.0％）で、全て14項目の人格特質の肯定的評価に属する。

要するに、三つの歴史時期の人格については、「文化大革命前」の人格が相対的に良いとされ、「改革開放後」の人格はその次、「文化大革命前」の人格が最も良くないということである。これについては、以下の総合分析の中でさらに明確に示される。

「文化大革命前」、「文化大革命中」と「改革開放後」という三つの歴史時期において最も具わっている人格特質と最も欠けていた人格特質の選択結果を図で表せば、下図4-4のような不均衡な状態となる。

　最も具わっている人格特質の選択結果は、「文化大革命前」の上位四つは全て上部の肯定的区域に、「文化大革命中」の人格特質の上位四つは基本的には下部の否定的区域に、「改革開放後」の人格特質の上位四

第四章　人格選択のコントラスト　93

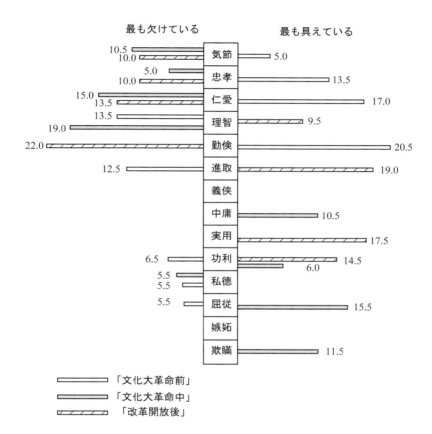

図 4-4　歴史時期別の人格選択の比較

つは中間に近い肯定的区域と否定的区域に分布する。

　最も欠けていた人格特質の選択結果は、「文化大革命前」の上位四つは中間と下部に近い肯定的区域と否定的区域に、「文化大革命中」の上位四つの大部分は上部の肯定的区域に、「改革開放後」の上位四つは全て上部の肯定的区域に分布する。

二、人格選択における歴史的覚醒

　時代的特徴を持つ人格の特質の選択については、異なる年齢・学歴・職業の人の選択順序にはそれほど差はないが、組別の選択から見れば、ある時代的特徴を持つ人格の特質に集中する現象が現れている。これは、異なる組の異なる歴史時期の人格に対する認知の程度に相違が見られることを表している。つまり、人格特質を選択するとき、組が異なれば歴史的覚醒の程度も異なるということが示されている。

　（一）年長者が選択した「文化大革命前」の人格特質は比較的集中

　表4-2及び図4-5〜図4-10を見ると、四つの年齢層が三つの歴史時期において人格特質を選択するとき、以下のような特徴が見られる。01組から04組は「文化大革命前」に最も具わっていた人格特質と最も欠けていた人格特質に選択が集中している。選ばれた上位三つの人格特質を例として、最も具わっていた人格特質（A）と最も欠けていた人格特質（B）に対する選択（%）は次のようである。

　（A）04組（25.2 ＋ 21.0 ＋ 17.3）＞ 01組（14.5 ＋ 12.9 ＋ 10.5）

　（B）04組（22.6 ＋ 13.8 ＋ 11.0）＞ 01組（14.1 ＋ 6.6 ＋ 4.9）

　これは年長者の方が若者より明確に時代的特徴を持つ人格を認識しているが、若者は歴史に関してあまり詳しくないことを表している。

表 4-2　（組別）時代的特徴を持つ人格選択の比較（%）

| | 多くの人に最も具わっていた人格特質 | | | | | | | | | | | |
| | 「文化大革命前」 | | | | 「文化大革命中」 | | | | 「改革開放後」 | | | |
	01	02	03	04	01	02	03	04	01	02	03	04
1. 仁愛	12.9	21.0	20.2	21.0	1.0	1.5	1.15	1.0	3.7	1.8	2.1	1.7
2. 気節	3.5	5.5	7.7	9.7	1.2	4.2	4.0	4.4	2.2	1.7	1.5	1.7
3. 義侠	1.8	2.1	2.2	2.2	2.6	4.1	3.5	3.2	3.2	1.5	1.8	1.0

4. 忠孝	10.5	16.7	16.5	17.3	3.0	5.0	4.1	2.0	3.9	2.2	2.0	1.5
5. 理智	1.4	2.2	3.8	2.2	1.1	2.2	2.5	3.0	6.5	10.7	9.3	9.6
6. 中庸	1.9	4.0	3.5	4.5	7.9	12.9	15.4	11.8	2.4	3.8	3.7	3.95
7. 私徳	0.2	0.3	0.3	0.5	5.0	5.9	7.8	9.2	4.2	4.6	4.2	6.2
8. 功利	0.5	0.8	0.8	0.0	4.2	6.6	7.9	6.4	13.3	12.4	16.5	16.0
9. 勤倹	14.5	28.2	27.8	25.2	1.7	3.4	2.3	2.2	4.0	3.3	4.1	0.75
10. 進取	2.0	2.9	5.8	4.9	1.2	2.2	0.8	1.0	18.2	19.5	19.2	19.8
11. 実用	1.1	1.6	1.0	1.0	4.0	4.2	5.0	5.4	15.2	18.4	19.7	21.3
12. 嫉妬	0.6	0.3	0.0	0.0	4.0	4.9	5.6	7.6	5.8	4.3	4.5	4.7
13. 屈従	1.4	2.2	1.8	2.7	12.4	18.6	17.0	19.8	0.7	1.8	1.5	1.0
14. 欺瞞	0.55	0.1	0.6	1.2	9.3	12.5	14.5	14.3	3.1	14.7	4.3	4.5

	多くの人に最も欠けていた人格特質											
	「文化大革命前」				「文化大革命中」				「改革開放後」			
	01	02	03	04	01	02	03	04	01	02	03	04
1. 仁愛	2.0	3.9	4.1	5.7	11.1	17.8	19.5	22.3	13.1	14.1	12.9	13.6
2. 気節	3.4	5.8	5.0	5.4	8.2	10.9	12.5	12.6	10.2	8.6	11.3	9.9
3. 義侠	2.3	3.8	4.5	3.7	3.05	3.8	5.3	3.0	6.1	7.5	5.6	5.2
4. 忠孝	1.5	2.4	1.8	3.2	4.3	5.4	6.7	6.4	8.6	9.9	10.0	13.8
5. 理智	6.6	9.0	9.5	11.0	14.1	23.5	24.9	22.5	5.7	4.5	2.5	3.0
6. 中庸	1.7	3.1	4.05	2.7	1.5	3.6	2.1	3.0	1.8	1.8	2.8	2.5
7. 私徳	3.3	6.6	7.3	7.4	1.1	2.2	2.6	2.0	3.0	2.1	2.3	2.0
8. 功利	4.9	7.4	7.2	8.7	1.2	2.8	1.5	1.2	2.7	3.1	3.0	1.7
9. 勤倹	1.25	1.35	2.15	1.75	1.9	1.85	1.61	2.5	19.6	22.9	22.7	23.7
10. 進取	14.1	15.2	16.9	13.8	3.8	6.5	8.5	5.7	6.5	4.1	7.3	5.4
11. 実用	3.8	5.7	6.5	22.6	1.8	2.6	2.0	2.5	2.9	2.7	1.8	2.9
12. 嫉妬	2.3	4.5	4.5	3.2	0.3	1.1	0.8	1.0	2.1	2.1	1.0	1.7
13. 屈従	1.5	2.9	2.0	3.5	0.9	0.9	1.3	1.5	3.5	1.7	2.2	2.7
14. 欺瞞	3.5	6.0	8.9	6.2	0.7	1.9	1.0	1.2	1.3	1.4	2.0	0.7

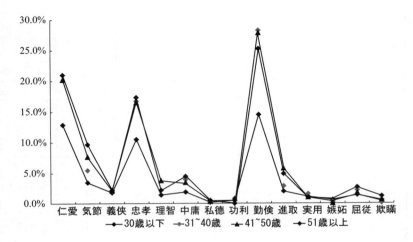

図 4-5 （年齢別）「文化大革命前」人々が最も具わっているとした人格特質（％）

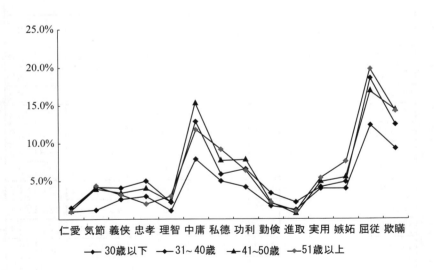

図 4-6 （年齢別）「文化大革命中」人々が最も具えているとした人格特質（％）

第四章　人格選択のコントラスト　97

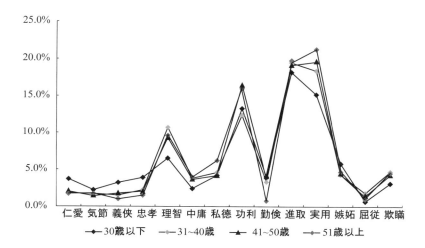

図 4-7 （年齢別）「改革開放後」人々が最も具えているとした人格特質（%）

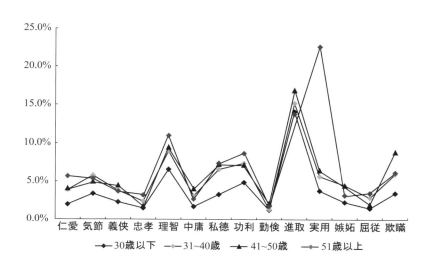

図 4-8 （年齢別）「文化大革命前」人々が最も欠けているとした人格特質（%）

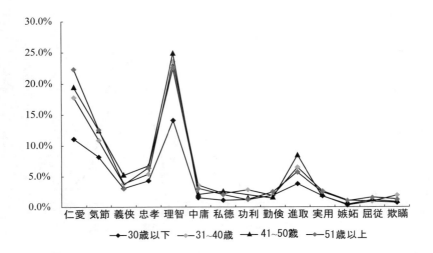

図 4-9 （年齢別）「文化大革命中」人々が最も欠けているとした人格特質（%）

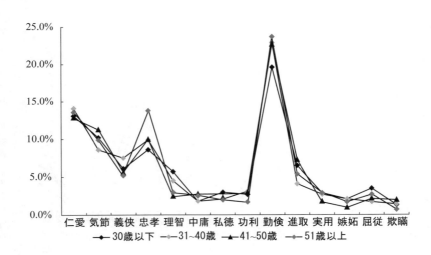

図 4-10 （年齢別）「改革開放後」人々が最も欠けているとした人格特質（%）

（二）高学歴組は「改革開放後」の人格に最も注意を払う

表 4-3 及び図 4-11 〜図 4-16 からみれば、時代的特徴を持つ人格の選択における学歴の差は、主に高学歴組と初等学歴組の「改革開放後」の人格特質に対する選択に反映されている。選ばれた上位三つの人格特質を例として、最も具わっている人格特質（A）と最も欠けている人格特質（B）の選択（％）は次の通りである。

（A）高学歴組（23.5 ＋ 18.5 ＋ 17.0）＞初等学歴組（18.0 ＋ 14.0 ＋ 12.0）

（B）高学歴組（24.5 ＋ 16.0 ＋ 12.5）＞初等学歴組（17.0 ＋ 14.0 ＋ 11.0）

これは初等学歴組よりも高学歴組が「改革開放後」の人格特質に対する選択を最も集中的にしていることを表している。つまり、学歴という角度から人々の時代的特徴を持つ人格に対する認識を見ると、高学歴者の方が「改革開放後」の人格特質の優劣を重んじ、最も注意を払っていることが分かる。

表 4-3 （学歴別）時代的特徴を持つ人格選択の比較（％）

	多くの人に最も具わっていた人格特質								
	「文化大革命前」			「文化大革命中」			「改革開放後」		
	高	中	初	高	中	初	高	中	初
1. 仁愛	19.0	16.5	14.0	1.0	1.0	1.5	1.0	3.5	3.0
2. 気節	5.0	5.5	5.0	2.0	3.0	3.0	0.5	2.5	2.5
3. 義侠	1.5	2.0	3.0	3.0	3.5	2.5	1.0	3.0	2.0
4. 忠孝	14.0	12.5	18.5	4.0	3.5	3.5	0.5	4.0	4.5
5. 理智	1.5	2.5	1.5	1.5	1.5	2.0	9.0	10.0	8.0
6. 中庸	3.5	3.0	3.5	12.5	9.0	13.0	3.5	3.0	2.5
7. 私徳	0.0	0.0	1.0	5.5	6.0	7.5	5.0	3.5	8.5
8. 功利	0.5	0.5	0.5	4.5	6.5	8.0	17.0	13.0	12.0

9. 勤倹	26.5	18.5	18.5	1.5	2.5	6.0	1.0	4.5	7.0
10. 進取	4.0	3.0	3.5	1.0	2.0	0.5	18.5	18.0	18.0
11. 実用	0.5	1.0	4.0	3.5	3.5	2.0	23.5	14.5	14.0
12. 嫉妬	0.0	0.5	1.0	4.5	4.5	5.5	5.5	5.0	4.5
13. 屈従	2.5	1.0	2.0	19.5	13.5	13.5	1.0	1.0	1.5
14. 欺瞞	0.5	0.5	0.5	14.5	9.5	13.0	3.5	4.0	5.0

	多くの人に最も欠けていた人格特質								
	「文化大革命前」			「文化大革命中」			「改革開放後」		
	高	中	初	高	中	初	高	中	初
1. 仁愛	3.0	3.0	4.0	18.0	13.0	17.5	16.0	12.0	14.0
2. 気節	4.5	4.0	5.0	11.5	9.0	13.0	12.5	9.5	7.5
3. 義俠	3.0	3.0	4.5	3.5	3.0	4.5	4.5	6.0	11.0
4. 忠孝	1.0	2.5	2.5	4.5	5.0	6.0	10.0	10.0	10.5
5. 理智	9.5	7.0	11.0	23.5	17.0	19.0	3.5	5.5	5.0
6. 中庸	2.5	2.5	1.5	2.0	2.5	1.0	2.0	2.0	2.5
7. 私徳	5.5	5.0	5.0	1.0	1.5	2.0	1.5	2.0	5.0
8. 功利	7.5	5.5	8.0	1.0	2.0	2.5	1.5	3.0	3.5
9. 勤倹	0.5	2.0	2.0	1.5	2.0	3.0	24.5	20.5	17.0
10. 進取	6.0	10.0	14.5	5.0	5.0	8.0	6.5	6.5	7.0
11. 実用	6.5	4.5	6.0	1.5	2.5	2.5	1.5	3.5	4.0
12. 嫉妬	3.5	3.5	2.5	0.5	1.0	0.5	1.0	2.5	2.5
13. 屈従	1.5	2.5	2.5	0.5	1.5	1.5	2.5	1.5	1.5
14. 欺瞞	7.0	4.5	4.0	0.5	1.0	1.0	0.5	1.5	1.5

第四章　人格選択のコントラスト | 101

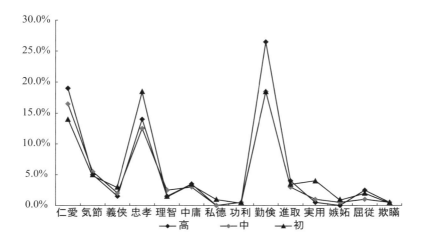

図 4-11（学歴別）「文化大革命前」人々が最も具えているとした人格特質（%）

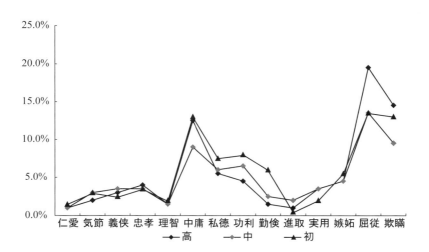

図 4-12（学歴別）「文化大革命中」人々が最も具えているとした人格特質（%）

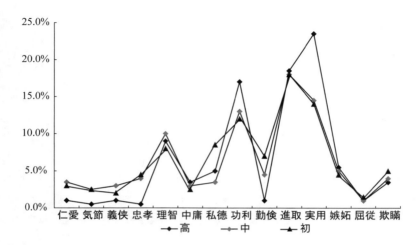

図 4-13 （学歴別）「改革開放後」人々が最も具えているとした人格特質（％）

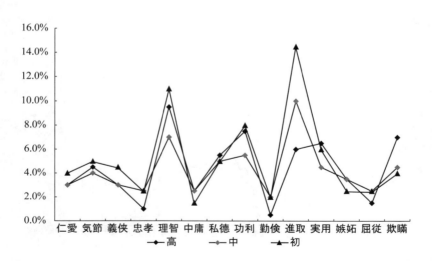

図 4-14 （学歴別）「文化大革命前」人々が最も欠けているとした人格特質（％）

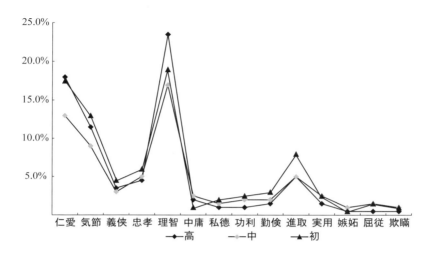

図 4-15 （学歴別）「文化大革命中」人々が最も欠けているとした人格特質（％）

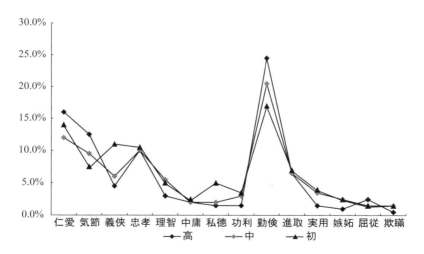

図 4-16 （学歴別）「改革開放後」人々が最も欠けているとした人格特質（％）

（三）頭脳組が「文化大革命中」の人格特質に最も詳しい

表 4-4 及び図 4-17 ～図 4-22 から、時代的特徴を持つ人格の特質に対する選択においては、頭脳組が「文化大革命中」の人格特質に対する選択が最も集中していることが分かる。頭脳組と肉体組が選んだ上位三つの人格特質を例とすると、最も具わっている人格特質（A）と最も欠けている人格特質（B）に対する選択（％）は次のようになる。

（A）頭脳組（21.0 ＋ 13.5 ＋ 13.5）＞肉体組（12.5 ＋ 10.9 ＋ 9.0）

（B）頭脳組（24.0 ＋ 19.5 ＋ 11.5）＞肉体組（17.0 ＋ 13.0 ＋ 9.0）

これは頭脳組が「文化大革命中」の人格特質に最も詳しいことを表明した。しかし、頭脳組と肉体組が「文化大革命中」最も欠けていた人格特質の選択は、最も具わっている人格特質の選択より集中しており、即ち、「文化大革命中」の人格の欠如により一層明確な認識を持っているということが分かる。

表 4-4　（職業別）時代的特徴を持つ人格選択の比較（％）

| | 多くの人に最も具わっていた人格特質 | | | | | | | | | | | |
| | 「文化大革命前」 | | | | 「文化大革命中」 | | | | 「改革開放後」 | | | |
	肉	頭	接	学	肉	頭	接	学	肉	頭	接	学
1. 仁愛	15.0	21.0	17.5	8.5	1.5	1.0	1.0	0.5	4.5	1.5	3.0	2.0
2. 気節	4.0	6.5	7.0	2.5	2.5	3.5	1.5	0.5	2.5	1.0	2.0	2.0
3. 義侠	2.5	1.5	2.5	1.0	2.5	3.5	6.0	1.5	3.5	1.5	3.0	1.0
4. 忠孝	13.0	15.5	13.5	8.0	4.0	4.0	1.0	2.5	5.0	1.0	2.5	2.5
5. 理智	2.0	2.5	1.5	2.0	1.5	2.5	1.5	0.5	10.0	9.0	11.0	7.5
6. 中庸	2.5	3.5	4.5	1.0	9.0	13.5	9.5	7.0	2.5	3.5	2.0	3.5
7. 私徳	0.5	13.0	0.5	0.0	7.0	5.5	8.0	4.0	4.0	4.5	4.5	7.0
8. 功利	0.5	0.5	0.5	1.0	7.0	5.5	6.0	2.5	12.0	17.0	13.5	14.5

9. 勤倹	16.5	28.5	19.0	10.5	3.0	1.5	3.0	1.0	6.5	1.0	1.0	3.0
10. 進取	2.5	4.5	3.0	2.0	1.0	1.5	2.5	1.0	17.0	19.5	20.5	18.0
11. 実用	2.0	0.5	0.5	0.0	2.5	4.5	4.5	1.5	13.5	22.5	15.5	18.0
12. 嫉妬	0.5	0.0	0.0	0.5	4.5	5.5	5.0	2.0	4.5	5.0	6.0	8.5
13. 屈従	1.5	2.0	0.5	1.5	12.5	21.0	13.5	7.0	1.0	1.0	2.0	0.5
14. 欺瞞	0.5	0.5	0.5	0.5	10.0	13.5	11.0	10.0	3.5	5.0	4.0	1.5

	多くの人に最も欠けていた人格特質											
	「文化大革命前」				「文化大革命中」				「改革開放後」			
	肉	頭	接	学	肉	頭	接	学	肉	頭	接	学
1. 仁愛	2.5	3.5	3.5	2.0	13.0	19.5	15.5	5.0	11.5	15.5	12.5	16.0
2. 気節	4.5	4.5	4.0	2.0	9.0	11.5	12.0	6.5	7.5	11.5	10.5	14.5
3. 義侠	4.0	2.5	2.0	2.0	3.5	3.5	3.5	1.5	8.0	5.0	2.0	4.5
4. 忠孝	2.5	2.0	2.0	0.5	5.0	5.5	6.0	1.5	9.5	10.0	11.0	10.5
5. 理智	7.5	10.0	8.5	4.0	17.0	24.0	15.5	13.5	6.5	3.0	6.0	6.0
6. 中庸	2.0	3.0	3.0	0.5	2.5	3.0	2.0	1.5	2.0	2.0	1.5	1.0
7. 私徳	3.5	6.5	9.0	2.5	1.0	1.0	3.0	0.5	4.0	1.5	3.5	2.0
8. 功利	5.5	7.5	8.0	3.0	2.0	1.0	1.5	0.5	3.5	2.0	3.5	1.5
9. 勤倹	2.5	1.0	1.5	0.0	2.0	1.5	3.0	0.5	19.0	24.5	22.5	21.0
10. 進取	11.0	16.5	16.5	4.5	5.5	5.5	4.5	3.0	7.5	6.5	4.0	6.5
11. 実用	5.0	7.0	3.5	3.5	2.5	2.5	0.5	1.5	4.0	2.0	1.5	1.5
12. 嫉妬	3.0	4.0	2.5	1.5	0.5	0.5	1.0	0.5	3.0	1.0	4.0	1.0
13. 屈従	2.0	2.5	2.5	1.0	1.5	1.0	1.5	0.0	1.0	3.0	2.0	1.5
14. 欺瞞	4.0	7.5	3.0	3.5	1.5	1.0	1.5	0.0	2.0	1.0	1.5	0.0

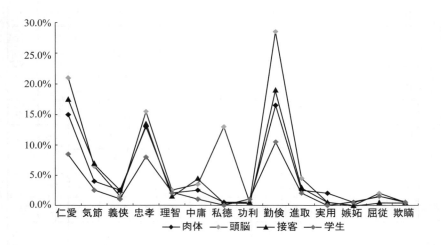

図 4-17　（職業別）「文化大革命前」人々が最も具えているとした人格特質（％）

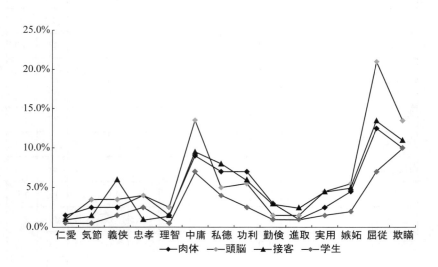

図 4-18　（職業別）「文化大革命中」人々が最も具えているとした人格特質（％）

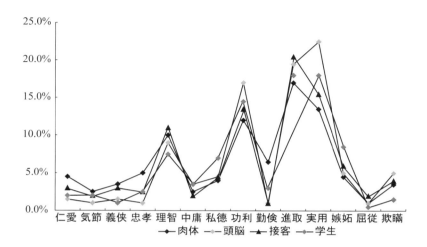

図 4-19 （職業別）「改革開放後」人々が最も具えているとした人格特質（%）

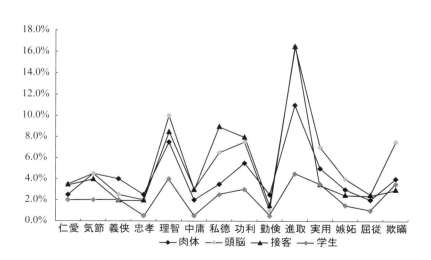

図 4-20 （職業別）「文化大革命前」人々に最も欠けているとした人格特質（%）

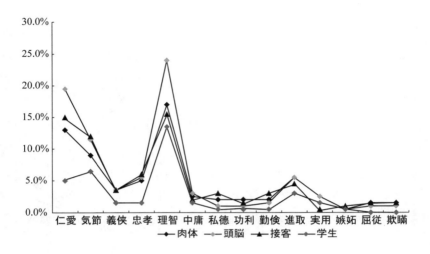

図 4-21 （職業別）「文化大革命中」人々に最も欠けているとした人格特質（％）

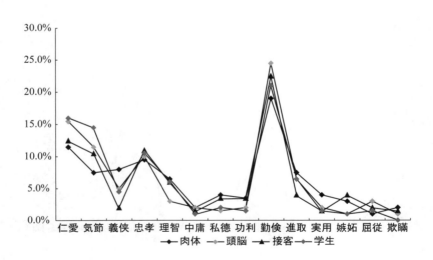

図 4-22 （職業別）「改革開放後」人々に最も欠けているとした人格特質（％）

（四）微妙な選択の視点

　最も具えている人格特質の選択でも、最も欠けている人格特質に対する選択でも、選択された頻数が高ければ高いほど、人々がその人格を重視していることを意味している。それに対し、選択された頻数の低さは、人々がある歴史時期にこれらの人格特質があるかないか、乏しいかどうかについて、あまり関心を持っていないことを意味している。

　従って、本節では重視の程度から、人々の三つの歴史時期の人格特質の選択を論じたい。

　まず、全ての選択項目のパーセンテージ数（頻率）を累計して、頻数（回数）に変える。そして、「最も具えている」を「有」、「最も欠けている」を「無」とする。

　「最も具えている人格特質」という欄に人格特質が選択された頻数が多ければ多いほど、「有」が多くなり、回答者がこの人格特質を一層重視していることを表す。同様に、「最も欠けている人格特質」という欄に人格特質が選択された頻数が多ければ多いほど、「無」が多くなり、回答者がこの人格特質をより重視していることを表している。こうすることで、人々がどのような人格特質をより重視し、どのような人格特質をあまり重視していないかが容易に分かり、更に人格特質と歴史の相互関係も明らかになる。「有」は「最も具えている人格特質」の人格特質の地位を表し、歴史における存在感を表す。「無」は「最も欠けている人格特質」の人格特質の地位を表し、歴史の中で重きをおけなかったことを意味する。「有」の回数が多ければ、歴史的に肯定されたものになり、「無」の回数が多ければ、その反対であることを表す。図4-23は全11の選択頻数から作成したものである。

　図4-23から分かるように、仁愛・勤倹・理智及び進取は選択された頻数の多い上位四つの人格特質であり、異なる歴史時期において異なるイメージで現れていた。例えば、仁愛は「文化大革命前」には基本的にプラスのイメージでその存在と役割を表しているが、「文化大革命中」

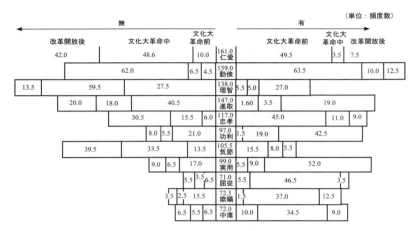

図 4-23　微妙な選択の視点

と「改革開放後」にはマイナスのイメージとなった。これは仁愛がこの二つの歴史時期に十分な存在感がなかったことを表している。勤倹は仁愛とほぼ同じで、「文化大革命前」にはプラスのイメージで、「改革開放後」はマイナスのイメージと変化する。理智は仁愛・勤倹と異なり「文化大革命中」に欠けている人格特質としての選択頻数が多い。これは理智が「文化大革命」という災難時に欠くことができない人格特質であることを表している。進取は基本的に「改革開放後」に最も具わっているとされたプラスのイメージを伴って歴史舞台に登場した。これは進取という特質が過去の「不足」から「完備」に変わったことを表している。要するに、頻数の多い上位三つの人格特質は 14 項目の人格特質評価において肯定的に評価された特質である。

　反対に、14 項目の人格特質評価で否定された欺瞞・屈従などの人格特質は、選択頻数が少ないのみならず、「文化大革命中」の人々が有していた。これは、人々が時代的特徴を持つ人格を選択する時に、おおよそ好評価・高得点の人格特質に注意を払い、低評価・低得点の人格特質には関心を持たない「善に傾き悪を避く」という心理傾向が働くことを

示している。

　中庸という特質は基本的には「無」より「有」が多く、「有」は主に「文化大革命中」に現れ、その選択頻数は「文化大革命中」の屈従・欺瞞の選択頻数とはあまり差はない。これはとても面白い結果である。「階級闘争を綱領とする」「文化大革命」の期間には真偽が入り乱れており、「真は偽」であり、また「偽も真」なのである。このような社会背景の下で、「綱領」に屈従して、お互いに欺き合う中で、「中庸」を以て共存するのは世間を渡る処世術である。

　「改革開放後」以降は、進取・実用・功利という三つの特質が際立っている。そして、その中の実用と功利は「文化大革命前」にはあまり見られない。もし「改革開放後」に際立つ三つの人格特質と「改革開放後」明らかに欠けている勤倹・仁愛・気骨という三つの人格特質を比較すれば、更に面白い結果が見出せる。「改革開放後」最も具わっているとされた三つの人格特質は「文化大革命前」にはあまりないが、「改革開放後」最も欠けている三つの人格特質の中の二つ（勤倹・仁愛）は「文化大革命前」にあり、もう一つ（気骨）は「文化大革命中」に欠けているものである。そして、この三つの人格特質は改革以前には肯定されていた特質である。

　以上、「改革開放後」の人格選択結果に対する比較分析は近代化と人格特質の関係を反映している。「改革開放後」は中国が四つの近代化の実現を目標とした時期である。この歴史的な時期において、過去（「文化大革命前」と「文化大革命中」）においてあまり役立たないとされた人格特質が上位に入る一方、過去に役に立つとされた人格特質が突然生活の中から姿を消す。これらに対し人々は慣れないと感じ、甚だしくは受け止められないこともあった。このような状況が生じるのは選択上の心理傾向が近代化と伝統の関係に関わっているからである。近代化ということは伝統を全て捨てるということではない。もし、伝統を全て破棄するならば、人々の近代化への理解と受容に影響を及ぼす。ここで論じ

た人格特質と近代化・伝統との関係は、実は第一章で述べた近代化と伝統との融合の問題に通ずる。しかし、これは心理的側面から融合の重要性を示し、それと共に、仁愛を核心とする人文精神の重要性と民族性における感情と意志の特色を保持する重要性を論じているのである。

三、人格と歴史の親和性

以上の分析から分かるように、異なる歴史時期において、選択された人格特質は異なる地位とイメージを持つ。プラスのイメージを持つ人格特質もあれば、マイナスのイメージを持つ人格特質もある。そして、プラスのイメージは歴史的な地位を象徴し、マイナスのイメージは歴史的な地位のないことを示している。従って、人格特質と歴史時期の間には一定の関連性があると言える。ここではひとまず親和性と呼ぶことにする。

（一）親和性の出現
この親和性は借用概念である。ある人格特質の選択回数が多ければ多いほど、親和性の程度が高くなる。即ち、歴史においてこの人格特質を必要とする程度も高くなり、この人格特質の存在と役割が歴史的産物であることを表している。
人格特質と歴史時期との親和関係は年齢組・学歴組・職業組のいずれにも反映されている。以下、職業組を例としてこの親和性の顕現について見ていく。
表4-4から職業組の時代的特徴を持つ人格に対する選択には以下のような特徴があることが分かる。
（1）「文化大革命前」最も具わっているとされた人格特質の選択は、各項のパーセンテージは異なるが、四つの職業組はいずれも勤倹・仁愛・忠孝・気骨を選んだ。同様に、最も欠けている人格特質を選択するとき、

各項のパーセンテージ数には差があったが、四つの職業組は全部進取・理智・功利・実用の四項目を選んだ。

（2）「文化大革命中」最も具わっているとされた人格特質の選択は、各項のパーセンテージは異なるものの、四つの職業組はいずれも屈従・欺瞞・中庸・私徳を選び、最も欠けている人格特質については理智・仁愛・気骨・忠孝を選んだ。

（3）「改革開放後」最も具わっているとされた人格特質の選択は、各項のパーセンテージは異なるものの、四つの職業組はいずれも進取・実用・功利・理智の四項目を選んだ。同様に、最も欠けている人格特質の選択には、各項のパーセンテージ数には差があったが、四つの職業組はいずれも勤倹・仁愛・気骨・忠孝の四項目を選んだ。

以上の特徴から分かるように、四つの職業組の選択には統一性があるだけでなく、異なる歴史時期に表れた構造的特徴は、異なる歴史条件の下、一定の人格特質をそこに取り入れるのだ。これは下記で討論する親和選択の問題である。

（二）親和選択の構造

選ばれた人格特質と特定の歴史時期の間の親和関係をより明確にするために、本節では人間関係測定における人間関係選択のマトリックス法[1]を用いて説明する。

図4-24が示すように、12項目の人格特質と、職業組と歴史時期を組み合わせた12項目の選択者側からなる12×12のマトリックスを形成した。このマトリックスから以下のようなことが分かる。

（1）横方向に見ると、12項目の人格特質において、4項目が12回、4項目が8回、4項目が4回選択された。選択された人格特質には肯定

1　マトリックス法とは、変数2つを組合せて、そこから発想する手法。タテとヨコの各変数をきめ、各変数ごとに要素を洗い出し、それらの組合せを用いて、現状の分析をしたり、新しいアイデアを考えたりする。

的なものもあれば、否定的なものもある。しかし、どんな性質の人格特質であっても、選択回数が多ければ多いほど、人々に重視されているということがいえる。従って、三つの歴史時期において、仁愛・理智・忠孝・気骨という四項目は他の八項目より多く選ばれ、最重視されているといえる。二番目に重視されたのは勤倹・進取・功利・実用の四項目で、最後は屈従・欺瞞・中庸・私徳の四項目である。

　ここで注意しなければならないのは、マトリックスに記した選択項目は量的な意味を持っていないことである。即ち、選択された項目のパーセンテージ数の多少にかかわらず、全ての項目は同じ扱いでマトリックスに分布している。従って、選択回数が多ければ更に重視されるというのは相対的なものであり、選択された項目の頻数も軽視してはならない。

		選択者												Σ	○	×
		肉	頭	接	学	肉	頭	接	学	肉	頭	接	学		(有)	(無)
		「文化大革命前」				「文化大革命中」				「改革開放後」						
被選択者	仁愛	○	○	○	○	×	×	×	×	×	×	×	×	12	4	8
	勤倹	○	○	○	○					×	×	×	×	8	4	4
	理智	×	×	×	×	×	×	×	×	○	○	○	○	12	4	8
	進取	×	×	×	×					○	○	○	○	8	4	4
	忠孝	○	○	○	○	×	×	×	×	×	×	×	×	12	4	8
	功利	×	×	×	×					○	○	○	○	8	4	4
	気節	○	○	○	○	×	×	×	×	×	×	×	×	12	4	8
	実用	×	×	×	×					○	○	○	○	8	4	4
	屈従					○	○	○	○					4	4	
	欺瞞					○	○	○	○					4	4	
	中庸					○	○	○	○					4	4	
	私徳					○	○	○	○					4	4	
	Σ	8	8	8	8	8	8	8	8	8	8	8	8	96		

注：○は最も具わっている（有）、×は最も欠如している（無）

図 4-24　人格特質と歴史時期の親和選択

（2）縦方向に見ると、「文化大革命前」の「有」の四つの選択は全て肯定的人格特質に集中する。「無」の選択は肯定的評価と否定的評価にそれぞれ2項目ずつある。「文化大革命中」は逆で、「無」の四つの選択は全て肯定的人格特質に集中し、「有」の選択は全て否定的人格特質にある。「改革開放後」の選択は「文化大革命前」と「文化大革命中」の間にある。即ち、「文化大革命前」程は良くないが、「文化大革命中」程は悪くないということである。「有」の四つの選択と「無」の四つの選択は「文化大革命前」と相反する人格特質の区域に分布する。即ち、「有」の選択は、肯定的評価と否定的評価にそれぞれ2項目ずつあって、「無」の選択は全て肯定的人格特質の区域に集中する。

この三つの歴史時期における選択の分布状態から、「文化大革命前」のような安定した平和な時期において、肯定的な人格特質が最も集中し、「文化大革命中」には否定的な人格特質に集中し、「改革開放後」は、肯定的・否定的な人格特質のいずれにもあまり集中していないことが分かる。

（3）横と縦を交差して見ると、選択回数が最も多いのは仁愛・理智・忠孝・気骨で、その中で「有」が1/3、「無」が2/3を占め、「有」が少なく「無」が多いという結果になった。選択回数が真ん中であるのは勤倹・進取・功利・実用で、「有」と「無」がそれぞれ1/2を占めた。選択回数が一番少ないのは屈従・欺瞞・中庸・私徳で、全て「有」である。従って、全体的な時代的特徴を持つ人格は、あまり明確に表れていない。

以上、四つの職業組が三つの歴史時期の人格特質に対する選択を通じ、四つの年齢組と三つの学歴組の人格選択結果をさらに検証し、中国人の三つの歴史時期における全体的な輪郭と人格特質を示した。

四、理想的な人格と実際の人格の選択

前の調査票の二つの部分では、14項目の人格特質に対する評価と三

つの歴史時期における人格特質の選択を通して、人々の評価と選択の小さな差を示した。この部分では差異に対して更なる検証を行う。即ち、理想的な人格と実際の人格、さらに自分と他人の実際の人格についての選択を通じて、中国人の性格の特徴を論じる。

　この調査票の部分は次のように設計されている。これまでと同様に14項目の人格特質について二つの質問を出す。一つは理想的な人格はどのようであるかという質問で、もう一つは実際の人格はどのようであるかという質問である。実際の人格についての質問には、実際の自分と他人の人格という二つの内容が含まれる。理想の人格は一般的には人々が心の中で憧れている積極的なものであるのに対して、実際の人格は人によって違い、生活の中で実際に現れるものである。現実生活の中で、喧嘩したり・怒ったり・膨れ面をしたりするなど、自他ともに尊重していないマイナスの人格表現は至る所にある。もちろん、瀕死の人を助け、礼を以って遇し、人を助けることを喜びとするようなプラスの人格表現もあるが、なかなか社会的な風潮とはなりにくい。現実では、誰もが今の悪い風潮が気に入らないが、良い風潮のために何かをする人はいない。このような現実になるのはなぜか、その背後には何が隠れているのか、人々は一体、自分と他人をどのよう見ているかなどの疑問に答えるために、時代的特徴を持つ人格の選択の他に、理想の人格・実際の人格・自分と他人の実際の人格などに関する質問を設けた。これらの質問を通して、人々の現実生活における心理状態を描き出すことができ、この調査結果から、中国人の性格には巨大なコントラストが存在していることが分かった。

（一）人格選択における理想─実際のコントラスト、自・他のコントラスト
　理想の人格に対する選択は比較的均等に集中している。上位六つは、進取（19.5％）・理智（18.5％）・仁愛（17.0％）・気骨（13.0％）・忠孝

（11.0％）・勤倹（8.5％）である。

　以上の選択結果から分かるように、六つの人格特質は人格特質の価値判断において全て肯定的評価であり、理想の人格特質において、回答者は忠孝・勤倹などの伝統的人格より、進取という近代的人格をより重視している。

　自己の実際の人格に対する選択順序は、仁愛（16.5％）・理智（13％）・進取（12.5％）・勤倹（13％）・忠孝（12％）・気骨（8％）の順である（表4-5、図4-25）。

表 4-5　　理想と実際、自・他の人格特質選択

平均値		理想（%）	実際（%）	
			自己	他人
気節	4.05	④ 13.0	⑥ 9.5	
忠孝	3.92	⑤ 11.0	③ 12.5	
仁愛	3.87	③ 17.0	① 16.5	
理智	3.75	② 18.5	② 13.0	
勤倹	3.10	⑥ 8.5	③ 12.5	
進取	2.91	① 19.5	③ 1.25	⑥ 6.5
義侠	2.33			
中庸	0.01			③ 9.5
実用	− 0.63			① 17.0
功利	− 2.77			② 11.0
私徳	− 3.58			⑤ 7.0
屈従	− 3.69			4.0
嫉妬	− 3.83			④ 9.0
欺瞞	− 3.83			

注：「○」の中の数字は選択順序を表す。

理想的な人格選択の順序と比べると、自己の実際の人格選択は、仁愛が首位で、理想的な人格の首位の進取は三位で、理智はいずれの場合も二位であった。全体からみれば、選択された理想的な人格の六つの人格項目と自分の実際の人格選択の上位六つは同じものであるのが分かる。

　他人の実際の人格に対する選択の順序は異なる。その六つはそれぞれ実用（17.0％）・功利（11.0％）・中庸（9.5％）・嫉妬（9.0％）・私徳（7.0％）・進取（6.5％）である。

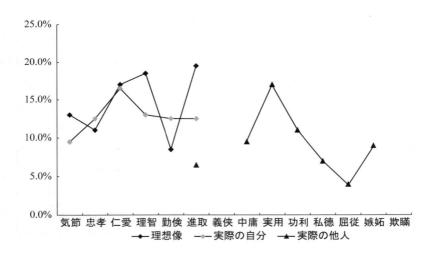

図 4-25　理想と実際、自・他の人格特質選択（％）

　選択された六つの人格特質において、進取だけが理想的な人格特質で、自己の実際の人格特質と重複しており、肯定的評価の人格特質に属する。残りの五つの中で、中庸は肯定的評価の人格特質に属するが、中性的価値判断に近い。実用は中性的価値判断に近いが、否定的価値判断に属す

る。功利・嫉妬・私徳は全て否定的評価である。

（二）コントラストの出現

　理想的人格と実際の人格、自己と他人の人格特質に対する選択結果には、避けられない事実がある。それはコントラスト現象である。

　これを説明するために、まず、選択結果に対する比較分析を行った（図4-26）。

　自・他コントラスト比較の対照物は理想的人格の選択順序とし、図の縦軸として使用する。

　縦軸において、上位六つの理想的な人格特質を除いて、それに次ぐ六つの人格特質がある。この六つの人格特質は理想的な人格特質選択におけるパーセンテージはとても低く、それぞれ義侠（5.0%）・実用（2.0%）・功利（1.0%）・中庸（0.5%）・嫉妬（0.0%）・私徳（0.0%）である。

　比較する上での便宜を図るために、ここでは下位六つの人格特質を理想のライン外の項目と見なす。即ち、分布において、下位六つの人格特質はパーセンテージがとても低く、理想的な人格選択の区域には入れない。

　横軸は自己と他人の実際の人格に対する選択順序から構成されており、全て上位六つの人格特質から選択した。

　縦軸と横軸が交差した対角線は、実際には理想の人格の選択順序の理想線である。以上の人格選択を総合してみると、図4-26のように示される。

　自己の実際の人格に対する選択の順序（仁愛―進取―理智―勤倹―忠孝―気骨）は理想線に近づき、基本的に理想線の付近をうろついている。他人の実際の人格に対する選択の順序（実用―功利―中庸―嫉妬―私徳―進取）は理想線からかなり離れていて、六つのうち五つは理想線の外にあり、理想区域に入る唯一の人格特質である進取は選択順序の最後である。つまり、理想的な人格特質の選択において首位の人格特質は、他

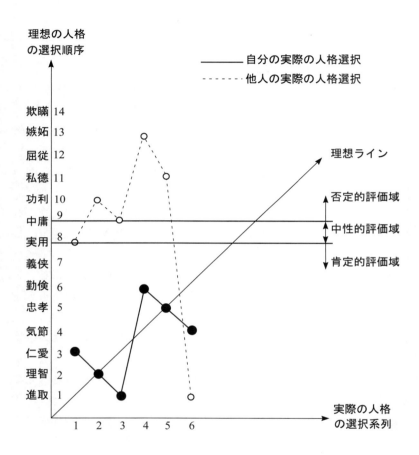

図 4-26　自・他の人格選択のコントラスト

人の実際の人格特質についての選択においては最下位となる。この隔たりは非常に大きく、一種のコントラストを成しているといえる。

　勿論、心理的反応におけるコントラストはよく見られるものである。例えば、マスコミを通じて人や事の良いことを宣伝するとき、多少誇張して宣伝すれば、大衆はその人や事に非常に高い社会的期待を持つよう

第四章　人格選択のコントラスト　｜　121

になる。その結果として、人々はその人や事のマイナス面を知ると、通常よりも強烈な反感と批判的意見を持つようになる。これは期待度が高ければ高いほど、コントラストが大きくなる所以である。

（三）年長者と若者の選択コントラスト
　年長者と若者の選択コントラストの区別は表 4-6 及び図 4-27 〜図 4-29 を参照のこと。

表 4-6　（年齢別）理想の人格と実際の人格の選択比較（％）

| | 理想の人格 | | | | 実際の人格 | | | | | | | |
| | | | | | 自己 | | | | 他人 | | | |
	01	02	03	04	01	02	03	04	01	02	03	04
1. 仁愛	17.3	15.9	17.0	19.8	16.1	15.5	17.9	17.8				
2. 気節	11.3	14.6	14.2	13.1			9.2	9.1				
3. 義侠												
4. 忠孝	10.2	12.2	11.1	12.6	12.2	12.2	13.1	11.9				
5. 理智	20.2	16.7	17.5	16.3	13.0	12.0	11.7	15.1			5.8	6.4
6. 中庸									9.0	10.45	10.2	9.6
7. 私徳									8.1	4.8	6.3	
8. 功利									10.3	10.7	13.4	13.3
9. 勤倹	6.6	9.0	11.3	12.6	9.0	12.5	17.4	17.8				6.4
10. 進取	20.9	18.7	19.4	13.3	14.0	14.2	10.7	8.2	7.1	6.0		6.4
11. 実用					7.0	8.4			15.4	18.5	16.4	17.5
12. 嫉妬									8.8	8.5	8.8	6.4
13. 屈従												
14. 欺瞞												

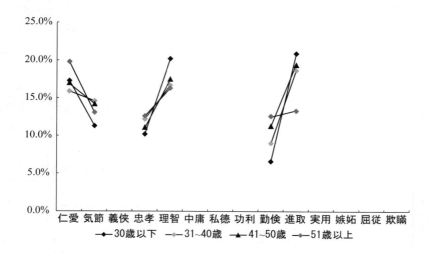

図 4-27 （年齢別）理想の人格に対する選択（％）

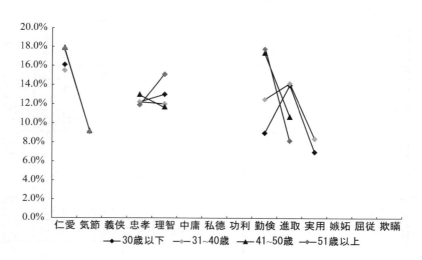

図 4-28 （年齢別）自分の実際の人格に対する選択（％）

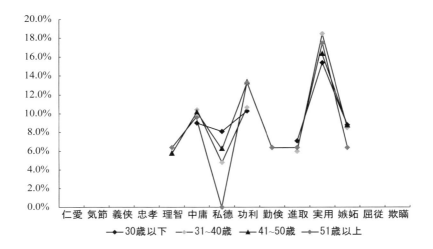

図 4-29　（年齢別）他人の実際の人格に対する選択（％）

　異なる年齢組が理想の人格と自分の実際の人格に対する選択の上位六つにはあまり差がない。即ち、自分の実際の人格に対する選択は理想の人格に近いのに対し、他人の実際の人格に対する選択は理想の人格からかなり離れる。どの年齢層においてもこのような心理的コントラストが普遍的に存在することが表示されている。

　しかし、04 組と 01 組には異なる点がある。理想の人格と自分の実際の人格については、04 組は 01 組よりも仁愛・勤倹・気骨を多く選択している。これに対し、01 組は 04 組よりも、理想の人格の選択は進取・理智を、自分の実際の人格の選択は進取・実用を多く選択した。

　しかし、四つの年齢組は、仁愛と理智を理想の人格と自分の実際の人格に、忠孝を自分の人格に、実用と功利を他人の実際の人格に多く選択した。

（四）高学歴と初等学歴の選択コントラスト

三つの学歴組には一つの共通点がある。それは仁愛と理智を理想の人格と実際の人格に、忠孝を自分の人格に、実用と功利を他人の人格に多く選択したことである。

しかし、高学歴組と初等学歴組には異なる点もある。初等学歴組より高学歴組は仁愛と理智を理想の人格と実際の人格に、忠孝を自分の人格に、実用と功利を他人の実際の人格に選択した。

そして、高学歴組の選択は初等学歴組よりも集中している。これは高学歴組が初等学歴組より、理想の人格と実際の人格に対する認知の程度が高いことを表している。表 4-7 及び図 4-30 ～図 4-32 を参照する。

表 4-7　（学歴別）理想の人格と実際の人格に対する選択の比較（％）

| | 理想の人格 | | | 実際の人格 | | | | | |
| | | | | 自己 | | | 他人 | | |
	高	中	初	高	中	初	高	中	初
1. 仁愛	19.0	16.5	14.5	19.5	15.0	12.0			7.0
2. 気節	15.5	12.5	8.0	9.0	7.0				
3. 義侠						8.0			
4. 忠孝	6.0	3.0	16.5	10.5	13.0	16.5			
5. 理智	22.0	7.5	13.5	14.5	12.5	9.5			
6. 中庸							12.0	6.0	6.5
7. 私徳							6.0	10.5	9.0
8. 功利							13.5	7.0	9.5
9. 勤倹	5.0	10.0	14.0	9.5	13.5	14.5			
10. 進取	24.5	18.0	13.0	15.5	12.0	8.5	7.0	7.0	
11. 実用					7.0	6.5	22.5	14.5	11.5
12. 嫉妬							7.5	10.0	
13. 屈従									
14. 欺瞞									

第四章　人格選択のコントラスト　　125

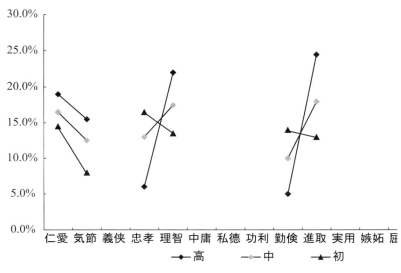

図 4-30　（学歴別）理想の人格に対する選択（％）

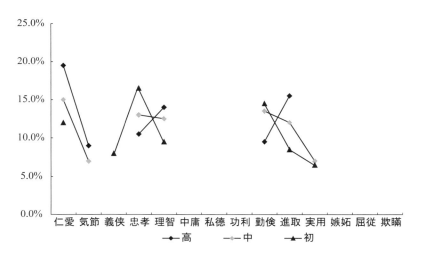

図 4-31　（学歴別）自分の実際の人格に対する選択（％）

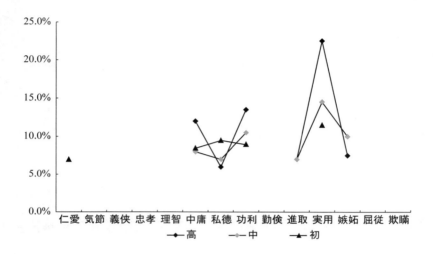

図 4-32 （学歴別）他人の実際の人格に対する選択（％）

（五）頭脳組と肉体組の選択コントラスト

理想の人格と実際の人格の選択については、四つの職業組には一つの共通点がある。それは仁愛・理智・進取を理想の人格と実際の人格に、忠孝を自分の実際の人格に、実用と功利を他人の実際の人格に多く選択したという点である。

しかし、四つの職業組においては、頭脳組と学生組は他の組より、仁愛・理智・進取を理想の人格と自分の実際の人格に多く選択し、理想の人格の選択は特に集中している。それに対して、肉体組は忠孝と勤倹を理想の人格と自分の実際の人格に多く選択した。

さらに四つの組を比較すると、頭脳組と学生組の選択がより集中していて、認知の程度が更に高いことが分かる。（表 4-8、図 4-33 ～図 4-35）

表 4-8 （職業別）理想の人格と実際の人格に対する選択の比較（%）

	理想の人格				実際の人格							
					自己				他人			
	肉	頭	接	学	肉	頭	接	学	肉	頭	接	学
1. 仁愛	15.0	19.0	18.0	19.0	12.5	19.5	18.5	19.5				
2. 気節	10.0	16.0	13.0	13.0		9.5	8.0					
3. 義侠				4.0	7.0							
4. 忠孝	16.0	7.0	11.0	8.0	15.5	10.0	10.5	12.0				
5. 理智	16.5	20.0	19.5	23.0	11.0	14.5	14.0	13.5		5.0		
6. 中庸								7.5	8.0	10.5	9.0	11.5
7. 私徳									8.5		6.5	9.0
8. 功利									9.0	14.5	9.5	11.5
9. 勤倹	11.0	7.0	8.5		14.0	12.5	13.5		6.5			
10. 進取	16.0	23.0	17.0	25.0	12.0	13.5	11.0	15.5		6.5	7.5	9.5
11. 実用							8.0	10.0	12.5	21.0	19.5	17.0
12. 嫉妬									9.0	8.0	9.5	9.0
13. 屈従												
14. 欺瞞												

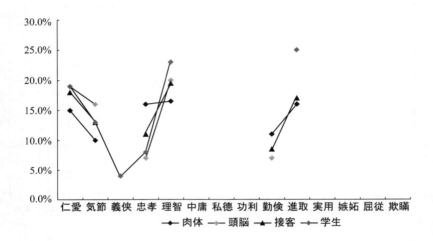

図 4-33　（職業別）理想の人格に対する選択（％）

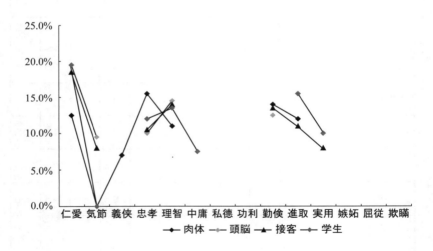

図 4-34　（職業別）自分の実際の人格に対する選択（％）

第四章　人格選択のコントラスト | 129

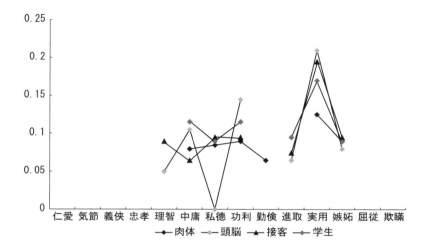

図 4-35　（職業別）他人の実際の人格に対する選択（％）

第五章　総合的判断と分析

本章では前で行った調査を総合的に判断して分析する。

一．総合的判断と分析のテーマと方法

（一）総合的判断と分析の方法論の意味及び判断と分析のテーマ

多くの要素を総合して判断し分析を行うことで、それらの総合的役割を活用し、様々な単一要素の間に仲介領域を作成し、単一要素だけでは繋がらない関係を築くことができる。

総合的判断と分析の意味は主に分析時に現れる一面性を克服することである。この意味では、先の各組の時代的特徴を持つ人物や理想の人格、現実の人格に対する選択をそれぞれ判断し分析することは必要で多面的であったが、単一要素の分析に留まっている。それゆえ、多要素の総合的判断と分析は、課題のデータを分析する際の非常に重要な足がかりとなる。

この部分にはテーマが二つある。一つは三つの歴史時期の人格の「優劣」を比較することである。先に「文化大革命前」、「文化大革命中」及び「改革開放後」の三つの時期の人格の選択結果をデータとして、どの時期の人格が「優」とされ、どの時期の人格が「劣」とされるのかを分析したが、これからするのが、それらの結果を総合的に判断して分析し、時代的特徴を持つ人格の「優劣」をより詳しく考察することである。

もう一つのテーマは、理想的な人格と現実の人格の区別をより深く判断して分析することである。先のように異なるサンプルの組を個別に考察するのではなく、各要素をまとめて総合的に判断し分析するのである。

（二）総合的な判断と分析の方法

ここで使用した総合的な判断と分析の方法論は、ファジー数学論理の知識を用いてファジー行列を作り、比較分析する方法である。

このため、数学モデルを設計し、テーマの思想を数学的に表現する必要がある。

仮に二つの有限論議領域があり、

$X=\{x_1, x_2, \cdots, x_n\}$

$y=\{y_1, y_2, \cdots, y_n\}$

x は各要素の集合を示し、y は x に対する評価の集合を示す。

ファジーの変換方式を使って二者の関係を表す。

$B=AoR$

このファジー変換が総合的判断モデルと呼ばれるものである。この R はｍｘｎのファジー行列で、各要素とその評価の関係を示す。A は各判断が総合評価における重みで、B は総合的判断の結果である。

まずファジー行列 R を作り、各要素の集合 X を使って評価の集合 Y の中の諸評価をそれぞれに評価し、それから各要素が総合評価の中での重み A を決め、最後にファジー変換 $B=AoR$ を作り、評価の結果 B を得る。

以下の二種類のデータを使ってファジー行列 R を確定した。一つは回答者が 14 項目の人格特質につけた点数で、これに基づき 14 項目の人格特質の単一要素評価の資料を作り、もう一つは回答者の採点の頻度で、採点の頻度分布の資料を作った。そうして 14×7 の行列 R を得た。

行列の行はそれぞれアンケートの中の 14 項目の人格特質に対応し、列はそれぞれ 7 種類の採点 $\{5, 3, 1, 0, -1, -3, -5\}$ に対応する。例えば、R（4, 1）が 14 項目の人格特質の 4 項目目の「忠孝」と答える時、59.6％の回答者が 5 点を付けているので、R（4, 1）=0.596。R（14, 7）は、14 項目目の人格特質「欺瞞」に答える時に、66.2％の回答者が -5 点を付けたということで R（14, 7）=0.662 となる。他の座標も同じように推断できる。

次は重み A の確定である。課題調査のような定量し難いあるいは定量分析できない場合には、重みを使って総合的に判断し分析することが好ましい方法である。しかし、重み A を確定するのが非常に複雑だという面もあり、分析者の主観的な判断要素が混じることもある。分析者の主観的な介入を減らすために、三つの歴史時期の人格選択、理想の人格と現実の人格、自分と他人の現実の人格の選択頻度の資料を重み A にした。ここには、全ての回答者の質問に対する答えが十分に信頼でき、回答者は質問を十分理解して理性的に決定を下すことができせるという仮説が内包されている。つまり、質問に対する回答をアンケート調査のデータとする時に、それらのデータが客観的で、判断と分析の根拠として十分であるということを仮説としているということである。

$$
R = \begin{bmatrix}
0.569 & 0.329 & 0.055 & 0.041 & 0.002 & 0.002 & 0.002 \\
0.663 & 0.238 & 0.047 & 0.041 & 0.005 & 0.004 & 0.002 \\
0.255 & 0.353 & 0.198 & 0.112 & 0.033 & 0.029 & 0.020 \\
0.596 & 0.295 & 0.055 & 0.044 & 0.005 & 0.003 & 0.002 \\
0.557 & 0.304 & 0.074 & 0.043 & 0.010 & 0.008 & 0.004 \\
0.064 & 0.171 & 0.190 & 0.207 & 0.112 & 0.169 & 0.087 \\
0.013 & 0.012 & 0.009 & 0.090 & 0.056 & 0.238 & 0.583 \\
0.028 & 0.036 & 0.039 & 0.118 & 0.079 & 0.252 & 0.448 \\
0.414 & 0.340 & 0.116 & 0.082 & 0.025 & 0.014 & 0.010 \\
0.386 & 0.343 & 0.115 & 0.092 & 0.030 & 0.026 & 0.008 \\
0.043 & 0.122 & 0.143 & 0.207 & 0.160 & 0.230 & 0.096 \\
0.008 & 0.010 & 0.012 & 0.072 & 0.046 & 0.202 & 0.651 \\
0.006 & 0.013 & 0.010 & 0.065 & 0.060 & 0.250 & 0.596 \\
0.014 & 0.008 & 0.010 & 0.073 & 0.047 & 0.187 & 0.662
\end{bmatrix}
$$

ファジー変換 B=AoR を運算する際に、有界と普通の実数乗算演算子

を使った。つまり、

$$bij = \min\left\{\sum_{k=1}^{14} aik \quad rkj , 1\right\}$$

という公式を使い、具体的な演算命令を出した。

二、時代的特徴を持つ人格の選択に対する総合的判断と分析

ここで、時代的特徴を持つ人格を選択するという質問を二つの部分に分けて総合的に判断し分析する目的は、一つは三つの時期で最も具わっているとされる人格の選択を分析することで、もう一つは三つの時期における最も乏しいとされた人格の選択を分析することである。

第一部分は大多数の人に最も具わっているとされた人格特質に対する総合的評価で、行列によるデータに基づく。

$$B_1 = \begin{bmatrix} 0.462 & 0.294 & 0.084 & 0.069 & 0.022 & 0.030 & 0.039 \\ 0.125 & 0.106 & 0.064 & 0.100 & 0.061 & 0.172 & 0.373 \\ 0.225 & 0.185 & 0.087 & 0.111 & 0.064 & 0.132 & 0.197 \end{bmatrix}$$

ここでの行はそれぞれ「文化大革命前」、「文化大革命中」、「改革開放後」の三つの歴史時期を表し、列は $\{5, 3, 1, 0, -1, -3, -5\}$ という7種類の採点を表す。例えば、要素 b_1（1, 1）=0.462 は、総合的に見ると、46.2%の回答者が「文化大革命前」に多数の人が具える人格に5点を付けたことを示し、要素 b_1（2, 5）=0.061 は、総合的に見ると、6.1%の回答者が「文化大革命中」に大多数の人が具えていた人格に-1点を付けたことを示し、要素 b_1（3, 3）=0.087 は総合的に見ると、8.7%の回答者が「改革開放後」に多数の人が具えていた人格に1点を付けたことを示している。

このようにして、行列を通じて問題を分析することができる。

縦に5点の百分率を見てみよう。46.2%の回答者が「文化大革命前」に最も具わっていたとした人格に、12.5%の回答者が「文化大革命中」に、22.5%の回答者が「改革開放後」に5点を付けた。三つの時期の最も具っていた人格に対する回答では、付けられた5点の結果が非常に異なっている。最も多いのは「文化大革命前」の時期で、一番少ないのは「文化大革命中」である。これに対し、－5点を得た結果では、「文化大革命中」が一番高く、「文化大革命前」が一番低い。「改革開放後」の得点はいずれの時期も二位を占めている。

次は縦に3点の頻度を見てみよう。三つの時期に最も具えていたとされる人格に対し、3点の選択頻度が一番大きいのは「文化大革命中」、一番低いのは「文化大革命前」で、「改革開放後」はいずれも二位を占める。

また、三つの時期に最も具わっていたとされる人格に対しては、29.4%の回答者が「文化大革命前」に3点を付け、10.6%の回答者が「文化大革命中」に、18.5%の回答者が「改革開放後」に3点を付けた。

縦に0点の百分率を見てみると、「文化大革命前」の0点の百分率は0.69%で、「文化大革命中」は10.0%、「改革開放後」は11.1%である。0点は中立的な判断に属し、判断の不明確さを表す。「文化大革命前」に最も具わっている人格特質が中立的な判断の百分率が一番低く、判断の曖昧性が一番少ないことが表され、「文化大革命中」の中立的な判断の百分率が三つの歴史時期の中で比較的高いが、「文化大革命中」に対する肯定的な判断、否定的な判断、中立的な判断という三種類の判断の中では百分率が比較的低い。このため、全体的に見て、「文化大革命中」に対する判断は不明確さが低く、「改革開放後」に対する判断が異なる。三つの時期に対する中立的な判断という点から見ても、また肯定的な判断、否定的な判断、中立的な判断という三種類の判断から見ても、その百分率は押しなべて高く、判断の曖昧性が高いということができる。

横に見る7種類の得点も同じである。

「文化大革命前」に５点を付けた割合が一番大きく、46.2%であり、３点を付けた割合がそれに次いで29.4%である。「文化大革命中」に－５点を付けた割合が一番大きく、37.3%で、－３点の割合が－５点に次いで17.2%である。また、「改革開放後」に５点を付けた割合が一番大きく、22.5%であるが、－５点の割合も少なくなく、19.7%を占め、－５点の百分率が５点の百分率に非常に近い。この結果から「文化大革命中」に０点を付けた割合が高く、判断の曖昧性が割と高いという結論をさらに検証した。

　以下、行列 B_1 の基礎の下、B_1 の結果を重みとして、さらに三つの時期の人格の総合得点を計算する。

　分析を容易にするために、習慣に従って５から－５までの７種類の採点を人々が慣れた百点制に替えた、その対応関係は以下の通りである。5 ↔ 100(点)、3 ↔ 80(点)、1 ↔ 60(点)、0 ↔ 50(点)、－1 ↔ －40(点)、－3 ↔ 20(点)、－5 ↔ 0(点)。

　その後、行列 B_1 の行を重みとして、加重平均指数を計算し、三つの時期の総合得点 B_1 を得た。[1]

$$B_1 = \begin{bmatrix} 79.34 \\ 34.84 \\ 52.72 \end{bmatrix}$$

　上図より、「文化大革命前」の総合得点が79.34点、「文化大革命中」の総合得点が34.84点、「改革開放後」の総合得点が52.72点であることが分かる。

　ここから、「文化大革命前」の人格が「改革開放後」の人格より優れ、「改

1　B_1 の計算方法は次のようになる。

79.34 = 0.462 × 100 + 0.294 × 80 + 0.084 × 60 + 0.069 × 50 + 0.022 × 40+0.030 × 20+0.039 × 0

革開放後」の人格が「文化大革命中」の人格より優れていることが簡単にわかる。大まかに言うと、「文化大革命前」の人格に対しては、称揚の方が非難より多く、その得点は学校成績の「良」に当たり、「文化大革命中」の人格に対し、非難の方が称賛より多く、その得点は学校での成績の不合格に相当すると言えよう。「改革開放後」の人格に対する称賛と非難、肯定と否定の点数は大体同じで、成績で言えば合格だと言えるが、実際の学校での採点とは違う意味を持っている。

　第二部分は大多数の人が最も乏しいと見なした人格特質についての総合的な判断である。行列が提供したデータは以下の通りである。

$$
B_2 = \begin{bmatrix} 0.268 & 0.192 & 0.076 & 0.092 & 0.048 & 0.011 & 0.213 \\ 0.471 & 0.273 & 0.076 & 0.065 & 0.022 & 0.038 & 0.055 \\ 0.415 & 0.271 & 0.086 & 0.075 & 0.027 & 0.047 & 0.079 \end{bmatrix}
$$

　行は「文化大革命前」、「文化大革命中」及び「改革開放後」という三つの歴史時期を示し、列は {5, 3, 1, 0, － 1, － 3, － 5} の 7 種類の評価を表す。例えば B_2（1, 5）=0.048 は、「文化大革命前」の最も不足する人格特質に対し、4.8%の回答者が－ 1 点を付けたということを表し、B_2（1, 1）=0.268 は 26.8%の回答者が 5 点を付けことを表す。以下、引き続き行列を通じて三つの時期の人格が得た総合評価を考察する。

　縦に 5 点の評価を見てみよう。「文化大革命中」は 5 点を得た割合が一番高く、47.1%を占めた。次いで「改革開放後」の 41.5%で、最も低いのは「文化大革命前」で、26.8%を占めた。つまり、大多数の人が最も乏しい人格特質について、最も多い回答者が「文化大革命中」に 5 点をつけ、「文化大革命中」のマイナス評価が一番多いということが示された。「文化大革命前」に 5 点をつけた回答者が一番少なく、「文化大革命前」のマイナス評価が一番少なく、比較的に良いということが示され

た。

　次は縦に−５点の評価を見てみる。「文化大革命前」は−５点の割合が一番高く、21.3%を占め、「文化大革命中」の割合は一番少なく、5.5%を占め、「改革開放後」の割合はその間の 7.9%である。「最も不足する人格特質とは何か」という角度から三つの時期の人格を見ると、「文化大革命中」が得た否定的評価が最も多く、「文化大革命前」に対する否定的評価が最も少なく、「改革開放後」に対する肯定的評価は「文化大革命前」よりはるかに少ないことを明らかに示した。

　さらに３点の評価を縦に見てみる。「文化大革命前」の割合は「文化大革命中」と「改革開放後」とは大きな差が見られる。「文化大革命前」の３点の割合は 19.2%で、「文化大革命中」が 27.3%、「改革開放後」が27.1%である。しかし、「文化大革命前」の−３点と−５点の割合は「文化大革命中」と「改革開放後」よりはるかに高く、それぞれ 11.4%と21.7%であったが、「文化大革命中」と「改革開放後」の割合はいずれも10%に満たない。

　第一部分の行列 B_1 の評価を異なる歴史時期の異なる人格特質への肯定だとすると、第二部分の行列 B_2 を三つの時期の異なる人格特質への否定だと見なすことができよう。そうすると、第二部分の行列 B_2 が提供したデータは第一部分の行列 B_1 を逆にしたものとして理解することができる。つまり、高得点を付けられた百分率が大きければ大きいほど、否定される程度が高く、肯定される程度が低くなる。低い得点を付された割合が小さければ小さいほど、否定される程度は低く、肯定される程度が高くなる。

　横に見ると、０点を除き、「文化大革命前」の割合が一番大きいのは５点で、26.8%を占めた。次いで -5 点が 21.3%を占めた。この二つの割合は大体同じで、ほとんど相殺できる。「文化大革命中」の割合が一番大きいのは５点 (41.5%)、次いで３点 (27.3%)で、いずれも割と大きい。「改革開放後」の割合で一番大きいのは５点 (41.5%)で、次は３点 (27.1%)

である。各割合の1位と2位を見ることで、「文化大革命前」には否定的評価が少なく、「文化大革命中」の否定的評価が多く、「改革開放後」がその間に位置することがわかる。

　ここで、第一部分の問題を分析したのと同様に、第二部分の問題を分析する。具体的には行列 B_2 の行を重みとして加重平均指数を計算し、三つの時期の総合得点 B_2 ①を得た。

$$B_2= \begin{bmatrix} 54.90 \\ 80.22 \\ 73.74 \end{bmatrix}$$

　「文化大革命前」の総合得点は 54.90 点、「文化大革命中」は 80.22 点、「改革開放後」は 73.74 点である。

　ここから、「三つの時期に最も具わっているとされる人格と最も欠けているとされる人格とは何か」という問題について考察した。聞き方は異なるが、異なる時期の人格を総合的に評価するという考察の意図は同じである。B_1 と B_2 を比べると、「最も具わっている」と「もっと乏しい」との二つの側面から「文化大革命前」、「文化大革命中」、「改革開放後」の人格を評価した結果が非常に異なっていた。言い換えると、各種の人格が得た肯定的な総合得点と否定的な総合得点の間には対応関係が欠けていたということである。B_1 の中で「文化大革命前」の人格に付けられた肯定的な総合得点は 79.34 点で、高得点に属する。「文化大革命前」の人格に対する高い評価は B_2 の中では低い点数、あるいは程度の軽い否定に対応するはずだが、実際には 54.90 点となっており、中性的な価値判断に属する。同じように、「文化大革命中」の人格に対する肯定的な総合得点は 34.84 点で、中性な価値判断に属するが、その曖昧な判断は B_2 の中でも中性的な判断に対応するはずだが、実際の得点は 80.22 点で、高得点に属する。これは「文化大革命中」の人格への強い否定を

表している。「改革開放後」の人格に対する肯定的な総合得点も中性的な価値判断に属する 52.72 点で、この得点は本来、C_2 の中でも中性的なはずだが、実はそうではなく、総合的得点が 73.74 点なので、高得点に属する。これは回答者が「改革開放後」の人格を強く否定していることを表している。

　B_1 と B_2 の間で現れた差も、一種のコントラスト現象である。このコントラスト現象は以下のことを示している。回答による者「文化大革命前」の人格の肯定の程度が「改革開放後」と「文化大革命中」の程度より高い。「改革開放後」と「文化大革命中」の人格に対する肯定感は曖昧で、回答者の「文化大革命前」に対する否定感もはっきりしない。「文化大革命中」の人格の否定の程度が「改革開放後」より高く、「改革開放後」の程度が「文化大革命前」より高い。

　このコントラスト現象で掲げられた事実は何を教えてくれたのか？私たちの今日の社会改革にどのようなヒントを与えてくれたのか？これらの問題の答えは様々である。ここで言いたいのは、2 種類の強く否定的な総合得点を得た事実により有意義なものが潜んでいるということである。それはものを見る角度である。「最も具わっている」と「最も不足している」というのは、実は正反両面から同じことを聞いているのである。「最も具わっている」は肯定的な回答を求め、「最も乏しい」は「最も具わっている」の反問で、否定的な回答を求めたのである。つまり、我々の長所を意識すると同時に、自分の短所も見なければならないのである。自分を肯定すると同時に、批判する目を持って反省し、探し求め、「自分の持っていない品格」を「自分のもの」にせねばならないという意味である。アンケート調査を通じて、美しくて優しい人格特質と醜くて悪い人格特質を得点と頻度で表し、それによって行列 B_1、B_2 を作り、さらに B_1、B_2 の総合得点を計算することで、私たちが自分の長所を認め、自分の不足を反省して強く求めることが示された。

三、理想の人格と現実の人格に対する総合的判断と分析

この部分も前と同じように、「有限と０と普通の実数乗算」という演算子を使い、公式 B=AoR を運算する。結果は以下の通りである。

$$B_3 = \begin{bmatrix} 0.494 & 0.304 & 0.085 & 0.065 & 0.019 & 0.020 & 0.014 \\ 0.409 & 0.276 & 0.094 & 0.084 & 0.034 & 0.051 & 0.052 \\ 0.179 & 0.154 & 0.085 & 0.115 & 0.069 & 0.151 & 0.248 \end{bmatrix}$$

行はそれぞれと理想の人格、現実の自分の人格、現実の他人の人格を表し、列は {5, 3, 1, 0, － 1, － 3, － 5} という 7 種類の採点を表す。例えば、要素 B_3 (1, 1) ＝ 0.494 は、総合的にみると、49.4％の回答者が理想の人格に 5 点をつけたということであり、要素 B_3 (1, 7) ＝ 0.014 は、1.4％の回答者が理想の人格に -5 点を付けたということである。要素 B_3 (2, 2) ＝ 0.276 は、27.6％の回答者が自分の人格に 3 点を付けたということであり、要素 B_3 (2, 1) ＝ 0.409 は 40.9％の回答者が自分の人格に 5 点を付けたことを表している。同様に要素 B_3 (3, 2) ＝ 0.154 の意味は他人の人格特質に対し、15.45％の回答者が 3 点を付け、要素 B_3 (3, 6) ＝ 0.151 は 15.1％の回答者が他人の人格に － 3 点を付けたということである。

ここに至って、「総合的判断」の意味がより明確になったようである。行列 B の割合全てが同じ種類の調査データを総合して計算した平均値である。例えば、理想の人格を選ぶ際、選ばれたものは 14 項目の人格特質の中で、5 点の割合が一番大きい人格特質、あるいは比較的大きい人格特質である。5 点の割合の加重平均指数が行列 B の列の数字となっている。

行列 B_3 が理想の人格、自分の人格及び他人の人格の割合である。理

想の人格に 5 点を付けられた百分率が一番高く (48.8%)、その次は 3 点を付けられた百分率 (30.7%) である。自分の人格も同様で、5 点を付けられた百分率が一番高く (40.3%)、次いで 3 点の百分率 (27.6%) である。他人の人格は逆で、− 5 点が 25.3%で首位、5 点が 17.4%で、二位である。3 点と− 3 点の割合は非常に近く、ほとんど相殺できる。これにより他人の人格に対する選択と評価が一番悪いことがわかった。

　次は行列 B_3 を重みとして、5 から− 5 までの 7 種類の得点を 100 点から 0 点までの点数に変え、3 種類の人格の総合得点 B_3 を計算する。

$$
B_3 = \begin{bmatrix} 82.97 \\ 74.83 \\ 46.32 \end{bmatrix}
$$

　こうすることで、3 種類の人格の差が一層明確に見えるようになった。その総合得点によって順位を並べると次のようになる。

　理想の人格（82.97）＞自分の人格（74.83）＞他人の人格（46.32）。

　先に各種類の行列を使って、サンプルの総体と各種の組の理想の人格、自分の人格、他人の人格に対する選択を示した。理想の人格と自分の人格に対する選択はほとんど同じであったが、割合が異なった。例えば、女性が自分の理智という選択肢につけた点数が理想的な理智という選択肢につけた点数よりはるかに低く、自分の仁愛という選択肢につけた点数が理想的な仁愛という選択肢につけた点数より非常に高いなどである。理想の人格の選択と自分の人格の選択の間での相違は直接には比べられないが、ファジー行列を使って 3 種類の人格に対する選択の数量の差を一目瞭然にすることができる。これにより、さらに全面的に判断し分析することができる。

142 ｜ 中国民族性（第二部）　一九八〇年代、中国人の「自己認知」

四、時代的特徴を持つ人格、理想の人格と現実の人格に対する総合的判断と分析

　この総合的な判断と分析は、実は前の二つの部分に対する総合考察である。ここでは、新しい角度から総合的に考察したい。

　即ち、従属という概念を使い、その間の従属関係を見出し、さらに3種類の人格を総合的に判断して分析するということである。

　従属度とはファジー数学の概念で、ものに従属する程度を表す。[1]ここでは従属度を使い、各種の人格がその人格の最高得点に従属する程度を表す。最高得点の範囲は1点から7点までである。

　1、0.5、0の三つの数値で従属度という概念を表すことができる。従属度が1に近ければ近いほど、肯定的な意味が強くなる。従属度が0.5に近いと、評価の中の肯定的な要素と否定的な要素が大体同じ（中性的）ということを表し、0に近ければ近いほど、否定的な意味が強くなり、否定される程度が高いことを表す。

　公式は $r = (y-b)/(a-b)$ である。

　yが従属度を表し、$y=B_1・B_2・B_3$ である。運算の結果を表5-1と図5-1に表した。

　表5-1が各種類の人格の従属度の比較で、「最も具わっている」と「最も欠けている」という二つの側面から「文化大革命前」、「文化大革命中」及び「改革開放後」の従属度を比較した。まずは理想の人格、自分の人格、他人の人格を比較し、それから最も具わっていた「文化大革命前」、「文化大革命中」及び「改革開放後」のそれぞれの人格を比べ、最後に最も欠けていた「文化大革命前」の人格、「文化大革命中」の人格と「改革開放後」の人格を比較し、より容易に比較できるようにした。

1　従属度の計算例：B_3 の理想の人格の総合得点が6.073303点で、その点数を公式 r に代入して計算すると、（6.0733 － 1.8541）/（6.1950 － 1.8541）=0.972。

表 5-1　各種の人格の従属度の比較

		従属度
理想の人格		0.972
自分の人格		0.858
他人の人格		0.452
最も具わっている	「文化大革命前」	0.922
	「文化大革命中」	0.293
	「改革開放後」	0.543
最も欠けている	「文化大革命前」	0.576
	「文化大革命中」	0.903
	「改革開放後」	0.843

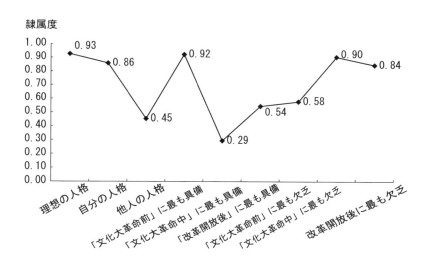

図 5-1　各種の人格の従属度の比較

従属度が一番高いのが理想の人格であり、その従属度は 0.972 点で、1に非常に近く、理想の人格が得られる最高得点に極めて近いことを示した。次いで「文化大革命前」の人格で、0.922 である。次いで自分の人格で、0.858 である。一番低いのが「文化大革命中」の人格で、0.293 である。

最も欠けていた「文化大革命前」、「文化大革命中」及び「改革開放後」のそれぞれの人格の従属度を見ると、「文化大革命中」の人格の従属度が一番高く 0.903 である。これは、逆の意味あるいは否定的な意味で得られる最高得点に一番近いこと、つまり、肯定的な総合得点が一番低いことを示している。次いで「改革開放後」の 0.843 点で、同じく肯定的な総合得点が低いことを示している。

さらに、表 5-1 の中に 0.5 に近い数字が三つある。それぞれ、他人の人格の従属度の 0.452、「改革開放後」の最も具わっている人格の従属度 0.543 及び「文化大革命前」の最も不足する人格の従属度 0.576 である。これらは回答者の他人の人格、「改革開放後」の人格の長所、さらに「文化大革命前」の人格の短所に対する見方が曖昧で、中性的な状態が現れていることが示されている。

従属度を計算するには二種類の外れ値が必要とされる。存在可能な最高総合採点 a と最低総合採点 b である。実は、全ての数字を行列 R で比べられるからこそ、比較が成り立ち、採点及び判断の差、即ち回答者が各人格特質を相対的に肯定する程度の差から重みが生じたのである。特別に作成した行列 R の中で $a<7$、$b>1$ を既に明らかにしているが、さらに明確に計算しようとするのなら、実行可能な別の方法がある。それは R をさらに改良し、最高値 a と最低値 b を計算することである。しかし、経費と時間の不足から、R をさらに改良することはしなかった。その代わりに、やや劣る方法を用いた。14 項目の人格特質に対する非総合採点（表 4-1 を参照）に基づき、正・負の両極化方法を使い、二つの重みのベクトルを作り、それを総合的判断モデルに代入して $a=6.194503$、$b=1.854097$ を得たのである。

第五章　総合的判断と分析 | 145

　正・負の両極化方法とは、平均得点が正数の人格特質（気骨・忠孝・仁愛・理智・勤勉で素質・前向き・義俠）の平均得点を保ち、平均点数が0点（折衷）に近い項目の得点の50%を保ち、残った6項目の得点を0点にし、それから既に作られたベクトルを一つにまとめ、a に対応する重みのベクトルを得た。負極での処理も同じで、平均得点が負数の人格特質（実用・功利・私徳・屈服・嫉妬・欺瞞）の平均得点を保ち、平均得点が0点に近い項目（折衷）の点数の50%を保ち、残った7項目の得点を0点にし、既に作られたベクトルを一つにまとめ、b に対応する重みのベクトルを得た。

　これらはファジー数学の知識、つまり、従属度を使って計算した9種類の人格の間での比較である。このような比較により、回答者の心の中にある優れた人格と劣った人格の間の数量差や数字として現れた異なる人格の好かれる程度が、信頼されるに足るものになるのである。

第六章　欲求と人生の価値

　本章はアンケートの社会的欲求と人生の価値についての選択結果の分析である。

一、欲求を選択する際の「鏡」投射

（一）アンケートの作り方

　この部分のアンケートの質問は、自分と他人が「文化大革命前」「文化大革命中」「改革開放後」という三つの時期に最も切実に欲するのは何か（単一選択で、20歳未満の回答者は「文化大革命前」欄と「文化大革命中」欄の問題を答えなくてよい）である。歴史の時期を分けてそれぞれ質問する方法と自己－他人を分けてそれぞれ答えさせる方法を選んだ理由は二つある。一つは歴史の時期を分け、前の基礎の上に三つの歴史時期の人格に対する選択と判断をさらに考察できるからである。一般的に言えば、三つの時期の人格に対する判断と三つの時期の社会的欲求に対する選択は一致しているはずである。「文化大革命前」の人格が一番高く評価されれば、「文化大革命前」のハイレベルな欲求も一番多く選ばれるはずで、「文化大革命中」の人格が一番低く評価されれば、「文化大革命中」のハイレベルな欲求の選択は一番少なくなるはずである。ほかの選択も同じである。二つ目の理由は、自己－他者を分けてそれぞれ答えさせる方法を用いて欲求の選択の特徴をさらに知ることができるからである。自分と他人の三種類の歴史的欲求を選択することで現れた心理のコントラストを分析することで、他人という「鏡」を通じて選択の本意がはっきりと見えるだけではなく、歴史という「鏡」からも選択の本意を見られるのである。

アンケートには6つの欲求が設計されており、それぞれと6段階に分けられている。所得欲求（所得を増やす、生活条件を改善するなど）・安全欲求（人間の安全保障、安定した生活など）・調和欲求（幸せな結婚生活、幸せな家、同僚・友達と仲がよい、人間関係が良いなど）・承認欲求（人々に尊敬されたい、肩書きが欲しい、よい職に就きたいなど）・自己実現欲求（好きな仕事をする、自分の才能が発揮できる、勉強して進学する、子どもを立派に育てるなど）・社会実現の欲求（積極的で向上心がある、人の手本になる、模範的な人になるなど）である。

その6つの欲求はアブラハム・マズロー（A. H. Maslow）の自己実現理論を参考にして設計した。前5つの欲求はマズローの提起した自己実現理論中の生理的欲求・安全欲求・愛の欲求・承認（尊重）欲求・自己実現欲求に属し、一番高いレベルにあるのは社会実現の欲求である。

社会実現の欲求を加えた理由は、社会がある種の有機体であるからである。社会という有機体には個体と同じように、巨大なパワーが潜んでいて、潜在能力を発揮する特有のルールと発展する趨勢があり、社会有機体や社会構成員を正常に発展させるために責任を果たし、対応し、扱っている。それらには職責を果たすための組織もある。要するに、社会には固有の構造があり、固有の職責を果たし、ある手段を以って目標を追求する。潜在能力が発揮され、特定のルールに従って職責を果たし、特定の手段を以って目標を成し遂げようとする過程こそが社会有機体自体を整えて自己実現する過程である。社会有機体は個体と同じように、自己実現しようとしているが、違いもある。それは個人が自己のエネルギーを発揮して、自己の目標を追い求め、また組織や社会の力を借りて自己実現しようとしているのに対し、社会実現は人や人で構成された団体の力の目標活動によって自己実現しようとしていることである。社会実現は一人の努力、団体の努力、ひいては一世代の努力だけでは実現出来ず、個人・団体・代々の人の努力に頼らなければならない。特定の社会で、特定の歴史条件下では、個人の自己実現と社会実現が一致しており補い

合うものである。社会に自己実現させるために、個人が社会に貢献することが個人の果たす義務であり、個人は献身するべきである。それゆえ社会実現を最高レベルの欲求としてアンケートに加えたのである。

（二）欲求の選択に現れたコントラストの特徴

社会実現・自己実現・所得拡大という三つの選択肢では割と大きいコントラストが現れた。それから、そのコントラストが主に「文化大革命前」と「改革開放後」の自己－他人の選択に集中していた。（表6-1、図6-1を参照）

「文化大革命前」の社会欲求が選ばれた数と「改革開放後」の所得拡大が選ばれた数は全て、自己＜他人である。

「文化大革命前」の自己実現欲求が選ばれた数と「改革開放後」の自己実現欲求が選ばれた数は全て、自己＞他人である。

表 6-1 　「改革開放後」の所得が選ばれた割合が明らかに増えた（％）

	「文化大革命前」		「文化大革命中」		「改革開放後」	
	自分	他人	自分	他人	自分	他人
社会実現	16.8	23.0	6.8	5.5	2.4	2.9
自己実現	54.4	33.5	38.7	27.2	54.5	32.6
自尊	5.5	9.9	5.7	7.4	6.9	8.4
調和	6.7	5.3	12.0	9.2	9.8	7.3
安全	1.7	2.4	23.2	28.3	8.0	8.2
所得	5.4	6.4	5.3	5.1	14.8	28.2
知らない	9.5	19.4	8.2	17.3	3.7	12.3

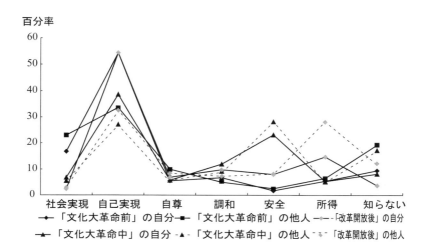

図 6-1 「改革開放後」の所得が選ばれた割合が明らかに増えた（％）

　実は「文化大革命前」の人には献身的な精神があったが、個性の発展や自己実現の面がそれほど重要視されなかったため、社会実現の欲求と自己実現の欲求とがよく統一されなかった。そのため、「文化大革命」の社会実現欲求が選ばれた割合が史実より少ない。その史実より少ない「減量」がまた自己実現という欲求の不充足感の「補充」「増量」として、自己実現の欲求への選択に変わった。つまり、社会実現と自己実現という上層の欲求を選択する際に現れた自─他のコントラストが「改革開放後」の自己実現の欲求として直接現れたほか、「文化大革命前」欄での「史実」の数値の増減で間接的に自己実現の欲求が表れている。また、自己＜他人というコントラストで、その時の社会実現の欲求を表した。
　所得で現れた自己＜他人という選択結果は、他人に対する選択を通じて所得を増やすという現実的な欲求を表した。
　また、表6-1が自尊・調和・安全という三つの選択肢と「文化大革命前」と「文化大革命中」の所得、それから「改革開放後」の社会実現での自

―他の差が小さいことを示し、それらの欲求があまり重要されていないことを示した。

(三) ハイレベル選択のピークと谷

欲求を選択した結果の中で、三つの時期での自―他の社会実現の欲求と自己実現の欲求に対する選択が異なり、三つの時期において自分と他人の欲求を選択した結果も異なり、選択結果に頂上と谷底が形成された。

表 6-2　ハイレベル欲求選択の頂上と谷底

		「文化大革命前」	「文化大革命中」	「改革開放後」
自分	社会実現	16.8	6.8	2.4
	自己実現	54.4	38.7	54.4
	Σ	71.2	45.5	56.8
他人	社会実現	23.0	5.5	2.9
	自己実現	33.5	27.7	32.6
	Σ	56.5	33.2	35.5

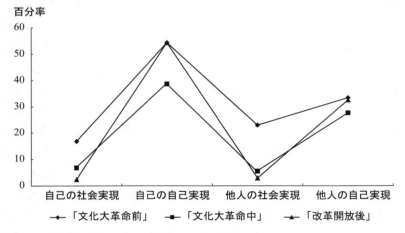

図 6-2　上層の欲求を選択時に現れた頂上と谷底

一、三つの時期において、自分欄と他人欄での自己と他者の社会実現欲求と自己実現欲求に関しての選択割合が少しずつ減少していったが、自分欄と他人欄で自己実現欲求を選んだ割合はずっと割合と高く、54.4（％）の頂点と 2.4（％）の谷底が現れたことが「改革開放後」の自己実現と社会実現の欲求を表している。「文化大革命前」の割合を参照して計算すると、「改革開放後」の自分欄での社会実現の欲求を選んだ割合と「文化大革命前」の割合の差は 16.8 － 2.4 ＝ 14.4（％）で、他人欄での社会実現を選んだ割合と「文化大革命前」の割合の差は 23.9 － 2.9 ＝ 20.1（％）で、両方とも下がり幅が大きい。それに対し、「改革開放後」の自己実現の欲求は「文化大革命前」と大差がなく、自分と他人の自己実現の欲求が全て「文化大革命前」に非常に近接している。このような均衡していない差が「文化大革命前」の社会実現の欲求という史実を示すと同時に、「改革開放後」の人々の自己実現への強い欲望の歴史を「鏡」とする役割も示している。また、欲求が満たされない場合、人々が歴史という鏡を通じて今の欲求を反映することも多い。この現象は人格心理学の対人投影に似ている。アンケートの中の投射を説明するため、とりあえずそれを「歴史投影」と呼ぶが、対人反射とはまた違う。対人反射とは、人が満たされなかった欲求や欲求不満で引き起こされた情緒・態度などの心理状態を他人のせいにすることで、フロイトの人格理論の中の主な自己防衛のメカニズムの一つであるが、アンケートの中の「歴史投影」は現実生活で形成された強く追求している欲求が歴史的な欲求選択で現れたものである。

二、自分と他人の上層の欲求の選択を見てみる。「改革開放後」の自己－他人の自己実現の欲求が、選ばれた割合差として一番大きく（21.8%）、その次は「文化大革命前」の自己－他人の自己実現の欲求の選択割合差で（20.9%）、「文化大革命中」の自己－他人の自己実現の欲求の選択割合差が最も小さい（11.0%）。それは選択の頂点が「改革開放後」の自己実現の欲求にあることを示している。自己実現の選択とほぼ

相反しているのが社会実現の選択で、「文化大革命前」の自己―他人の社会実現欲求の選択割合差が一番大きく（－ 6.2%）、次は「文化大革命」の自己―他人の社会実現欲求の選択割合差で（－ 1.3%）、「改革開放後」の社会実現欲求の選択割合差が最も小さい（－ 0.5%）。社会実現が強く求められるのは「改革開放後」ではなく「文化大革命前」で、求めているのは自分ではなく他人であることを示した。これらは様々な選択に現れたコントラストの中でも注意すべき現象であり、それは切迫した要求においては、選択主体にとって価値ある選択では大きなコントラストがあり、あまり切迫していない欲求においては、選択主体にとってあまり価値のない選択ではコントラストがほとんどない。

　三、三つの時期において自－他の社会実現と自己実現を統一した選択が異なっている。社会心理学の角度からみると、社会実現と自己実現は、社会と個人が統一され、個人が社会の基礎であり、個人の自己実現も社会実現の基礎となり、社会と社会実現が個人とその自己実現となる条件を提示した。そのため、上層の欲求への選択を分析する場合、社会実現の欲求への選択と自己実現の欲求への選択を統一して考察できる。こうして、71.2（%）の頂点が自らの「文化大革命前」における上層での欲求を表し、33.2（%）の底が他人の「文化大革命中」の上層の欲求を表している。他の歴史時期と比べて、「文化大革命前」の自らの高い欲求が最も強いことを示したが、自己－他人のコントラストからみると、選択割合が一番高いのは「改革開放後」の上層の欲求で、自らの「改革開放後」の上層の欲求が最も強いことを示している。

　（四）自己実現と所得拡大の項目での正のコントラストと負のコントラスト

　ここで正のコントラストと負のコントラストの概念を言い出したのは、その概念を用いてデータの中に繰り返して現れた心理的コントラストの現象を説明したいからである。（表 6-3、図 6-3 ～図 6-5 を参照）

コントラストという概念は人々が自分の所期の望みが叶わない時に生み出された心理的距離を指し、期待すればするほど、その期待が外れた時のコントラストが大きくなる。

アンケートの中の心理コントラストは主に二種類ある。一つが「期待欄」と「実際欄」での選択で現れたコントラストで、もう一つが「自分」と「他人」に対する選択で現れたコントラストである。

前に「期待欄」が選ばれた割合が「実際欄」の割合より大きい現象と、「期待欄」が選ばれた割合が「実際欄」の割合より小さい現象を見たが、一つ目の現象を正のコントラスト、二つ目の現象を負のコントラストと呼ぶ。つまり、「自分」が選んだ割合が「他人」に選ばれた割合より大きい現象を正のコントラストと呼び、「自分」が選んだ割合が「他人」に選ばれた割合より小さい現象を負のコントラストとする。

ここで、「正のコントラスト」と「負のコントラスト」の「プラス」と「マイナス」は主観的な判断ではない。つまり、いいか悪いか、積極的か消極的か、肯定するか否定するか、を意味するのではなく、ただ分かり易く説明するために、コントラストの方向を示したのである。

正のコントラストは正面から、直接的に選ばれて現れたコントラストで、負のコントラストは側面から、間接的に選ばれて現れたコントラストである。

欲求を選択することで示された自己－他人のコントラストを、表6-2を用いて説明する。表6-2に現れたコントラストは自己実現と所得拡大という二つの項目に集中している。そして、自己実現では「自己」＞「他人」が正のコントラストで、所得拡大では「自己」＜「他人」の負のコントラストである。

これから表6-3を用いて、二つ欲求を選択することで現れた心理的コントラストを分析する。そして、「改革開放後」を主とし、「文化大革命前」と「文化大革命中」に選ばれた割合とを照らし合せて、所得拡大と自己実現の欲求選択の特徴を分析する。

表 6-3　所得の欲求と自己実現の欲求を選択時のコントラストの特徴（%）

		「文化大革命前」				「文化大革命中」				「改革開放後」			
		自分		他人		自分		他人		自分		他人	
		所得	自己実現	所得	自己実現	所得	自己実現	所得	自己実現	所得	自己実現	所得	自己実現
T		5.4	54.4	6.4	33.5	5.3	38.7	5.1	27.2	14.8	54.4	28.2	32.6
年齢組	30歳以下	4.1	52.5	4.4	29.1	5.6	47.7	3.9	28.5	11.9	55.4	25.5	33.2
	31~40歳	5.5	56.6	7.2	34.4	6.1	44.0	5.4	28.2	17.8	53.8	32.2	27.8
	41~50歳	6.5	56.0	8.5	37.0	4.3	35.6	5.8	24.9	17.0	54.4	27.4	37.6
	51歳以上	6.3	53.4	6.4	39.8	4.7	27.3	5.8	26.2	21.1	43.7	34.6	27.7
学歴組	初等学歴	10.2	59.3	9.8	31.1	11.0	27.2	7.4	20.7	29.8	39.3	29.1	29.1
	中等学歴	5.0	53.7	5.9	32.3	5.1	40.2	5.7	26.5	16.3	50.4	27.5	32.4
	高学歴	3.6	58.5	5.0	37.7	3.2	41.0	3.3	32.1	7.2	65.8	29.2	34.7
職業組	肉体	7.0	51.9	7.7	30.0	8.0	38.8	4.9	23.8	22.9	46.5	28.6	30.8
	頭脳	4.3	56.0	5.0	36.5	2.9	39.4	5.1	29.8	10.9	58.6	30.0	31.5
	接客	6.7	56.7	8.0	34.1	6.4	34.0	5.4	19.6	9.3	53.3	26.7	27.4
	学生	0.0	41.2	0.0	42.9	0.0	47.6	0.0	51.9	1.9	73.4	20.6	46.9

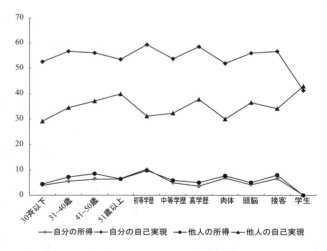

図 6-3「文化大革命前」の所得と自己実現の欲求を選択時に現れたコントラストの特徴（%）

第六章　欲求と人生の価値

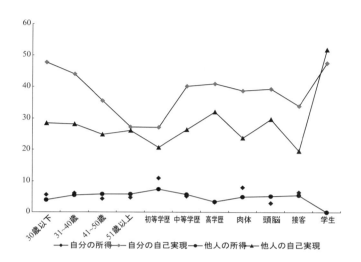

図 6-4「文化大革命中」の所得と自己実現の欲求の選択時に現れたコントラストの特徴（％）

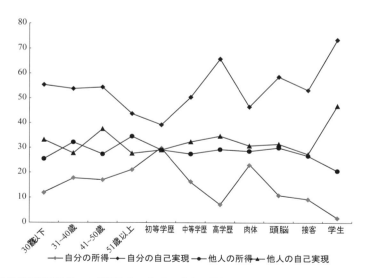

図 6-5「改革開放後」の所得と自己実現の欲求の選択時に現れたコントラストの特徴（％）

一、四つの年齢組・三つの学歴組・四つの職業組が「文化大革命前」「文化大革命中」の所得項目を選択割合は全て低く、コントラストが小さい。逆に、自己実現を選択した割合は高く、コントラストが大きい。「改革開放後」は所得と自己実現を選んだ割合は全て高く、コントラストが大きい。

二、異なる年齢・学歴・職業の回答者の「改革開放後」の自己－他者の所得に対する選択から見ると、04組・初等学歴組・肉体組が所得を選択した割合は高いが、自己－他者のコントラストは小さい。02組・高学歴組・頭脳組が所得を選択した割合は低いが、自己－他者のコントラストは大きい。

このような状況は学歴・職業が所得の選択に比較的大きな影響を与えていることを示している。高学歴組での自己－他者の選択は負のコントラストで割合差も－22.0（％）に達した。初等学歴組での自己－他者の選択は正のコントラストで、割合差は0.7（％）であった。頭脳組での選択も負のコントラストで、割合差は－19.1（％）であった。肉体組の選択も負のコントラストで、割合差が－5.7（％）であった。つまり、高学歴組と頭脳労働者組は自分の所得を増やしたいという欲求が他人という鏡によって比較的反映されている。また、所得での選択と自己実現での選択でもこのような傾向がはっきりと見られる。

三、異なる組の「改革開放後」の自己－他者の所得と自己実現での選択も興味深い。二点に分けて説明する。

一つ目は、高学歴組・頭脳組・学生組が自分の所得を選択した割合はわりと低いが、自分の自己実現を選択した割合が比較的に高いことである。この状況が前の所得において現れた自己－他者のコントラストとは少し異なる。前の自己－他者のコントラスト比較のなかで、自分を選んだ割合は低く、自己－他者のコントラストが大きいのは02組・高学歴組・頭脳組で、01組・学生組の自己実現の欲求が所得を増やす欲求よりはるかに強いことを示した。

第六章　欲求と人生の価値　　157

　二つ目は、自分の所得を選択した割合は比較的高く、自分の自己実現
欲求を選択した割合は比較的に低いことである。この状況は前の自己－
他者の所得に対する選択で現れたコントラストと一致している。前に
行った自己－他者のコントラスト比較の結果が、04 組・初等学歴組・
肉体組が自らの所得を選んだ割合は割と高く、自己－他者コントラスト
が比較的に少ないが、ここで自らの所得を選択した割合は高く、自己実
現を選択した割合が低いのも、その三組である。それは 04 組・初等学
歴組・肉体組がより強く直接所得を増やす欲求を表した。比較してみる
と、31 ～ 50 歳の中青年・高学歴者・頭脳労働者の自己実現の欲求が最
も強く、自己－他者の正のコントラストがもっと大きく、所得を増やす
欲求が最も間接的に現れ、負のコントラストが最も大きいことが分かっ
た。

二、人生の価値を選択する際の名声と実利

　人生の価値の選択をアンケートに設計した際に、10 の選択肢を用意
した。その 10 の選択肢は次の 5 つに分けられる。（1）品格と名声（2）
知識と力（3）健康と家族（4）地位と権力（5）金銭と財産。回答者が「人
生で一番大切なものとは何か。自分と他人が本当に何を一番大切にして
いるか。」という二つの問題にそれぞれ一つの選択肢を選んで答える。

　（一）対立している品格と名声への選択
　まず、選ばれた理想的な人生の価値の順位を見てみよう。（表 6-4、図
6-6 を参照）
　一位は品格（名声を含む）で、38.6%、最後は金銭（財産を含む）で、
3.1%であった。
　これは品格を重視している人が最も多く、金銭を重視している人が少
ないことを示している。それから、品格と名声を比べた場合、品格より

名声の方が重視され、財産よりお金のほうが重視されていることを示した。

表 6-4　人生の価値に対する選択（%）

	大切なもの（Σ）		本当に一番大切にしているもの			
			自分	（Σ）	他人	（Σ）
品格（名声）	26.8　(10.0)	(36.8)	23.5　(10.3)	(33.8)	5.1　(4.2)	(9.3)
知識（力）	32.4　(2.7)	(35.1)	19.5　(2.4)	(21.9)	4.9　(2.0)	(6.9)
健康（家族）	11.5　(2.3)	(13.8)	17.5　(5.7)	(23.2)	4.1　(3.6)	(7.7)
地位（権力）	2.4　(2.1)	(4.5)	3.6　(3.2)	(6.8)	10.0　(14.8)	(24.3)
金銭（財産）	2.5　(0.6)	(3.1)	6.7　(1.5)	(8.2)	28.5　(3.9)	(32.4)
知らない		6.7		6.1		19.4

　自分が一番大切にしている人生の価値に選ばれた選択肢の割合を見てみる。一位の品格（名声を含む）の割合が 33.8%で、理想的な人生の価値を選択した結果と非常に近い。割合が最も低かったのは金銭（財産を含む）で、8.2%であった。しかし、他人が本当に大切にしていたものという問題への答えで選択したものは自分の選択とは大きな違いがあった。

　他人への選択の割合が一番高いのは金銭（財産を含む）で、32.4%、一番低いのは品格（名声を含む）で、9.2%を占めていた。

　これによって、自分の品格に対する選択は、他人の金銭に対する選択と非常に近接して、自分の金銭に対する選択が他人の品格に対する選択と非常に近いことが分かった。このため、自己－他者の品格と金銭の割合が表 6-5 の中にて対角線となって交わった。この現象は他人の価値観が逆転していて自分の価値観と調和を欠いていると考える人が少なくないことを表している。

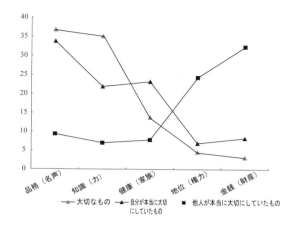

図 6-6　人生の価値に対する選択

　上述の逆転した選択結果と心理的不均衡の現象は珍しい現象ではない。先の部分の結果分析の時にもよく現れたように、よくある現象である。例えば、理想の人格と本当の自己－他者の人格を選択する際に、自分を優れた人格と選択し、他人を劣った人格と選択する傾向があった。欲求を選択する際には、自分に対しては上層の欲求を選択し、他人に対しては下層の欲求を選ぶ傾向があった。それは社会生活の中で、人々の心理バランスがかなり崩れていることを示している。

　心理学における「倒」や「逆」（inverson）という概念は心理的反応の逆転現象を表す。例えば、逆さメガネ現象（invertinglense）というのがある。それは心理学者ストラットン（G. M. Stratton）が、人々がものを知覚する時に、「網膜に写った像の逆転」が必要とされるかどうかを検証するために行った実験である。人々の網膜に映る像は逆立ちしているが、見えるのは正立した像だというのが普通であるが、ストラットンは像を上下に、それから左右に反転させる凸レンズのメガネを発明して、それを 8 日間続けて掛けた。初めて掛けた時には見ていたものが全て逆に見えていて不便であったが、時間が経つにつれ、視覚と体の感覚が少

しずつ一致して、逆だった像も上向きになり、視覚－運動の調和が取れた関係を新しく形成した。この実験は網膜に逆立ちする像が映ることが、正立する視野の必要条件ではないことを証明した。実験をする時に、視覚－体の感覚が不一致から一致になる適応過程で、経験は重要な役割を果たした。

　アンケート結果の中の逆転した選択は、社会の急変で引き起こされた自己－他者の関係の逆転を示している。他人という鏡と客観的な自分という鏡の中に映った逆さまの「人の像」は急変した社会への不適応である。しかし、長い時間が経ち、逆転した心理がまた逆転して、それに順応するようになると、慣れてそれが当たり前になるかもしれない。自己も他者も、金銭より品格を重要視しているという選択をするかもしれない。誰彼の区別なしに、同じように正々堂々と品格を最も重んじ、その次に金銭を重んじる。たとえ大多数の人がそうではなくとも、決して少数派になるわけではない。

（二）品格と金銭の名声と実利
　表6-4の中には自分と他人の品格と金銭が選ばれた割合が大体対角線の四つの角にあって対立し、補い合うという目立つ現象があった。この部分では、対角関係だけではなく、もう一つ対立して補完し合う関係も見える。（表6-5、図6-7から図6-9）
　表6-5は三つの組が人生の価値を選択した結果を表した分割表である。それから、人生の価値の選択時に明らかとなったのは、そこかしこに凹凸があり、明暗が交錯するなど心は複雑な大海原であることである。

表 6-5　品格と金銭の名誉と実利

組	理想				
	品格（名声）	知識（力）	健康（家族）	地位（権利）	金銭（財産）
01	26.0（9.7）	33.3（3.7）	11.7（2.5）	2.6（1.7）	2.5（0.3）
02	27.6（10.6）	31.0（2.2）	11.6（3.0）	2.2（2.7）	3.9（0.7）

03	35.8 (10.0)	32.1 (1.7)	11.0 (0.7)	2.0 (1.7)	1.3 (0.7)
04	30.7 (9.9)	31.7 (1.0)	10.9 (2.5)	2.5 (3.5)	1.5 (1.5)
初等学歴	22.0 (12.0)	22.0 (1.0)	11.0 (3.0)	7.0 (5.0)	4.0 (4.0)
中等学歴	27.0 (12.0)	34.0 (2.0)	12.0 (2.0)	3.0 (2.0)	2.0 (0.4)
高学歴	35.0 (6.0)	32.0 (5.0)	11.0 (2.0)	1.0 (2.0)	1.0 (1.0)
肉体	23.0 (13.0)	32.0 (2.0)	10.0 (2.0)	4.0 (3.0)	2.0 (1.0)
頭脳	35.0 (8.0)	33.0 (3.0)	11.0 (2.0)	1.0 (2.0)	1.0 (0.4)
接客	29.0 (7.0)	28.0 (2.0)	23.0 (1.0)	1.0 (0.4)	4.0 (1.0)
学生	26.0 (8.0)	34.0 (6.0)	9.0 (2.0)	1.0 (2.0)	2.0 (1.0)

組	現実				
	自分				
	品格（名声）	知識（力）	健康（家族）	地位（権利）	金銭（財産）
01	19.5 (9.7)	21.7 (3.2)	15.1 (5.2)	4.8 (4.1)	7.2 (1.4)
02	22.9 (10.1)	16.3 (2.2)	20.9 (7.6)	2.2 (2.7)	6.9 (2.7)
03	31.4 (12.7)	20.7 (0.7)	17.4 (5.0)	2.0 (0.7)	6.4 (0.3)
04	31.2 (9.9)	14.4 (1.5)	21.3 (5.0)	3.0 (3.5)	4.5 (1.5)
初等学歴	21.0 (9.0)	8.0 (2.0)	17.0 (10.0)	7.0 (2.0)	15.0 (2.0)
中等学歴	22.0 (12.0)	18.0 (2.0)	20.0 (5.0)	3.0 (3.0)	7.0 (2.0)
高学歴	29.0 (8.0)	27.0 (3.0)	13.0 (5.0)	3.0 (4.0)	3.0 (0.3)
肉体	19.0 (12.0)	17.0 (2.0)	18.0 (6.0)	3.0 (2.0)	11.0 (3.0)
頭脳	30.0 (10.0)	24.0 (2.0)	16.0 (5.0)	3.0 (4.0)	3.0 (0.4)
接客	28.0 (5.0)	13.0 (5.0)	23.0 (7.0)	6.0 (1.0)	6.0 (1.0)
学生	21.0 (10.0)	23.0 (3.0)	12.0(4.0)	5.0 (5.0)	5.0 (1.0)

組	他人				
	品格（名声）	知識（力）	健康（家族）	地位（権利）	金銭（財産）
01	3.7 (5.4)	4.7 (2.4)	4.3 (3.0)	9.8 (14.7)	27.0 (5.2)
02	4.2 (2.2)	4.7 (1.7)	4.4 (4.2)	12.1 (12.1)	30.3 (3.7)
03	6.0 (3.7)	6.0 (2.0)	4.0 (3.0)	8.7 (15.4)	31.0 (1.7)
04	3.5 (4.0)	4.5 (1.0)	3.5 (5.9)	8.4 (14.9)	29.7 (2.0)
初等学歴	5.0 (6.0)	2.0 (1.0)	4.0 (4.0)	6.0 (7.0)	32.0 (12.0)
中等学歴	5.0 (4.0)	5.0 (2.0)	4.0 (4.0)	9.0 (3.0)	31. － (4.0)
高学歴	5.0 (8.0)	6.0 (2.0)	5.0 (4.0)	13.0 (18.0)	22.0 (2.0)

肉体	6.0（4.0）	4.0（2.0）	4.0（4.0）	8.0（11.0）	29.0（2.0）
頭脳	5.0（4.0）	5.0（2.0）	4.0（4.0）	13.0（18.0）	24.0（2.0）
接客	3.0（2.0）	6.0（1.0）	5.0（2.0）	9.0（15.0）	37.0（3.0）
学生	3.0（6.0）	9.0（2.0）	2.0（4.0）	8.0（17.0）	26.0（3.0）

一、03組、高学歴組と頭脳組が品格（名声を含む）と金銭（財産を含む）に対する選択が似ている。

03組の選択結果は、自己の品格（31.4+12.7）＞他者の金銭（31.0+1.7）である。

品格における自己－他者の差は34.4（％）である。

金銭における自己－他者の差は－27.0（％）である。

高学歴組の選択結果は、自分の品格（29.0+8.0）＞他者の金銭（22.0+2.0）である。

品格における自己－他者の差は28.0（％）である。

金銭における自己－他者の差は－21.0（％）である。

頭脳組の選択結果は、自己の品格（30.0+10.0）＞他者の金銭（24.0+2.0）である。

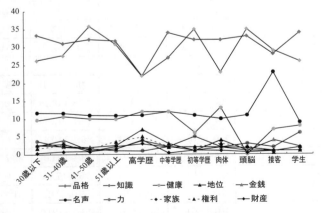

図6-7　理想的な品格と金銭の名声と実利（％）

第六章　欲求と人生の価値 | 163

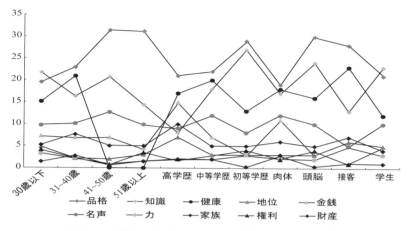

図 6-8　実際の自分の品格と金銭の名声と実利（%）

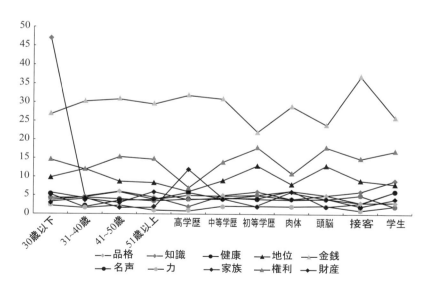

図 6-9　実際の他人の品格と金銭の名誉と実利（%）

品格における自己－他者の差は 31.4（%）、金銭における自己－他者の差は－ 23.0（%）である。

この選択結果は以上の三つの組が自分の品格を一番重視したことを示している。この人格は、彼らが他人という「鏡」を通して、自らの所得をさらに増やしたいという欲求が表れた心理的要素の一つかもしれない。

二、選択の結果が僅かに異なったのは初等学歴組と肉体組である。

初等学歴組の選択結果は、自己の品格（21.0 + 9.0）＜他者の金銭（32.0 + 12.0）であり、 金銭における自己－他者の差は－ 17.0（%）である。

肉体組の選択結果は、自己の品格（19.0+12.0）＜他者の金銭（29.0+6.0）であり、金銭における自己－他者の差は、－ 18.0（%）である。

このような選択は初等学歴組と肉体組が他のグループと比べると、自分と他人の金銭をもっと重視し、もっと直接的に自分の価値を選択したことを表している。

三、51 歳以上の組と接客組の金銭における自己－他者の差は両方とも比較的きいが、品格が選ばれた割合も低くはない。

51 歳以上の組の金銭における自己－他者の差は－ 25.7（%）であり、自分の品格を選んだ割合は 41.1（%）である。

接客組の金銭における自己－他者の差は－ 31.0（%）であり、自分の品格を選んだ割合は 33.0（%）である。

前の 51 歳以上の組が所得を選択した割合も比較的高く、自己－他者を選択した割合差も比較的に大きく、ここでの金銭における選択に似ている。それから、年長であるからかもしれないが、品格をより重視している。接客組の金銭における自己－他者の差は最も大きく、他人の金銭を選択した割合も非常に目立っており、40.0（%）に達した。社会生活とポップカルチャーとの接触が一番多い職業階層として、ほかの職種と比べて社会の金銭「ブーム」をもっとも鋭く感じられたからかもしれない。また、接客業なので品格の選択も重視していた。

四、30歳以下の組と学生組の選択がこれまた異なる。この二つの組は自分と他人の知識（力を含まず）を選択した割合が自分と他人の品格のそれより高い。

　30歳以下の組では、自分の知識が選ばれた割合（21.7）＞自分の品格が選ばれた割合（19.5）である。

　学生組では、自分の知識が選ばれた割合（23.0）＞自分の品格が選ばれた割合（19.5）である。

　欲求の選択結果で、30歳以下の組と学生組が自己実現の欲求を選択した割合がそれぞれと首位に立ち、品格より知識を追い求めるという強い傾向を表した。それは青年学生の自己実現と知識への追求の間に関数関係があることを表した。

　五、他者欄において権力が選ばれた割合が高い。中の30歳以下の組・学生組、それから自己実現の割合が比較的高い高学歴組・頭脳組が、他人欄において権力を選択した割合が高かった。また社会的欲求に属する自己実現の欲求と人生の価値に属する権利の選択の間では相関関係があることが示された。以後、詳しく説明する。

　ここで説明するのは人生の価値選択に属する品格と金銭の名声－実利の関係である。名声と実利の概念はヨーロッパ哲学史では激しく対立していた。唯名論と実在論の論争もあり、それは観念が実在するかどうかという議論であった。概念は名前として存在すると主張する唯名論に対して、概念が実態として実在していることを主張するのが実在論である。また、本体論では「名声」と「実利」が名称と実体という意味を与えられた。

　アンケートの問題は明らかに哲学本体論という世界本質を問う問題ではなく、価値選択に属する社会的認知を選択する問題である。選択の結果は認知対象が認知主体に対する重要性（価値）によって変わる。選択された部分はいつも認知主体にとっては重要で、価値ある部分である。その価値ある部分、つまり人々の心の中に作られた「心像」を認知科学

とコミュニケーション学の概念で表述すると「図像」（pattern）となる。心像もある種の図像であり、「図像の識別」（pattern recognition）は文字や図形を認知するだけではなく、その間の相互関係認知をも認知する。認知対象の等価性によって認知されるのである。アンケート中の価値選択も同じような認知であり、同じような図像の識別である。それを前提として、人生価値を選択する時の品格と金銭における自己－他者の差と、名－実という概念をより具体的に説明したい。自分に対する選択であろうと、他人に対する選択であろうと、品格、金銭が一旦選ばれたら、重要視されて価値のあるものとされるべきであり、認知の主体である心の中で心像を形成する。この二種類の心像の出没が認知研究中の図と地の逆転現象に似ている。図と地の逆転現象を説明するルビンの盃という図があり、その図中に描かれた、向き合って対称になった2人の顔が、盃の形を引き立てると、盃を図と呼び顔を地と呼ぶ。もしまず顔を認知すると盃が顔を引き立てる地となる。その図が盃か顔かは認知の主体の選択によって異なる。アンケートの結果では、自分の品格と他人の金銭の選択において現れた正のコントラストと負のコントラストが、認知における図と地の逆転現象に非常に似ている。自分の品格が多く選ばれると品格が目立つようになり、同じように割合が高い他人の金銭が自分の品格のバックグランドになって自分の品格を引き立てる。他人の金銭に注目すると、自分の品格がまた他人の金銭のバックグランドになって他人を引き立てる。このように人生価値の選択において品格と金銭の項目の分布の転換が認知する時の図と地の転換とは同じであるが、品格と金銭の項目の選択が相反していて、同じ選択の過程の中で「選ばれた」二項目である。二つの項目が交わって、互いに入れ替わるのである。

　人生価値を選択した結果の中の正のコントラストと負のコントラストが認知選択の中の図と地の現象に似ている。その点から筆者は、図と地の意味を借りて品格と金銭の「名声と実利」を説明しようとしている。一つの選択が目立つ（実になる）と、もう一つの選択がバックグラウン

ドとなって凹む。しかし、人生価値の選択は一般的な認知の選択とは違い、シュプランガー（E. Spranger）が主張した理論・経済・審美・宗教・権力・社会という六種類の価値の選択とはまた異なる。アンケート中の人生価値の選択は社会的欲求と社会的地位を変える方法を念頭に置いて設計したが、その中の部分的選択（例えば金銭と財産、健康と家族）は更に現実的で、一部の選択は更に理想的である（例えば知識と力、品格と名声）。その面から見ると、筆者は「虚」と「実」をも借りて、品格と金銭の「名声」と「実利」を説明している。

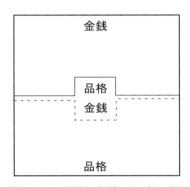

図 6-10　品格と金銭の名声と実利

（三）分極コントラスト

14項の人格特質を評価・選択した結果におけるコントラストや、社会的欲求と人生の価値を選択した結果の中のコントラスト、これから述べようとする生活を選ぶことで現れたコントラストは、全てが社会的認知などの心理状態を主体的条件としている。そのため、心理的なコントラストを引き起こす原因は多種多様であるが、認知する過程からみれば、認知の対象が認知の主体に対する意味（重要性・価値）によって引き起こされたものである。フェスティンガーが著書『認知的不協和の理論』の序文で認知的不協和の理論を述べたが、認知的不協和の程度は、認知

要素の重要性が増加するにつれて高くなり、認知的不協和の総量は、関わりあう認知的要素の中で、協和しないものの占める比率の増加に伴って多くなっていくことを述べた。ここに採るべき価値のある考え方がある。それは認知主体の価値選択における認知過程に大きな影響を与えたのだ。認知対象の中で、認知主体にとって一番意義を持つ要素が、認知主体に一番重要視され、より重要な意味を与えられる。即ち「加重」されるのである。もしそのような要素が全ての認知的要素の中で高い比率を占めると、認知的不協和の総量も多くなる。アンケートの結果に現れたコントラストはフェスティンガーが認知的不協和理論の中で指摘した問題に非常に似ている。そのようなコントラスト現象を注意して観察すると、コントラストと価値評価・価値選択の間における微妙な関係を意識することができる。評価の高い選択肢（例えば仁愛）と低い選択肢（例えば利己）、あるいは割合の高い選択肢（例えば品格）と低い選択肢（例えば金銭）では明らかコントラストが現れた。ここでの「高い」と「低い」は共に認知主体に重視された程度を表す。重要視され、意義を与えられてはじめて（加重されてはじめて）結果の中に明らかなコントラストが現れる。アンケートの中で自分と他人という二つの主体が設定されたので、二つの主体を自己－他者、主－客の相関関係の中において認知して評価して選択したのだ。従って、評価・選択の中の「高い」と「低い」が、それぞれと「自」と「主」、「他」と「客」に対する選択であったが、それは直接的・間接的に主体の認知に属する。認知の中で現れた高と低、自分と他人が交錯した現象は、フェスティンガーの論述の中には現れなかった。アンケートの結果は、認知される状態と認知に対する評価の間での相関関係、そして、割合の「高い」選択と「低い」選択との間での相関関係を示した。評価あるいは選択時の「高」と「低」が認知の分極現象であり、評価と選択の数量の差を表す。尺度の概念を使って表すと、「どちらでもいい」を境・原点とした正と負の数値の差を表す。異なる評価と選択が認知システムの中の各種類の関係の結合と分離によって認

知的協和・認知的不協和を生み出す。アンケートの中での自分に対する高い評価・割合の高い選択と他人に対する低い評価・割合の低い選択は、認知上の程度の高い不協和と心のコントラストを生み出した。課題の中の他人は自分と同じ所属関係を持つ同僚・隣近所・友達・仲間などを指す。一般的に、人間関係が結びつくとプラスであるが、さもなければ分離してマイナスである。従って、認知が不協和で心理的コントラストがある場合に、不協和とコントラストの程度を下げて取り除くためには、結びつける人間関係、つまりプラスの関係に変えたり、自分の認知の選択を変えたりするしかない。人間関係を維持しようとするならば、自分の認知と選択を変えるしかない。その変化が実際に自分に利益をもたらすなら、実際に自分の中のある認知や選択を諦め、自分の認知を他人の認知と協和させようとする。それによって、アンケートの結果の中の「他人に対する」選択が「鏡」の役割を果たして「自分に対する」選択に変われば、もう一方の認知的不協和と心理的コントラストも即座に生み出される。それは理想的な選択と本当の選択の間での不協和とコントラストである。どのような不協和とコントラストであろうと（自己－他者の、あるいは、理想－本当の）全て認知の分極現象を通じて説明することができる。

三、不朽の奉仕の心

　以上の分析の次には二つの問題がある。一つは、社会的欲求が選択される割合が次第に下がって、「改革開放後」における最も低い選択割合になったのはなぜか。もう一つは、「文化大革命前」の社会的実現の欲求が史実よりはるかに低かったのはなぜかということである。

（一）選択の中の「空白」
選択の中の「空白」は選択する時の「呆然」とした状態を意味しており、

歴史的な知識や歴史への理解が不足していることである。

これらは欲求の選択を表すエクセルを用い、その中から高学歴者－初等学歴者・頭脳労働者－肉体労働者との四組を取り出して比較することでその問題を説明したい。

高学歴者－初等学歴者・頭脳労働者－肉体労働者の四組が三つの歴史時期の欲求を選択した結果中の「空白」は表6-6、図6-11~ 図6-14で示した。

社会実現の欲求を選択した割合は、

「改革開放後」＜「文化大革命中」＜「文化大革命前」である。

自己実現の欲求を選択した割合は、

「改革開放後」＜「文化大革命前」＜「文化大革命中」である。

安全・協和・自尊を選択した割合は、

「文化大革命中」＞「改革開放後」＞「文化大革命前」である。

表 6-6　三つの時期での自分の欲求の得点（％）（平均値）のエクセル

| | 「文化大革命前」 | | | | | | | |
	社会実現	自己実現	自尊	調和	安全	所得	平均値	標準偏差
01	14.5	52.5	3.1	7.5	1.9	4.1	3.92	2.07
02	16.1	56.6	7.7	4.8	0.3	5.5	4.31	1.76
03	19.0	56.0	4.0	7.3	2.4	6.5	4.43	1.63
04	19.5	53.4	8.0	5.7	2.9	6.3	4.45	1.59
高	18.4	58.5	4.5	3.6	2.2	3.6	4.40	1.75
中	16.8	53.5	5.7	7.0	1.6	5.0	4.20	1.85
初	11.7	53.9	5.5	10.2	1.6	10.2	4.06	1.78
肉体	13.6	51.9	6.1	8.2	1.4	7.0	4.00	1.93
頭脳	20.3	56.0	5.2	4.6	2.0	4.3	4.45	1.68
接客	13.3	56.7	5.6	8.9	1.1	6.7	4.21	1.75
学生	11.8	41.2	5.9	5.9	5.9	0.0	3.30	2.32

	「改革開放後」							
	社会実現	自己実現	自尊	調和	安全	所得	平均値	標準偏差
01	3.4	55.4	7.6	10.9	6.6	11.9	3.86	1.66
02	2.1	53.8	4.7	9.9	8.9	17.8	3.66	1.73
03	0.7	54.4	8.5	6.0	9.5	17.0	3.64	1.75
04	1.1	43.7	8.4	10.0	10.0	21.1	3.63	1.00
高	0.7	65.8	10.0	6.1	6.8	7.2	4.09	1.57
中	2.9	50.4	6.1	12.1	8.2	16.3	3.63	1.74
初	4.8	39.3	3.0	8.9	10.7	29.8	3.15	1.91
肉体	3.2	46.5	4.4	11.9	7.3	22.9	3.43	1.82
頭脳	1.5	58.6	9.9	7.3	8.8	10.9	3.92	1.59
接客	0.7	53.3	6.7	12.0	14.0	9.3	3.71	1.62
学生	2.5	73.4	5.1	8.9	1.3	1.9	4.39	1.29

	「文化大革命中」							
	社会実現	自己実現	自尊	調和	安全	所得	平均値	標準偏差
01	7.6	41.7	5.6	12.4	14.1	5.6	3.48	1.92
02	8.6	44.0	6.1	9.2	19.6	6.1	3.69	1.77
03	5.1	35.6	5.1	13.0	30.4	4.3	3.33	1.70
04	3.5	27.3	5.2	16.9	37.2	4.7	3.08	1.58
高	6.9	41.0	7.2	11.2	22.9	3.2	3.58	1.74
中	7.4	40.2	5.2	11.5	22.1	5.1	3.50	1.81
初	4.4	27.2	4.4	14.7	28.7	11.0	2.93	1.76
肉体	5.8	38.8	3.9	11.2	21.8	8.0	3.30	1.87
頭脳	7.0	39.4	6.7	12.1	25.5	2.9	3.56	1.70
接客	9.6	34.0	8.5	14.9	19.1	6.4	3.51	1.78
学生	4.8	47.6	4.8	9.5	19.0	0.0	3.53	1.88

172 | 中国民族性（第二部） 一九八〇年代、中国人の「自己認知」

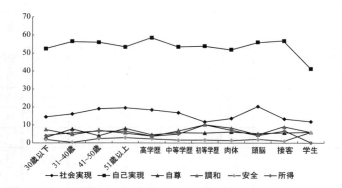

図6-11　自分の「文化大革命前」の欲求の選択のエクセル（％）

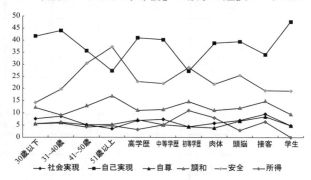

図6-12　自分の「文化大革命中」の欲求の選択のエクセル（％）

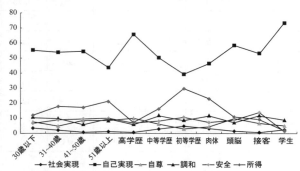

図6-13　自分の「改革開放後」の欲求の選択のエクセル（％）

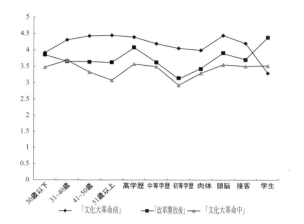

図 6-14　三つの時期での自分の欲求の選択の平均値

　所得の割合の順位は、「改革開放後」＞「文化大革命前」＞「文化大革命中」である。

　この流れの中において、社会的実現・自己実現・所得を選択する方向がほぼ逆であり、この三つが「文化大革命中」の不安定な状態を強調している。

　ここから、社会実現の欲求の空白は、主に「文化大革命前」の社会実現に対する低い選択割合と自己実現に対する高い選択割合、それから「改革開放後」の社会実現の大幅な低下と自己実現に対する高い選択割合があることがわかった。

　以下、高学歴組と初等学歴組を例にとって比べることによって選択の空白を具体的に説明する。

　「文化大革命前」の社会実現の割合は、高学歴組 18.4％＞初等学歴組 11.7％であり、自己実現の割合は、高学歴組 58.5％＞初等学歴組 53.9％であり、所得の割合は、高学歴組 3.6％＜初等学歴組 10.2％である。

　「改革開放後」の社会実現の割合は、高学歴組 0.7％＜初等学歴組 4.8％であり、自己実現の割合は、高学歴組 65.8％＞初等学歴組 39.3％であり、

所得の割合は高学歴組 7.2%＜初等学歴組 29.8%である。

　選択の結果は随分異なる。高学歴組の欲求は主に自己実現の選択として表現され、その上げ幅は初等学歴組よりはるかに大きく、「文化大革命前」の 58.5％から「改革開放後」の 65.8％に上った。所得の割合は「文化大革命前」の 3.6％から僅かに上昇し、「改革開放後」に 7.2％となった。社会実現の割合は 18.4％から 0.7％に激減した。初等学歴組の欲求は主に所得の選択に表れ、その上げ幅は高学歴組よりはるかに大きく、「文化大革命前」の 10.2％から「改革開放後」には 29.8％に上った。社会実現の割合は「文化大革命前」の 11.7％から 4.8％に、自己実現の割合も 53.9％から 39.3％に大きく下がった。

　以上を基礎として更に比較すると、高学歴組において社会実現が下がった分がどこに移り、自己実現で増えた分がどこから来たのかが容易に分かる。同様に、初等学歴組の自己実現が下がった分がどこに移り、所得が増えた分がどこから来たのかも簡単に分かる。

　高学歴組の「改革開放後」の自己実現での「突出」は、社会実現の下がった分で補われ、初等学歴組の自己実現での「突出」は、自己実現の下がった分で補われたのだ。高学歴組の「文化大革命前」における社会実現に対する低い選択割合と、自己実現に対する高い選択割合は、歴史の鏡に反射されて生み出された「自己実現した」という現実に対する満足感である。初等学歴組の「文化大革命前」の社会実現に対する低い選択割合と所得（高学歴に相当）に対する高い選択割合は、歴史の鏡を通じて反射されて生み出された「所得が拡大された」という現実に対する満足感である。

　従って、異なる時期における選択の中に現れた割合差と補充の行方がはっきりと分かった。高学歴組の「文化大革命前」の社会実現において空白を選択したのは、「自己実現」を現実に選択する時の増加と減少の転換によってなされたのである。「現実」と「歴史」（「今」と「過去」）に対する価値選択の中で起こるもので、選ばれたものが「現実」（今）

に合わなくて漏れたものであり、「歴史」（過去）に対する無知であり、「現実」（今）に対する冷淡さでもある。

その方法を用いて自らの三つの時期における六種類の欲求の選択を比較し、未知の歴史的史実と選択の盲点を見つけたならば、同様にして他の人の三つの時期における六種類の欲求の選択を比較して未知の歴史的史実と選択の盲点を見つけることも難しくない。（表 6 － 7、図6-15~6-18）

表 6-7　　他人の三つの時期での欲求を選択した結果（平均値）のエクセル

| | 「文化大革命前」 | | | | | | | |
	社会実現	自己実現	自尊	調和	安全	所得	平均値	標準偏差
01	20.6	29.1	10.4	5.1	3.8	4.4	3.38	2.36
02	21.3	34.4	10.2	5.6	2.0	7.2	3.67	2.26
03	23.0	37.0	8.9	6.8	1.7	8.5	3.91	2.10
04	26.3	39.8	9.9	4.1	0.6	6.4	4.16	2.04
髙	28.2	37.7	8.7	3.4	2.0	5.0	4.12	2.10
中	20.9	32.3	11.6	5.9	2.6	5.9	3.62	2.25
初	16.4	31.1	8.2	8.2	3.3	9.8	3.28	2.28
肉体	16.9	30.0	10.2	7.7	2.4	7.7	3.28	2.31
頭脳	26.5	36.5	9.2	4.6	2.5	5.0	4.02	2.13
接客	28.4	34.1	11.4	0.0	2.3	8.0	3.99	2.20
学生	28.6	42.9	3.6	3.6	0.0	0.0	4.11	2.24
	「文化大革命中」							
	社会実現	自己実現	自尊	調和	安全	所得	平均値	標準偏差
01	7.0	28.5	7.9	10.4	21.1	3.9	2.93	2.04
02	4.1	28.2	7.3	7.0	31.6	5.4	2.84	1.89
03	4.6	24.9	8.3	8.7	32.8	5.8	2.83	1.83
04	5.2	26.2	5.2	8.1	32.0	5.8	2.77	1.91
髙	3.6	32.1	7.7	10.2	29.4	3.3	3.06	1.82
中	6.4	26.5	8.3	8.3	26.3	5.7	2.87	1.97

初	6.7	20.7	3.0	8.9	33.3	7.4	2.56	1.93
肉体	5.8	23.8	7.1	9.8	26.7	4.9	2.70	1.97
頭脳	5.1	29.8	7.9	8.8	28.7	4.9	2.70	1.88
接客	8.7	19.6	7.6	9.8	34.8	5.4	2.85	1.86
学生	0.0	51.9	3.7	7.4	18.5	0.0	3.34	1.95

	「改革開放後」							
	社会実現	自己実現	自尊	調和	安全	所得	平均値	標準偏差
01	4.2	33.2	6.9	10.4	7.3	25.5	2.90	2.00
02	2.1	27.3	9.6	6.1	9.6	32.6	2.60	1.93
03	1.5	37.6	8.4	3.6	9.9	27.4	2.89	1.98
04	2.1	27.7	9.0	3.7	8.0	34.6	2.49	1.98
高	1.8	34.7	13.8	5.5	7.3	29.2	3.00	1.90
中	3.3	32.4	6.5	8.4	8.7	27.5	2.78	1.99
初	3.6	29.1	1.8	6.1	8.5	29.1	2.39	2.08
肉体	3.0	30.8	4.6	9.0	8.0	28.6	2.62	2.02
頭脳	2.6	31.5	13.8	3.7	8.8	30.0	2.87	1.94
接客	2.1	27.4	7.5	8.2	14.4	26.7	2.49	2.05
学生	3.8	46.9	4.4	13.8	3.1	20.6	3.43	1.90

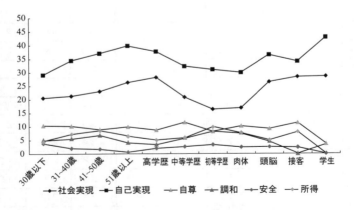

図 6-15　他人の「文化大革命前」の欲求を選択した結果（％）

第六章 欲求と人生の価値 177

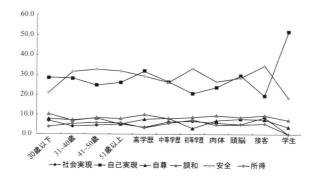

図 6-16　他人の「文化大革命中」の欲求を選択した結果（％）

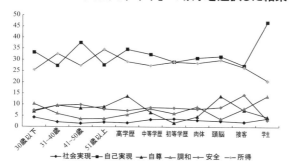

図 6-17　他人の「改革開放後」の欲求を選択した結果（％）

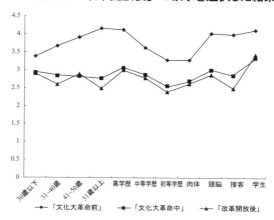

図 6-18　三つの時期の自分の欲求を選択した平均値（％）

ここでは高学歴組と初等学歴組が自分と他人が「文化大革命前」において、社会実現の欲求に対する選択と「改革開放後」の所得増の欲求に対する選択を比較し、他人に対する選択の「空白」が如何にして形成されたのか、また、高学歴組が自分の「改革開放後」の所得に対する選択割合をどうやって補足したのか、高学歴組と初等学歴組が自分の「文化大革命前」の社会実現に対する低い選択割合をどうやって補足したのかを分析したい。

　「文化大革命前」の社会実現欲求の選択割合は、高学歴組が他人（28.2%）＞自分（18.4%）であるのに対して、初等学歴組は他人（16.4%）＞自分（13.6%）であった。

　しかし、自己実現欲求を選んだ割合は、高学歴組が他人（37.7%）＜自分（58.5%）であるのに対して、初等学歴組は他人（31.1%）＜自分（53.9%）であった。

　このような選択はまた、自らの社会実現における漏れが多かれ少なかれ他人の社会実現での選択によって補われ、そして、他人の自己実現が選ばれた分も減った。つまり、自分のなくなったものの多少が他人のところで見つかった。こうして、残された他人の所得に対する選択で反映された所得を増やす欲求が安定するものになり、高学歴組と初等学歴組の間でのバランスも取れた。つまり、「改革開放後」の所得の選択割合は、高学歴組は他人（29.2%）＞自分（7.2%）であるのに対して、初等学歴組は他人（29.1%）＜自分（29.8%）である。

　それは高学歴組が自己実現を重要視しているのと同時に、所得も重要視していることを示した。自己実現の欲求は、主として直接的に自分に対する選択で表され、所得を増やす欲求を主に間接的に他人に対する選択で表すことを示した。それによって、下層の欲求を選ぶ時、高学歴組より初等学歴組の方がもっと率直で誠実であり、高学歴組は控え目で、両方とも求めてバランスを失う状態に陥りやすい。

（二）フラストレーションとコントラスト

　以上の社会実現・自己実現・所得増の選択を比較することで、三つが異なる場合（自分・他人、「文化大革命前」・「改革開放後」）では異なる価値があることが割合から具体的に見える。

　自分の「改革開放後」の社会実現が選ばれた比率は低いが、それは自分の「文化大革命前」、他人の「改革開放後」と「文化大革命前」の選択を補った。それは人々が意識的・無意識的に失ったものを取り戻そうとしていることを示している。「改革開放後」の自己実現の選択割合が大きく重みがあり、それは自分の歴史という鏡で強化されたが、他人の「改革開放後」と「文化大革命前」の選択肢の選択割合が多少小さくなり、「改革開放後」の他人の所得の選択と比べると更に不安定である。高学歴組の「改革開放後」と「文化大革命前」の所得の選択割合は少ないが、他人の「改革開放後」の所得を補った。それゆえ、高学歴組と初等学歴組の自分と他人に対する選択はほとんど同様になった。

　それによって、「文化大革命前」の社会が社会実現の欲求を重視・強調しており、社会実現の欲求が人々にとり忘れられず、捨て去れず、今も時々懐かしく思うことであることがわかった。「改革開放後」は自己実現が流行となり、自分が自分を輝かせようとするようになったが、他人にとってそれはたいしたことではない。自己実現が他の欲求を満たすための道具のようなものになった。所得を増やすという選択は、初等学歴組にとっては当たり前で正々堂々としたものであるが、高学歴組にとっては他の欲求で間接的に表す必要がある。それは一体何故であろうか。簡単そうに見える問題も複雑な要因で引き起こされたのかもしれない。ここで筆者はモチベーション理論のフラストレーション問題を論じたい。

　モチベーション研究の中で、欲求不満と攻撃は関係があるという仮設がある。欲求不満はフラストレーションと訳され、モチベーションの欲求が阻まれて満たされないことで心のバランスが崩れる状態・フラスト

レーション感を指す。欲求不満を引き起こす原因は多くあり、例えば自分が不利な立場に立ち欲求が満足されないこと、欲求・権利が奪われた（モチベーション研究の中の欲求が奪われたこと）こと、自分の力不足で欲求が満たされないことなどである。どれも経験が生み出した心理的反応である。自分が「損をしたり」「ばちが当たったり」するような経験があり、他人が経験した苦労もある。他人の苦労を見たので、様々な手を使って「罰」を防ぎたいのである。防ぎ方は攻撃のような開示的で直接的な方法や、幻想・抑圧・投射のような間接的で、苦しみを取り替える方法もある。イェール大学の人間行動研究所で働いた J. ダラード（J. Dollrad）、N. E. ミラー（N. E. Miller）などの人々が 1939 年に「フラストレーション攻撃仮説」を発表し、その中で以下の仮説を提唱した。攻撃とフラストレーションを予測することとは関係があり、フラストレーションは常に攻撃を引き起こす。ここではその仮説中の罰を予期する原理を学びたい。つまり、攻撃を抑える力は攻撃で罰に当たることを予測する程度と深く関わっている。過去に、あることで苦労をしたら、同じようなことに遭っても、苦労を予測するのでしばらく攻撃しない。罰を予期することが自分を守る心理的反応で、フラストレーションを防ぐ重要な心理的メカニズムである。社会生活の中には「扱いが難しい話題」がたくさんあり、ある問題が扱いの難しい問題に属すると意識した場合、よく間接的にものを投射する方法、つまり代償という方法を使って心を満足させようとする。

　課題研究の中の代償もある種の心理的防御に属するが、扱いが難しい問題で引き起こされた心理的問題ではない。所得に投射された現象が主に高学歴組が自己実現を果たそうとする強い欲望と所得を増やそうとする強い欲望の間での衝突によって形成されたのである。その二種類の欲求が長年にわたり満たされていなかった（フラストレーションがあった）ため、所得に投射されたのである。欲求のレベルから見ると、レベルが低い欲求が満たされないと、より上層の欲求を求めない傾向がある。上

層の欲求が下層の欲求が完全に満たされた後に生み出されたのではないので、所得増の欲求は自己実現の欲求に影響を与えたのである。

　社会実現での投射現象は、その高階層の欲求の正当性と現実性の間での衝突によって形成されたのである。正当性が社会実現の欲求の必要性を明示し、現実性がそれを実現させる難しさを示した。その理由も欲求のレベルで説明する必要がある。下層の欲求が長い間満たされなかった人が上層の欲求を強く求められる環境に囲まれると、下層の欲求もまた追い求めるようになる。その場合、モチベーションが内部の原動力として下層の欲求を求める同時に、亢進して上層の欲求を追い求めたり、上層の欲求に抵抗したりする。逆に下層の欲求がよく満たされると、上層の欲求も自然に追い求めるようになる。「欲求は潜在能力によって順番に並んでいる」とマズローが論じた。「そうすると、安全欲求が友愛の欲求より強く求められている。それは二種類の欲求が同じフラストレーションに遭った時、安全欲求が有機体を支配することが様々な場面で証明されたからである。この意味では、生理欲求（より低い階層に置かれた）は安全欲求より強く求められ、安全欲求は愛の欲求より強く求められ、愛の欲求は尊厳欲求より強く求められる。また、尊厳欲求は自分の素質や能力を引き出したい欲求、つまり自己実現の欲求より強く求められた」[1]と。ここで、マズローが掲げた原理を借りて述べたいのは、欲求の階層がその潜在能力によって形成され、二種類の欲求が同時に満足されずに衝突する時、下層の欲求が上層欲求よりも強く求められているように見える。課題の中で上層の欲求と下層の欲求が衝突したことが、上層の欲求と下層の欲求がともに満たされたいことだけではなく、下層の欲求がもっと強く求められて満たされたいことを示している。その求められる程度が上層の欲求より高かったが、上層の欲求も大切なのである。

1　「アメリカ」マズロー『モチベーションとパーソナリティ』113、53 ページ目、華夏出版社、1987。

（三）円満な欲求の設計の重要性

　世界はそれ自身の法則性によって円満であり、人格の真・善・美はその内部の統一性と規則性により円満であるように、モチベーションもその固有の内在性と階層性があることによって円満となるのだ。人は自分の欲求だけではなく、他人の欲求も満たす必要がある。一人一人が社会を通して見ると他人となるが、人は自らを必要としするだけではなく、他人をも必要としている。「己のために行わない者は、天誅が下される」という言葉があるが、それは上の二つの欲求を円満に満たさない時の言い方で、無能な自分を欺く言葉である。これがアンケートに社会実現の欲求を設計した根本的な理由である。

　具体的に言うと、課題が社会実現の欲求を設計した理由は主に二つある。一つはマズローが設計した自己実現の欲求説には素晴らしい点と、不足する点があるからである。自己実現（self-actualization）という概念は人格心理学者カール・グスタフ・ユング（C. G. Jung）が 1954 年に提唱した理論で、彼は個体の発展を最終目標とし、次のように論じた。個人が個性化（individuation）の過程で欲求が十分に満たされて、人格のあらゆる面が発展し、協調し合い、個人が全体的に絶頂に達することが自己実現であると。マズローは自己実現のモチベーションも非常に重視した。彼は 1954 年に出版した「動機と人格」という本で、自己実現の欲求が最高レベルのモチベーションであると述べた。人間は生理・安全・愛・尊重の欲求が十分満たされると、自分の十分な自己実現も求めるとマズローは考えた。「人は自分がなることのできる限りの人になりたくて、人は自らの本性に従うものである。その欲求は自己実現の欲求と呼ばれている」[1]。マズローが自己実現欲求を設計した重要な意義は、人間が自らの人間性・人生価値への追求を成長・発展の目標にして、過

1　「アメリカ」マズロー『モチベーションとパーソナリティ』、113、53 ページ、華夏出版社、1987。

去の研究の難点を克服して、以前の雑然として狭い研究を補った。彼が
注目したのは日常生活の中での個別行為ではなく、発展の全過程と発展
の目標である。正統とされたフロイトが提唱した欲求選択理論の「これ
でなければあれである」という観点も修正して補った。上層の欲求と下
層の欲求が対立するという解釈を否定し、上層の欲求は下層の欲求のレ
ベルアップしたものとして、下層の欲求が発展した結果とした。彼は「欲
求と価値が関わりあって、人間が発展するにつれ、欲求もレベルアップ
する。欲求の階層は、強さと勢いによって決まる。通常では、食べ物が
一番強く求められる。それから、愛などの欲求と比べて、安全欲求が比
較的に優位に立ち、より強く切実に求められ、活力のある欲求である。
全ての欲求が自己実現を求める過程中の異なる段階と見なすことがで
き、自己実現に取りまとめられる」と論じた。

　もう一つは自己実現理論の欠陥で、主に自己実現の設計にある。彼は
特に優れた特徴を持つ人だけが自己実現できると考え、その特徴を次の
10項目にまとめた。

　①現実の明確な理解と迅速な把握

　②経験のオープン性

　③人格の高度な協調性と、全面性・統一性

　④高度の自発性・アピール性・効率と活力

　⑤本当の自分・十分な自己の受け入れ・自主性と独立性

　⑥高度な客観性・公正と自己超越

　⑦創造性の発現

　⑧具体性と抽象性の融合、認識をより深化させる能力

　⑨民主的な性格構造

　⑩人を愛する能力など

　マズローはまた「各宗教を人類の理想の体現と見なし、人々が追い求
める人生の体現と見なすと、自己実現も宗教と同じように人々の信念を
支えている。それは全ての人々が自己実現しようとしているからである」

と論じた。1962年、彼が『完璧な人間性』という本で更に「自己実現は、愛他的・献身的・社会的であるが、そのように説明すると誤解を招きやすい。そのため完璧な人間性という表現を使った」と論じた[1]。マズローが設計した自己実現理論の主な問題はその理論の個体性と神秘性である。その考えの要点は、格の統一が生きている人間の衝突の一つで、その人格の統一が十分な個性化と同一性を意味する……[2]。彼は内在する原動力という本能の役割と自らをレベルアップさせることを強調しすぎた。そのため、自己実現は利己的でなく献身的であることを繰り返し述べたが、「自己実現した者」は個という範囲から飛び出し、グループ性・社会性と結び付かなければ、自分を完成させられず、「自己実現」もできない。

　もちろん、マズローが自己実現理論をデザインした論理から考えると、論理的に献身的な社会実現欲求を導くことができる。一旦人間の奉仕精神の社会実現欲求を体現することができたら、自己実現より出でて自己実現より高い独立したレベルに達するのだ。

　アンケートの結果も社会実現欲求の重要性が十分に証明されたのは、表6-6、表6-7の平均値からも見いだせる。平均値はマズローが言い出した階層と専門家の採点を使って計算されたのである。最高階層を6点、最低階層を1点とした。結果は自らに対する採点であれ、他人に対する採点であれ、ずべての「文化大革命前」の得点が「改革開放後」の得点より高い。「文化大革命前」に対する採点は、高学歴組の自分に対する採点と他人に対する採点はそれぞれ4.40点と4.90点で、初等学歴組が自分につけた4.06点と他人つけた3.28点より高く、頭脳組が自分につけた4.00点と他人つけた4.02点は全て肉体組が自分つけた4.06点と他人につけた3.28点より高い。「文化大革命前」に対する比較的高い評

1　「アメリカ」マズロー『人類価値新論』、23 ～ 29 ページ、石家荘、河北人民出版社、1988。
2　同上

価と、第七章の「文化大革命前」の人格が「改革開放後」の人格より優れていたという選択が一致している。これは、人々が社会実現欲求の「文化大革命前」時期に果たした役割について懐かしんでいることを示している。

　人間は社会の中で生活し、社会教育を受け、また社会の中で他人を教え、社会化して社会に戻り、社会に奉仕している。そういうプロセスの中で個人の潜在力を発揮し、自己実現を果たしている。

第七章　修身（身の修め方）

　本章が「修身」をテーマにしたのは、人格と歴史人格、欲求と人生価値に対する選択を分析した上で、その社会的地位と人間関係に対する選択を変え、アンケートの結果の中で現れた修身の芸術を説明するからである。人生は芸術であるというのは、恐らく修身が芸術であることを言ったものであろう。人生には価値があり、芸術的であるが、修身はそれほど簡単ではない。

一、地位の選択を変える要因

　社会的地位を変える問題を巡って次のような質問を設計した。社会的地位を変える主なルートは何か。自分と周りの人にとって、実際の社会的地位を変えるルートは何か。（単項選択）才能（実力がある・勤勉に働くなど）、人間関係（良好な人間関係・人からの敬愛・友達の助けなど）、機会（運がいい・時機が到来するなど）、権勢（上司による抜擢・親の権力など）、金銭（財産があるなど）の五つの選択肢がある。

　（一）選択中の才能と権勢の「重み」
　アンケートの結果は両極端に分かれた。つまり、才能と権勢が選ばれた割合が高かった。それから、「理想（あるべき姿）」欄と「実際」欄での自分に対する選択結果は大体同じであったが、他人の「実際」欄での選択結果が「理想」での選択結果とは大きく異なり、ほとんど相反していた。（表 7-1、図 7-1 を参照）。

表 7-1　社会的地位を変える選択（％）

	理想	実際 自己	実際 他者	自一他差
才能	84.5	65.8	18.1	47.7
人間関係	5.3	9.7	12.1	－2.4
機会	2.8	7.2	8.6	－1.4
権勢	3.8	5.6	36.4	－30.8
金銭	1.8	3.4	8.7	－5.3
知らない	1.9	8.3	16.1	

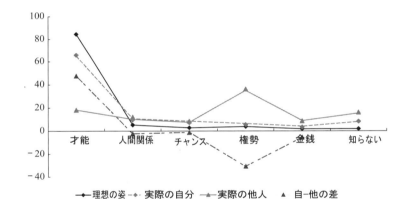

図 7-1　社会的地位を変える方法（％）

「理想」欄での選択結果

最高位にあったのは才能で、84.5％を占めた。自分が才能を発揮して、こつこつと仕事をすることで社会的地位を変えるべきであると考える人が一番多かった。

最低位にあるのは金銭で、1.8％を占めた。金銭を使って社会的地位を変えるべきだと考える人は極めて少なかった。

「実際」欄での選択結果を見てみる

才能の自－他の差が 47.7（％）で、一番大きい。

権勢の自－他の差が－ 30.8（％）で、その次にある。

金銭の自－他の差が－ 5.3（％）である。

これは才能と権勢がアンケートの選択肢の中で一番重要視されたことを示している。才能が生きる手段として、自分に対する正面から直接的に表現されたもので、権勢という生きる手段は他人への選択で、間接的に表現されたのである。

しかし、人間関係・機会・金銭での選択は逆に「理想」欄の比率＜「実際」の比率となっている。

それは人々が実際には考えるより人間関係・機会・金銭を多かれ少なかれ重視していたことを示している。そして、この三つの自－他の差は極めて小さく、特に人間関係と機会での自－他の差はさらに小さく、ほとんど無視できるほどである。それは人間関係と機会が生きていく手段として、自分と他人にとってほとんど同じであることを示している。

面白いのは、才能での選択は、「理想」＞「実際」であることだ。

また、権勢での選択は、「理想」＜「実際」である。

道理上、理想上、最も多く選ばれたのは才能であったが、実際にはそれは相当軽く見られていたことを示した。自己と他者の「実際の」平均選択割合率（42.0）は「理想の」選択（8.5）のわずか半分であった。権勢が実際に、現実的には非常に重く見られていた。実際に自分と他人の権勢が選ばれた割合は「理想の」選択の 10 倍を超え、現実には権勢が重視されていたことを示している。才能と権勢に対する選択の結果は数学の「重み」によく似ている。

数学では加重平均値を計算する際、「重み」は質においての重要性や重要さの程度に相当し、それを量的には係数として表す。そのような考え方で表 7-2 の中の社会的地位を変える選択をみると興味深い。5つのルートがそれぞれと一定の％を占め、その％が人々にとっての重要性・

「重み」と見なすことができる。「理想」欄で、「才能」の重みが首位で非常に大きく、「権勢」の重みが非常に少なかった。実際の自分の欄も同じ結果であった。しかし、「理想」欄と比べて、実際の「才能」の重みは約20％（0.2）下がり、「権勢」の重みが約2％（0.02）増えた。それに比べて、実際の他人の欄での「権勢」の重みは30〜40％増えて首位となり、「才能」の重みは著しく下がり、約60％下がった。表7-2の中の全ての組がそのようになった。

　この数値の偏りは法則性のある選択の結果である。一方では才能と権勢の重要性が場合によって異なることを示し、理想においては才能が重要であるが、現実には権勢が重要であることを示している。他方では、二者択一の場合に、才能の重みの下の幅が権勢よりはるかに大きく、理想な状態より約60％も下がった。権勢の重みは理想の状態から大幅に上昇し、30〜40％上がった。実際に権勢が果たした「係数」の役割は才能よりはるかに大きい。このような選択結果は、民間にある「権力があれば全てを手に入れられる」という観念が反映したのかもしれない。

（二）才能と権勢の選択は「相反しながらも相補的」

　才能と権勢の選択は対立しており、その二つを選択する際、その選択は重心が中央に位置せず、中央に位置すると、たちまちバランスを失う。表7-1の選択分布から見ると、「理想」欄と「実際」欄において、「自己」の才能だけが選ばれた割合が高く、左の上側にある。また、「実際」欄では「他人」の権勢だけが選ばれた割合が高く、右の下側にある。しかし、それはあくまでも選択の結果であり、この安定した結果の背後には、選択という人為的行為の動的な過程がある。全ての過程やシステムが存在し連携するのに欠かせない条件は、その統合性と相補性である。システムと過程の中の要素が補い合わないと一つに統合できない。従って、システム中には「理想－実際」「自－他」というような変量があり、二つの選択肢から一つが選ばれる場合は、選択の結果は必ず補い合うのであ

る。「物事は極まれば必ず逆方向に動き始める」という認識とヘーゲル
の「正・反・合」理論も同じ道理を言っている。社会的地位を変えるルー
トという選択の中で、才能と権勢が選ばれた結果が異なるように見える
が、その結果現れた意味は同じである。結果は相反しながら、相補的な
のである。

　表7-2、図7-2-1、図7-2-2を通してもっとはっきりと説明すること
ができる。

　第一に、全ての組の選択結果が似かよっていたところは、才能での選
択結果は自己＞他者である（ポジティブコントラスト）。権勢での選択
結果は自己＜他者である（インバースコントラスト）。

第二に、自分の才能に高い点数をつけた組は、他人の権勢に高い点数を
つけた。二つの項の自－他の差もやや高かった。

　04組は自分の才能を選んだのは73.6％で、自－他の差が52.4％であり、
他人の権勢を選んだのは36.3％で、自－他の差が30.9％である。

　高学歴組が自分の才能を選んだのは69.6％で、自－他の差は51.4％で
あり、他人の権勢を選んだのは48.4％で、自－他の差は46.4％である。

　頭脳組が自分の才能を選んだのは75.4％で、自－他の差は56.0％であ
り、他人の権勢を選んだのは46.8％で、自－他の差は40.2％である。

　以上の数字は年齢・学歴・職業で分けられたいくつかの組の中で、04組・
高学歴組・頭脳組が才能と権勢を最も重視していたことを示している。
この選択は表6-5の品格と権力が選択された結果に似かよっていた。年
齢・学歴・職業で分けられたいくつかの組の中で、04組・高学歴組・頭
脳組が品格と権勢をやや多く選択し、一番重視していた。それは才能と
権勢が補い合っていたことを明示している。

　第三に、自分の才能を選択した割合が比較的低かった組は二つに分け
ることができる。一つは初等学歴組と肉体組で、自分の才能を選択した
割合と他人の権勢を選択した割合が低く、自－他の差が小さい。

表 7-2　社会的地位を変える選択の組別表（％）

組別	理想					実際 自分					実際 他人					自－他の差				
	才能	魅力	機会	権勢	金銭	才能	魅力	機会	権勢	金銭	才能	魅力	機会	権勢	金銭	才能	魅力	機会	権勢	金銭
01	81.5	6.9	3.6	3.6	2.3	60.9	11.2	8.9	5.5	3.6	16.6	13.1	8.3	36.2	9.3	44.3	-1.9	0.6	-30.7	-5.7
02	87.3	3.2	2.2	5.2	1.2	69.0	9.3	5.5	6.0	5.0	20.6	10.7	9.9	36.0	9.4	48.4	-1.4	-4.4	-30.0	-4.4
03	87.3	4.5	2.1	2.7	0.3	73.6	6.2	5.1	6.8	1.4	21.2	9.6	8.6	36.3	7.9	52.4	-3.4	-3.5	-29.5	-6.5
04	84.8	5.6	1.5	3.5	3.0	66.7	9.1	5.6	5.1	3.5	17.8	13.7	5.1	36.0	7.6	48.9	-4.6	0.5	-30.9	-4.1
初	80.6	8.6	1.7	2.9	4.0	54.2	18.6	7.3	4.0	6.8	16.9	14.7	11.3	24.3	15.8	37.3	3.9	-4.0	-20.3	-9.0
中	82.6	6.8	2.7	4.0	2.0	65.4	10.6	7.7	5.7	4.2	17.2	13.5	8.6	32.2	10.3	48.2	-2.9	-0.9	-26.5	-6.1
高	89.6	2.0	2.7	3.9	0.5	69.6	5.3	6.5	6.3	1.4	18.2	8.5	8.0	48.4	4.1	51.4	-3.2	-1.5	-46.4	-2.7
肉体	79.2	7.9	3.1	4.4	3.2	59.2	14.2	8.7	4.0	6.0	18.6	14.3	9.3	25.2	12.1	40.6	-0.1	-0.6	-21.2	-6.1
頭脳	90.2	2.4	2.4	3.6	0.1	75.4	4.9	4.5	6.6	1.3	19.4	9.2	7.9	46.8	4.5	56.0	-4.3	3.4	-40.2	-3.2
接客	81.0	7.8	3.3	3.9	2.6	65.8	11.0	9.7	8.4	3.2	13.2	11.8	9.2	41.4	9.9	52.6	0.8	0.5	-33.0	-6.7
学生	86.7	4.2	3.0	-1.8	1.2	55.3	8.7	9.3	5.0	1.2	16.9	13.9	7.8	35.5	10.2	38.4	-5.2	1.5	-30.5	-9.0

中国民族性（第二部） 一九八〇年代、中国人の「自己認知」

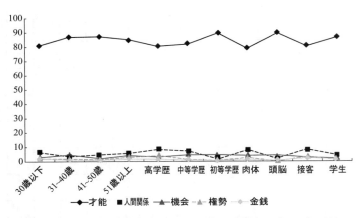

図 7-2-1　理想的な社会的地位を変える選択の組別表（%）

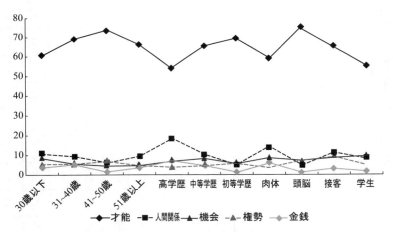

図 7-2-2　「実際の自分の」社会的地位を変える選択の組別表（%）

　つまり、初等学歴組では、自分の才能を選択したのは54.2%で、自－他の差が37.3%であり、他人の権勢を選択したのは24.3%で、自－他の差が20.3%である。

肉体組では、自分の才能を選択したのは59.2％で、自－他の差が40.6％であり、他人の権勢を選択したのは25.2％で、自－他の差が21.2％である。

以上の数字は初等学歴組と肉体組が他の組と比べて、才能と権勢をあまり重視していないことを示している。逆に自分と他人の人間関係と金銭を選択した割合は、他の組、特に高学歴組・頭脳組より高かった。初等学歴組と肉体組は、高学歴組と頭脳組より、人間関係と金銭を更に重視していることが分かった。

もう一つの選択が01組と学生組である。

01組は他人の人間関係を選択したのは13.1％で、自－他の差は1.9％であり、他人の権勢を選択したのは36.2％で、自－他の差は30.7％である。

学生組は他人の人間関係を選択したのは13.9％で、自－他の差は5.2％であり、他人の権勢を選んだのは35.5％で、自－他の差は30.5％である。

以上の数字について、30歳以下の青年学生たちは41～50歳の組・高学歴組と比べ、才能と権勢を重視していなかったが、初等学歴組・肉体組より権勢の役割をもっと重視し、高学歴組・頭脳組より人間関係を重視していることが示された。学生を含む若者たちの複雑な社会生活と修身に対する特有の敏感性を表している。

二、お互い様

社会的地位を変えるルートの選択というアンケートの設計後、良い人間関係を築く方法に関するアンケートを設計した。選択する方法は前と同様で、「良い人間関係（同僚・知り合い・友達・隣人との関係を含む）を築くために一番重視すべきことは何か」「実際に重視していたのは何か」という質問に対し、五つの選択肢から一つの答えを選ばせた。選択肢がそれぞれと「人の縁」（他人を思いやる・見返りを求めない・情と

理を重んじる・人の縁が良いなど）、「業績」（勤勉に働く・才能を伸ばす・業績があるなど）、「ムード」（社会のムードがいいなど）、調和（自らの修養を重んじる・世と争わない・人間関係を大事にする・仲を損ねない）、「お世辞」（おべっかをいう・人に好みを合わせる・互いに利用し合う、お互いに満足させ合うなど）である。

　（一）「人の縁」と「お世辞」の相補関係
　「理想」欄の選択の結果の中で、選ばれた割合の高さを順に並べてみると、最上位にあったのは「人の縁」で、割合は35.5%で、それから最下位にあったのは「お世辞」で、割合が3%だということがわかった。「実際」欄での自分に対する選択の中で、割合が一番高く、最上位にあったのも「人の縁」で、35.0%を占めた。他人に対する選択の中で、割合が一番高く、人の縁の対称をなしたのは「お世辞」で、45.4%を占めた。
　ここでは三つの現象を具体的に分析してみよう。
　一、「人の縁」と「業績」に対する選択には共通点と相違点がある。

表 7-3　　良い人間関係を築くための選択（％）

	理想	実際		
		自分	他人	自－他の差
人の縁	35.5	35.0	13.3	21.7
業績	34.6	30.6	7.9	22.7
ムード	18.9	3.0	3.3	－ 0.3
調和	5.9	23.5	18.3	5.2
お世辞	3.0	4.8	45.4	－ 40.6
わからない	2.1	3.1	11.7	

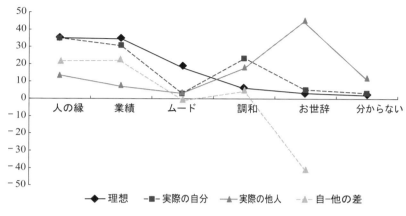

図 7-3　良い人間関係を築く方法（％）

　共通点として、「理想」と「実際の自分」割合が高く、「自－他の差」が比較的に大きい。しかし、「人の縁」の「理想」－「自己」の差＜「業績」の「理想」－「自己」の差である。つまり、実際の「業績」が選ばれた割合が低くなった。それは「人の縁」は理想な状態でも現実でも重視され、良い人間関係を築くための主なルートと認められたが、「業績」は現実ではそれほど重視されていなかったことを示した。

　二、「調和」と「お世辞」に対する選択は両方とも「理想」＜「実際」であったが、相違点もあった。

　「調和」では、「理想」＜自分で、自－他の差が 5.2％である。

　「お世辞」では、「理想」＜他人で、自－他の差が－ 40.6％である。

　それは「調和」が自分にとっても他人にとっても大差がなく、理想的な選択で一番重視されない「お世辞」が実際では一番重視され、良い人間関係を築くための重要なルートとされたことを示した。

　三、「ムード」に対する選択が異なる

　「ムード」では、「理想」＞「実際」で、自－他の差は 0.3％である。ここから人々が人間関係を築くために良い「ムード」を望んでいたが、

実際にはどうしようもないことがわかった。

　要するに、以上の５つの項目に対する選択の中で、「人の縁」と「お世辞」に対する選択がとても目立った。自分は「人の縁」を大事にしているが、他人は「お世辞」を大事にしていると多くが思っていた。また、自分はそれぞれ他人にとってみれば他人であり、他人はそれぞれ自分のなかでの印象である。他人の「お世辞」に対する高い選択割合は、実は自分では自分が見えなくて、他人の目で見ると自分のことが見えるという「鏡の中」で、みんなお互い様である。

（二）自－他の間
　表7-3の中の面白い選択結果は、「調和」に対する理想と現実の選択の間でのマイナスコントラストと自－他の差のプラスコントラストである。理想な状態では、「調和」の割合が低かったが、実際欄では均等に自分と他人の選択に分布している。相手や自分と他人の間で選ばれ合ったり、引かれあったりしている。では、表7-4から「調和」の自－他の間における地位と役割をさらに見てみる。（表7-4、図7-4 ～ 7-6を参照）

表 7-4　良い人間関係を築くための選択の組別表（%）

| 組別 | 理想 | | | | | 実際 | | | | | | | | | |
| | | | | | | 自分 | | | | | 他人 | | | | |
	人の縁	業績	ムード	調和	お世辞	人の縁	業績	ムード	調和	お世辞	人の縁	業績	ムード	調和	お世辞
01	38.7	32.0	17.7	5.9	3.5	35.1	27.9	3.5	24.8	5.1	13.7	7.5	2.8	17.0	45.9
02	32.2	37.2	18.8	7.0	3.3	30.4	35.2	2.0	22.9	7.0	13.5	9.4	3.1	19.4	43.1
03	27.7	41.1	20.5	6.5	2.7	30.3	37.4	3.4	22.1	4.1	13.6	8.5	5.4	18.7	44.6
04	38.9	30.8	20.7	5.1	1.5	49.2	21.6	3.0	23.1	1.5	10.2	6.6	3.0	21.3	47.7
初	37.7	32.6	12.0	7.4	6.9	41.2	20.3	4.5	16.4	14.1	13.0	9.6	2.3	16.4	45.2
中	35.1	35.7	17.6	6.2	3.4	34.1	31.4	3.6	23.0	4.5	11.8	8.3	4.2	16.9	46.0
高	35.1	33.9	23.4	5.2	1.0	34.9	32.3	1.9	25.9	2.2	15.9	6.7	2.4	21.2	44.4
肉体	36.7	33.5	16.1	6.8	5.2	35.9	27.0	3.3	22.3	8.1	12.1	8.7	3.8	17.3	44.4
頭脳	31.7	36.4	22.1	5.9	1.7	33.2	37.1	2.3	23.2	2.1	13.0	8.9	2.9	19.6	45.1
接客	35.9	35.9	18.3	7.2	2.0	38.1	27.7	1.9	24.5	4.5	12.7	4.0	1.3	13.3	60.7
学生	44.6	30.1	18.7	2.4	0.6	35.8	23.6	4.2	27.9	1.8	20.2	3.7	2.5	22.1	41.1

第七章　修身（身の修め方）　　197

　表 7-4 は各組が良い人間関係を築くためのルートを選択した結果である。年齢・学歴・職業の異なる人の「理想の選択」と「実際の他人に対する選択」は後で説明するが、ここでは「調和」が自－他の間で果たしていたバランスの役割を説明したい。

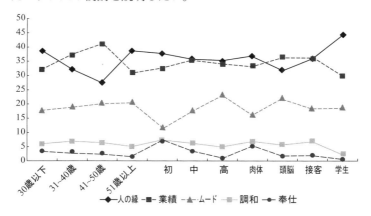

図 7-4　「理想的」な良い人間関係を築くための選択（%）

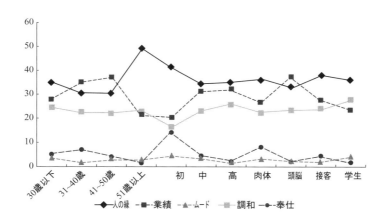

図 7-5　「実際に自分の」良い人間関係を築くための選択した（%）

一、「理想的な選択」を対照として、自一他の選択を比較してみると、三つの結果出てきた。

(1)「理想的な選択」に似た「自分に対する選択」が二つあり、その二つは割合の高かった「人の縁」と「業績」で、コントラストが非常に少なかった。

(2) 他人に対する選択結果の中で、「理想的な選択」と大きな違いがあったのは三つあり、それは高品格の「人の縁」と「業績」があれば、「理想」欄で選択された割合が低かった低品格の「お世辞」もある。高品格の項目で出てきたのがポジティブコントラストで、それは他人の「実際」が「理想」よりはるかに低かったことを意味する。低品格項で出てきたのがマイナスコントラストで、他人の「実際」が「理想」より高かったことを示した。

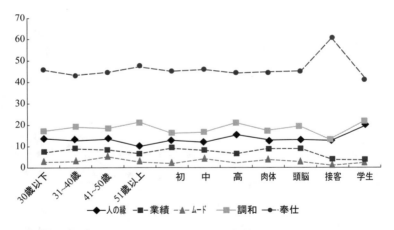

図 7-6 「実際の他人の」良い人間関係を築くための選択（％）

(3) 自分と他人に対する選択と大きな違いがあった「理想的な選択」は二つあり、一つが「理想的な選択」の3位になった「ムード」で、もう一つは割合の低かった「調和」である。そして、自分と他人に対する

「ムード」の選択割合は両方とも「理想的な選択」より低く、自分と他人に対する「調和」の選択割合は両方とも「理想的な選択」より高かった。

　二、自分に対する選択を対照として自－他の選択を比較してみると、また三つの結論が得られた。

　（1）「人の縁」「業績」という高品格の選択割合は他人より自分を選択した人が多かった。

　（2）「お世辞」という低品格の選択は、自分に対する選択が他人に対してより少なかった。

　（3）「ムード」と「調和」は、自分に対する選択は他人に対するのと比較的近かったが、若干の違いもあった。「ムード」の「理想的な割合」が「実際」より高く、「調和」の割合が逆で、「理想」が「実際」より少なかった。つまり、実際では「調和」が回答者に重視されていたことを示している。

　上述の比較を図に変えると、「調和」の選択の特徴がもっとはっきりとわかるであろう（図 7-7 を参照）。分かりやすく説明するために、図 7-3 と図 7-4 の学歴組の選択データを用いて図 7-7 を作った。図 7-7 の中の「ムード」と「調和」の自－他の差がわりと小さいが、「調和」の自－他選択の割合が両方とも「ムード」よりはるかに高かった。それは「調和」が実際に良い人間関係を築くために役目を果たした要素だということを示した。

　つまり、課題アンケートの設定にそのような選択肢を準備したのは、次の三つの意図があった。一つは「人の縁」と「業績」で人と付き合う際に「自ら始める」という自己を律する精神を示そうとした。二つ目は「調和」と「お世辞」で「人と付き合う」時の世渡りの哲学を表している。三つ目は「ムード」で人と付き合う時に「空気」のような「風」が果たした調和の役目を示そうとした。表 7-3 は以下のことを説明している。（1）1/3 に近い回答者が自律の精神を尊崇しており、自分が本当に自律していたことを高く評価した。「業績」が評価された程度は「人の縁」

より高かった。(2) 99%近くの回答者が媚びへつらうことを嫌がり、実際の他人の「お世辞」も見下していた。1/4 近くの回答者は実際に「調和」を重視し、1/5 近くの回答者は他人が「調和」を大切にしていたと考え、自分と他人の差は大きくない。(3) 1/5 近くの回答者は「ムード」が果たした役目を大事にすべきだと思ったが、99%の回答者が実際では自分も他人も「ムード」の役目を無視していたと思い、自－他の差はほとんどなかった。

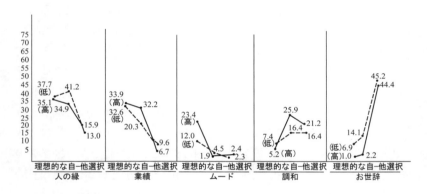

図 7-7　高学歴組と初等学歴組が良い人間関係を築くための選択の比較

　より自律を尊崇していて、自分を高く評価したのはどんな人か、より「お世辞」を嫌がって、他人を軽蔑していたのはどんな人か、実際に「調和」を大事にして、自－他の差が少なかったのはどんな人か、「ムード」を重視すべきだと思っていたのに実際無視していたのはどんな人か、その問題の答えは表 7-4 に示した。大体、「人の縁」が選択された割合と自－他の差は 51 歳以上の組・初等学歴組・肉体組が、中青年・高学歴者・頭脳労働者より高かったが、「業績」は逆で、後者が前者より高かった。中青年・高学歴者・頭脳労働者が「お世辞」を選んだ割合は更に低く、更に他人を見下していた。「調和」は、中青年・高学歴者・頭脳労働者は、

実際では「調和」を重んじていたことを示した。「ムード」は、中青年・高学歴者・頭脳労働者が「ムード」の役割を重視すべきだと思っていたが、実は重視していなかったことを示した。

このような選択の結果を受けて、社会の「ムード」の選択結果を更に分析しなければならないと考えた。「ムード」の役割を重視すべきだという選択は人々が良い「ムード」を望んだ結果だが、実は「ムード」を無視していたことを示した。そして、その素晴らしい希望を叶えたがっていたことも示した。

三、良いムードへの渇望

私たちの現実社会はムードに包まれているが、誰もが良いムードを切望しており、それを得るために努力している。この部分では、もう一つの側面から人々がどれほど良いムードを切望していたか、自分の力をどれほど信じて評価していたか、国民の素養を高めることにどう思っていたかを述べたい。

（一）金儲けより知識を求める（表7-5、図7-8を参照）

課題アンケートは、人々が金銭と知識を求めることに対する態度を考察するために、金儲けが社会の風潮になった状況でどの道を選ぶべきかという質問を設計した。

設問は、「金儲けが社会の風潮になったこの状況で、自分の子供・親戚・友人がどのような道を選んで欲しいか」という問いで、選択肢は四つあり、それぞれと①あまり勉強せずに早く金を稼ぐ（字が読めるだけでいい、早く金を稼いでほしい）②中等専門学校に入る（中等専門学校で専門技術を勉強するだけでいい）、③大学に入る（大学に入って高度人材になる）④勉強せずに金を稼ぐ（金儲けできれば、小学校にも入らない）である。

集計結果の表7-5の（T）を見てみる。首位は大学に入るという選択で、69.4%を占め2/3を超えた。次は中等専門学校に入る選択で、17.9%であった。つまり、金儲けが社会の風潮になったこの状況で、自分の子供・親戚・友人に勉強して欲しいとした回答者は90%を超えた。あまり勉強せずに早く金を稼ぐ・勉強せずに金を稼ぐことを選んだ回答者は7%にも満たない。これは、勉強に時間をかけず、あるいは勉強せずに金を稼ぐムードを人々が好んでいないことを示した。

表 7-5　金儲けが社会の風潮になったという状況での選択（%）

選択の内容	T	01	02	03	04	高
あまり勉強せずに早く金を稼ぐ	4.5	4.2	5.2	3.0	5.9	0.7
中等専門学校に入り技術を学ぶ	17.9	17.3	20.2	19.7	16.3	10.4
大学に入って昇進する	69.4	67.8	68.2	71.9	69.8	85.2
勉強せずに金を稼ぐ	1.7	2.3	0.7	1.3	1.5	0.2
わからない	6.5	8.4	5.7	4.1	6.5	3.5
Σ	100.0	100.0	100.0	100.0	100.0	100.0
選択の内容	中	初	肉体	頭脳	接客	学生
あんまり勉強せずに早く金を稼ぐ	5.3	12.0	8.0	0.9	7.1	2.0
中等専門学校に入り技術を学ぶ	22.3	22.3	22.9	12.9	17.9	15.9
大学に入って昇進する	62.5	59.3	60.5	78.7	66.5	73.1
勉強せずに金を稼ぐ	2.2	1.7	2.4	0.9	2.6	2.0
わからない	7.7	4.7	6.2	6.6	5.9	7.0
Σ	100.0	100.0	100.0	100.0	100.0	100.0

第七章　修身（身の修め方）　203

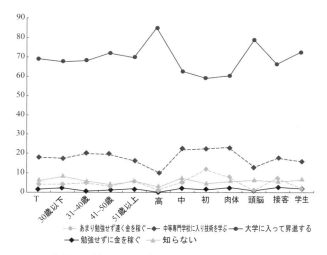

図 7-8　金儲けが社会の風潮になったという状況での選択（％）

　各組の選択を見ると、「中等専門学校に入り、技術を学ぶ」と「大学に入って昇進する」という二つの選択は、学歴差と職業差があった。
　「専門学校に入り、技術を学ぶ」を選択した人数は、高学歴組＜初等学歴組である。
　「大学に入って昇進する」を選択した人数は、高学歴組＞初等学歴組である。
　その選択は初等学歴組・肉体組は、子供が専門学校に入って技術を学ぶことをより重視し、高学歴組・頭脳組は、子供が大学に入って高度人材になることをより重視していたことを示している。また、初等学歴組・肉体組もほかの三つより、「大学に入って人材になる」を選んだ人が多かったことはその二組の回答者も子供に高等教育を受けてほしいことを示している。
　それから、中等学歴組・接客組の選択から学歴・業種と子供の教育の関係を考察することもできる。表 7-5 では、中等学歴組・接客組が中

等専門学校を選んだ割合が高学歴組と頭脳組より高かったが、大学を選んだ割合は高学歴組と頭脳組より低かった。ここでの接客組は81.9%の中等学歴者と10.3%の高学歴者と6.8%の初等学歴者からなっている（表7-6を参照）。中国は経済・科学技術・文化教育レベルが低かったため、大部分の高学歴者が頭脳組に集中して、頭脳組の75.7%を占めた。25.6%の中等学歴者も頭脳組に属している。逆に言うと、頭脳組の63.8%が高学歴者で、35.0%が中等学歴者であった。それによって、子供の教育の道に一番影響があるのは学歴で、学歴が高ければ高いほど、大学に入る確率が高く、学歴が低ければ低いほど、中等専門学校を選ぶ確率が高かったことが示された。

表 7-6　　年齢・学歴・業種の選択結果

序列 行（%） 列（%） 合計（%）	高	中	初	行合計	肉体	頭脳	接客	学生	行合計
	34.0	61.6	4.4		44.8	27.4	10.6	17.2	
01	48.8	33.6	20.7	48.6	31.0	32.8	57.9	96.6	48.2
	16.5	30.0	2.1		21.6	13.2	5.1	8.3	
	29.7	57.4	12.9		47.5	43.5	8.2	0.7	
02	20.3	23.8	29.3	23.2	26.2	25.2	21.7	2.0	23.3
	6.9	13.3	3.0		11.1	10.1	1.9	0.2	
	36.0	47.9	16.1		35.4	59.1	5.2	0.3	
03	17.9	14.4	26.4	16.3	14.1	24.7	9.9	0.7	16.9
	6.1	8.1	2.7		6.0	10.0	0.9	0.1	
	38.9	39.9	21.1		31.6	59.7	8.0	0.0	
04	13.0	8.1	23.6	11.4	8.8	17.3	10.5	0.0	11.7
	4.4	4.5	2.4		3.7	7.0	0.9	0.0	
合計	33.9	55.9	10.2	100.0	42.3	40.3	8.8	8.6	100.0

高		2.3	75.7	2.7	19.3	34.3
		2.0	63.8	10.3	69.7	
		0.8	25.9	0.9	6.6	
中		56.4	25.6	13.1	4.9	55.7
		76.6	35.0	81.9	29.1	
		31.4	14.2	7.3	2.3	
初		86.9	5.1	6.8	1.1	10.1
		21.4	1.3	7.7	1.2	
		8.8	0.5	0.7	0.1	
合計		41.0	40.7	8.9	9.5	100.0

（二）自信がある選択が自信のないものより多い

　前の金儲けより知識を選ぶという選択は人々が金儲けという社会の風潮への心理的抵抗を示したとするなら、自信がないとする選択より自信があるというこの部分の選択結果は、社会生活の主体がある程度の自己同一性と自分に対する要求を持つようになり、良いムードを形成拡大する主体的要素が現れたことを示している。（表 7-7、図 7-9 〜図 7-11 を参照）

　もちろん、良いムードの形成拡大は様々な要素と関わっている。その要素はそれぞれ、社会生活における道徳レベル、マスメディアの世論監督と誘導、社会の構成員の法令遵守の程度と法律執行の状況、科学的な政策決定と社会管理の能力とレベル、大多数の社会構成員の役割意識とその役割への熱意、生活の追求と趣味、社会が人々の物質生活・文化生活・精神生活の欲求をどのぐらい満足させられるか、社会構成員が自らの物質的・文化的・精神的条件をどれほど発揮できるか等である。それらの要素が牽制しあったり、相乗効果をもたらしたりすることによって、社会のムードが作られる。その総合作用の中では、各要素は孤立せず、ともに機能を果たすのである。

表 7-7　才能と自信の選択結果（%）

		5	3	1	0	− 1	− 3	− 5	平均値	標準偏差
自分	T	22.2	50.9	24.5	0.2	2.0	0.3	0.1	2.80	1.50
		5	3	1	0	− 1	− 3	− 5	平均値	標準偏差
他人	T	22.1	46.2	29.1	0.2	1.7	1.0	0.1	2.73	1.63
自分	01	19.6	44.2	23.0	0.1	2.2	1.8	0.6	2.43	1.88
	02	20.9	46.5	23.9	0.2	1.3	1.0	0.5	2.61	1.65
	03	17.7	45.5	25.7	0.3	1.0	0.7	0.3	2.46	1.69
	04	19.3	45.0	20.3	0.2	2.3	1.5	0.0	2.48	1.78
他人	01	12.6	25.8	18.0	0.4	3.5	1.3	0.2	1.50	1.90
	02	15.5	28.5	20.5	0.3	3.6	0.7	0.2	1.77	1.91
	03	12.7	33.4	19.0	0.2	1.8	2.0	0.0	1.75	1.87
	04	13.9	34.2	17.8	0.1	0.4	0.5	0.0	1.88	1.80
自分	高	22.1	53.9	20.9	0.3	2.6	0.2	0.0	2.90	1.49
	中	21.7	50.1	26.5	0.2	1.1	0.3	0.1	2.83	1.50
	初	26.8	46.3	24.2	0.2	1.8	0.7	0.0	2.93	1.62
他人	高	22.3	48.1	27.9	0.2	1.1	0.4	0.0	2.81	1.53
	中	20.9	46.5	30.0	0.3	1.3	1.0	0.0	2.70	1.59
	初	23.4	40.2	30.8	0.2	3.5	1.9	0.0	2.59	1.81
自分	肉体	22.9	48.8	26.5	0.3	0.8	0.5	0.2	2.84	1.56
	頭脳	21.6	51.9	23.1	0.2	2.8	0.3	0.0	2.83	1.53
	接客	20.5	52.3	25.0	0.2	2.1	0.0	0.0	2.82	1.47
	学生	21.1	55.8	21.8	0.2	1.2	0.0	0.0	2.94	1.37
他人	肉体	22.1	43.4	31.0	0.3	1.6	1.6	0.0	2.65	1.70
	頭脳	22.4	48.3	26.8	0.3	1.6	0.6	0.0	2.80	1.57
	接客	24.2	39.6	33.0	0.4	1.8	1.1	0.0	2.68	1.70
	学生	16.3	55.1	28.3	0.3	0.0	0.0	0.0	2.5	1.32

　本課題の研究で興味のある点は、その総合的作用やその総合作用を引き起こした要素及び相互関係ではなく、その総合作用の社会心理的側面である。例えば、人々が社会生活の環境をどう認知して評価するのか、それから自分の力をどれほど信じて、どう評価するのか、試練に耐える

能力などである。

　自分の力をどれほど信じて、どう評価するのかという問題に対し、課題は「どれほど自分の才能を信じるか」と「どれほど自分の才能を発揮できるか」という二つの問題を設計した。以下、その二つの質問を分析する。

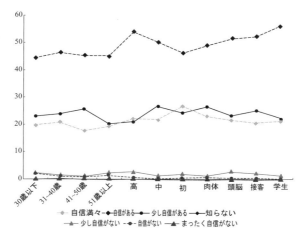

図 7-9　自分の才能を信じる程度（%）

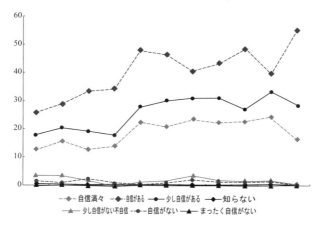

図 7-10　他人の才能を信じる程度（%）

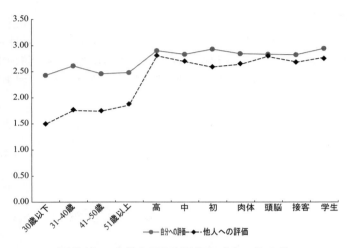

図 7-11　才能を信じる程度の「自－他の差」

　自分の才能を信じる程度についてのアンケート設計は以下のとおり。自分と自分の周りの人々の才能と能力についてどのくらい自信があるかという質問で、それぞれ 5 点、3 点、1 点、0 点、－3 点、－5 点の点数法で、それぞれと自信満々、自信がある、少し自信がある、わからない、少し自信がない、自信がない、非常に自信がないことに対応している。

　表 7-7 の集計（T）を見てみよう、自分に 5 点と 3 点をつけた人が T の 73.1（%）を占め、他人に 5 点と 3 点をつけた人が合わせて集計（T）の 68.3（%）を占めた。大多数の回答者は自分と他人は自信があると思っており、それは自分と他人に対する肯定的評価がほぼ同じ割合になると考えていた。しかし、点数（平均値）を見ると、自分の得点が 2.83 点で、他人が 2.73 点で、はやり少し差があった。

　表 7-7 によれば、初等学歴組と高学歴組、肉体組と頭脳組が自信の程度につけた点数を 01 組と 04 組の点数と比べると、二つの際立った特徴があった。

　（1）自分と他人の 5 点を得た選択は、

高学歴組＜初等学歴組で、頭脳組＜肉体組である。

自分と他人の3点を得た選択は、

高学歴組＞初等学歴組で、頭脳組＞肉体組である。

自分と他人の1点を得た選択は、

高学歴組＞初等学歴組で、頭脳組＞肉体組である。

得点の平均値は、高学歴組の2.90＜初等学歴組の2.93で、頭脳組の2.83＜肉体組の2.84である。

以上の結果から、初等学歴組・肉体組は高学歴組・頭脳組より自信があることが分かる。

しかし、初等学歴組・肉体組の選択は高学歴組・頭脳組よりやや大きな飛躍があった。それは、初等学歴組・肉体組は5点と1点のように極端な点数を得た比率が高学歴組・頭脳組より高かったことである。高学歴組・頭脳組の得点は均等で、3点に集中し、3点の比率が初等学歴組・肉体組より高かった。標準偏差を見てもそれをはっきりと分かる。高学歴組・頭脳組の標準偏差がそれぞれ1.49と1.53で、両方とも初等学歴組・肉体組の1.62と1.56より小さかった。

（2）－1点を得た比率と平均値の自－他の差は、

高学歴組＜初等学歴組で、頭脳組＜肉体組である。

これらの結果から高学歴組・頭脳組は自分の才能に自信がないことが示される。

（三）「仕方がない」と感じる

理想な人格と現実の人格の差異を生んだ原因を調べるために、アンケートの回答者にこのような差が生じた原因を答えてもらった。そのアンケートとして五つの選択肢を準備した。すなわち、「生活レベル」（生活レベルが低い・人格と素養を高める条件の不足）、「教育レベル」（お金があっても、教育不足から人格を培う重要性を意識していない）、「心境」（「文化大革命」が残したトラウマ・心境が良くない・向上心がない）、

「仕方がない」(良いことをしても見返りはない・正直者が損をする・よくなりたいがなれない)、「伝統」(何千年前から受け継がれてきた伝統文化の人の素養への影響)である。(表7-8、図7-12参照)

表 7-8　現実の人格と素養の差異を引き起こした主な原因(%)

	T	年齢組 01	02	03	04	学歴組 高	中	初	職業組 肉体	頭脳	接客	学生
生活レベル	13.4	13.9	14.0	11.6	12.6	15.2	12.8	12.5	13.6	13.2	13.7	13.2
教育レベル	17.5	18.2	19.1	19.5	18.3	22.8	15.1	13.7	14.3	20.8	12.9	22.3
心境	10.1	11.0	10.9	12.9	14.6	10.3	13.0	9.1	12.4	12.2	7.8	9.6
仕方がない	42.0	39.8	43.2	41.2	44.7	32.4	46.4	51.2	47.2	36.8	54.2	39.3
伝統	9.9	15.1	8.0	13.4	7.8	15.6	7.2	6.1	6.1	13.5	6.7	15.6
ほか	7.1	2.0	4.8	1.4	2.0	3.7	5.5	7.4	6.4	3.5	4.7	0.0

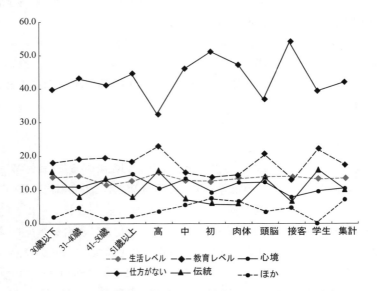

図 7-12　実際の素養の差を引き起こした主な原因(%)

第七章　修身（身の修め方）　211

　表7-8の総体欄（T）を見ると、1/3以上の回答者が「仕方がない」（42.0%）を選んだ。その次は「教育レベル」で、17.5%を占め、それから「生活レベル」（13.4%）と「心境」（10.1%）で、最後は「伝統」（9.9%）である。

　ここではまず「生活レベル」と「心境」はさておき、「仕方がない」を外的要因にし、つまり主体の客体に対する情緒状況の規定である。「教育レベル」と「伝統」を内的原因にして、主体自身の「教育レベル」を表した。この三つの原因をそれぞれと外的原因と内的原因に分けると、人々は外的原因に因ることがやや多いことが明らかになった。

　組別の選択を見ると、三つの面白い心理現象があった。

　（1）04組・初等学歴組・肉体組は外的原因とした人が多かった。その三つの組が選んだ主な原因は「環境」であった。「環境」の中で無力感を感じ、それと同時に、あまり「教育レベル」と「伝統」を原因としなかった。

　03組・高学歴組・頭脳組では内的原因を選んだ人が多かった。その三つの組は主に「教育」と「伝統」を原因にした。自分の「教育レベル」と「伝統」が無自覚の内に与える影響に注目していた。

　同じ年齢の01組と学生組の回答者は伝統の影響も十分重視した。しかし、01組の「教育」への重視の程度は学生組より低かった。

　表7-6の中で、01組の中の31歳以下の回答者は、高学歴者が34.0%を占め、中等学歴者は61.6%と大部分を占めた。頭脳労働者が27.4%、肉体労働者が44.8%と多く、学生は17.2%を占めた。そこから、学歴と職業が選択に大きく影響したことがわかった。接客組が「教育」と「伝統」を選択した割合が低かったことと「仕方がない」を選択した割合が高かったことも、外的原因に起因する傾向を示した。接客組の中で、高学歴者が10.3%を占め、中等学歴者が大部分で81.9%を占めた。それはまた、高学歴者と頭脳者の内的原因に起因する傾向があることを表した。

　（2）上述の原因帰属の現象の中には明らかな自己防衛の傾向が含まれ

ていた。認知の過程で、人々は脅威あるいは認知の主体の自尊心・栄誉・外観などの外的な要素を脅かす可能性のあるものを回避する傾向がある。回避的表現は抑圧・否認・空想・逃避などのネガティブな心理状態である。このような人が自己防衛の研究と態度研究の中で「抑圧者」と呼ばれていた。それと相反する人が「敏感者」と呼ばれ、「敏感者」の心理状態は投射・合理化・正視などのポジティブな状態である。

　アンケート結果に現れた自己防衛の心理現象は、初等学歴組と肉体組が「教育レベル」と「伝統」に対する選択割合の低さによく表れていた。中国は生産性が低く、科学技術レベルも低かったため、長期にわたり、高学歴者と初等学歴者、頭脳労働者と肉体労働者の間での差が大きかった。それから、大多数の高学歴者が頭脳労働をしており、明らかな差から引き起こされた「ただ知識人のみが崇く、それ以外は全て卑しい」というイメージがいまだに人々に影響していて、読書・勉学が個人・家族の光栄の象徴となっている。「地獄の沙汰も金次第」という風潮が流行った時でも、全国を回って商売していた青年たちが毅然と学校に入って勉強することも珍しくはなかった。これから述べることは筆者が直接見聞きしたことである。ある年収が1万元を超えた、アパレル産業の工場を経営している（個人経営者の）青年が、ある大学教員と話をしていた時、お金で先生の地位と尊厳を買いたいと言った。彼は学歴を意識して、自分の教育不足を感じ、学歴を買って自分を守ろうとしたのだ。彼の人格・素養と教育レベルの関係を議論する場合も、教育レベルが低いということから自分を守ろうとするのも想像できる。それが自己防御への帰属、あるいは自己防御型の帰属原因である。その原因の帰属が前の外的要因への帰属と関わっていたのである。つまり、自分の素養が比較的に悪いことを外的原因に起因することによって、内的原因を回避するのである。

　伝統に対する選択結果も上述のような自己防御の傾向があった。伝統とは、深く蓄積されて、代々受け継がれてきた行為や考え方などの生活スタイルで、それには法則性があり、惰性もある。それは無自覚のうち

に慣れて当たり前になっているものである。都市と比べて農村では伝統の影響が根深い。農村と大家族が伝統の本拠である。中国の都市と農村の差と、頭脳労働者と肉体労働者の差、学歴の差が大きい。農村では伝統的なものが多く、肉体労働者と文化レベルが低い人も伝統的なものを重視している。問題になったのは伝統的なものの多寡ではなく、農村出身の人、肉体労働者と文化レベルの低い人がいつも野暮だと思われるのが問題である。農村出身者・肉体労働者・文化レベルの低い人も「垢抜けていない」ことに自ら甘んじていた。しかし、近年「改革」後、農村の青年たちが都市へ出て働いて大学に入ったあと、非常に速いスピードで自分の外見を変え、「田舎臭さ」に別れを告げる。実は、伝統とは民族文化が選別されてきた結果で、それが立脚し存続する歴史的な原因と価値があり、民族精神と民族の精華も含んでいる。歴史が進展するにつれて、人々はある行為、考え方が必要でなくなったり、好きではなくなったりしたら、それを捨ててしまう。人々の価値選択と文化選択が近代の科学技術と知識が発展するにつれて、変わりつつある。同様に、近代化が発展するにつれ、伝統の価値をより適切に評価・選択するようになり、伝統の優秀な部分をより科学的に抽出することは、需要により即しているし、社会生活の協調と社会の管理により有益であり、近代化の発展により貢献できる。その意味においては、伝統がどのような人に受け継がれてきたのかが問題なのではなく、伝統の中の優れた部分と劣った部分の多寡と伝統の影響の意識程度、認知程度が問題である。その面では、初等学歴者と肉体労働者、高等学歴者と頭脳労働者の皆が貴重で優秀な伝統を引き継いだが、悪い伝統的な習慣をも引きい継いた。だだし、長い間で優秀な伝統の役目がうまく発揮できなかった。それは低い生産性・近代科学技術文化教育レベル、不穏な社会生活に関わりがある一方、伝統的な環境の中で生活している人が伝統を正確に認識せず、合理的に表現しなかったことにも関わっている。一部の優れた伝統が悪習と認識され、悪習が混乱の中で氾濫して歴史の汚点となった。その面から見ると、

本研究のアンケートで伝統に対する選択には、歴史の負の作用への認識も含まれる。伝統に対する低い選択割合が、伝統の役割をあまり意識せず、選択時にそれを回避する自己防御的な心理傾向を示した。

（3）もう一つの興味深い心理現象は回答者が「仕方がない」と選択した中で、社会生活に対して、仕方がないという態度と心理状態が現れた点である。「仕方がない」の選択割合は予期を上回り、例えば、恐れを知らない若い、青年組・01組・学生組でも、「仕方がない」を選んだ人は39％にも達した。相互作用論と情動感染原則によれば、それは比較的広範な相互作用・感染である。特に04組・初等学歴組・肉体組においては、その心理現象は特に目立っている。

本章の前の二つの部分では、回答者は良好な社会ムードを求める願望と公正さを追い求める態度を示したことを見た。しかし、願望と行為の間で、それら態度と行為の間には社会生活の境地を規定するという仲介のようなところがある。境遇を規定することは人々が自分・他人の過去の経験と自分の行為結果への期待し、生活環境に対して主観的であることである。その規定は実は人々の環境に対するある種の認識であり、あるいは環境に与える意味であるから、行為を構成する認知的成分である。環境をどのように規定し、どのような意味を与えるかは、主体の生活経験と切り離せられない。経験は生活を感じ・体験して判断した上で得たものである。生活に対する受けとめ方・体験・判断が異なれば、規定された境地も与えられた意味も異なる。このような感受などの主体的な体験が多くて深ければ、境地の規定もさらに固定・成形される。筆者と教えた大学院生が1988年の夏休みに、他所の土地の観光名所で目にした出来事を思い出す。そこの職員と一緒に作業をしていた時、現場の観光客が多すぎて、非常に忙しかったため、ある素朴・実直で、多くの苦しみや困難を経てきたような年長者が癇癪を起こした。観光客が離れた後、彼が筆者に言った言葉は今でも忘れられない。「先生は分からないかもしれませんが、今の人は悪くなりましたよ。私も同じです。悪くならな

第七章　修身（身の修め方）　215

いとならないのです。」その話を聞き、本当に気が塞いだ。ここ数年、インテリもそう思うようになってきたと聞いたが、おとなしくてはいけないことを意識したようである。「おとなしくしていると損をする」から、おとなしい人もおとなしくなくなったのだ。

　今の中国が「おとなしいと損をする」社会であるという既成事実を認めざるを得ないが、「おとなしいならば損をする」というのは真理ではない。今の人々はその真理ではない事実を信じていることが深刻な問題である。それを「信じること」が紛れもない事実となっているのである。

　それゆえ、おとなしい人が良い品位・性質を発揮できる環境を作ることが大事である。環境あるいはムードは人に影響を与えることができる。一定の環境やムードの中で薫陶を受け・慣らされ・勉強して人間は品格を身につけるのである。「人の初め、性の本は善なり」あるいは「人の初め、性の本は悪なり」という言い方は道理に合わず、人類の歴史とも言えない。同じように、「善行には悪い報いがあり」あるいは「悪行には悪い報いがない」という言い方も論理的ではなく、歴史事実でもない。しかし、社会のムードが悪くて賞罰が明白でなければ、「正は邪に勝たず」ということも起こりうる。社会心理学がムードの研究を重んずるのはムードが心理的効果を発揮できるからである。

　また、人間は環境をコントロールして改造することもできる。境遇を規定することは、環境が人々に与える条件と人々が環境の中で積んだ経験を除けば、環境に対する自信と自信に基づいて生じる行動の結果への期待となる。期待しすぎると、現実から乖離し、大きな心理的ギャップが現れ、がっかりして退くかもしれない。かといって、あまり期待しなければ、生活から離れるので、激励されずに行き当たりばったりの日々を過ごし、大勢に従うようになってしまう。適度な期待は、激励と努力によって得られる。その面から見ると、「仕方がない」の高い選択割合が、他の仕事や才能などの選択肢の低い選択割合と一致しており、同様に、「仕方がない」の低い選択割合が他の仕事や才能などの選択肢への高い

選択割合とも一致していた。

　ここに至ると、「仕方がない」を大体描写することができる。「仕方がない」が生活態度であり、認知であり、原因帰属でもある。それは原因帰属と認知、期待と態度の総合的な過程の中で現れた生活の哲学である。それは責任を帰属するという原因帰属で、自尊心を利する内的原因と自尊心を損なう内的原因、賞罰明白な外的原因と賞罰不明な内的原因という両立する原因があった時に、「仕方がない」と感じる原が外的・自己防御型・大衆迎合型になる。そして、認知モデルすれば、それは調和の取れていない認知モデルであり、主に個人と環境、自分と他人の人間関係で調和が崩れ、個人内部の失望と期待の調和が崩れており、自信と無力感の衝突を表している。また、ある種の態度として見れば、フラストレーションを回避・抑圧することを表し、手段が足りずに、目標を諦めることである。それは消極であり軽蔑でもある。有能な人の無能と無能の人の有能が混じった性格である。

　本研究の研究者として、このような結果を見ると実に気が重い。本研究の責任者として、これらの結果が生活における呼び水となり、未来へ進む力となることを望んでいる。

第八章　世の中喜怒哀楽　　217

第八章　世の中喜怒哀楽

　前章まででは、モチベーション・認知・態度・自己意識などの心理過程に重点を置いて考察したが、本章では感情と感情を表す特徴を詳しく述べたい。

一、何で苦しみ、楽しむか

　課題のアンケートは、喜怒哀楽の感情の原因を調べるために、アンケート中に対をなす質問項目を設計した）。一つはいつもどのようなことで悩んだり心配したりしていたかであり、もう一つはいつ幸せと喜びを感じたかである。一つ目の問題の選択肢は、収入（低収入・生活困難・過疲）、家族（家庭の不和・婚姻の破綻・子供の問題など）、気風（社会の不正の気風・帰属感の欠如）、理解（他人に理解されない）、仕事（仕事の不調・自分の専門分野を生かせない）などがある。もう一つの問題の選択肢には、収入（収入の増化・生活の向上）、家族（家族が睦まじい・円満な婚姻・子供の大成）、地位（社会的地位にある・社会的地位の向上）、尊敬（周りに尊敬されている）、仕事（仕事の成果が上がった）などがある。

　（一）理解に関する苦しみ
　まず全体的に見てみよう、最も多く選択されたのは理解されないという項目で（25.9％）、次は気風（社会の気風の不正・帰属感の欠如）で（22.8％）、その後に家族（15.7％）と仕事（15.2％）で、最後は収入（6.8％）が続いた。（図 8-1 を参照）
　理解されない苦しみの項目の選択結果に関するグループごとの比較結果は 01 組＞ 04 組、高学歴組＞初等学歴組、頭脳組＞肉体組であった。

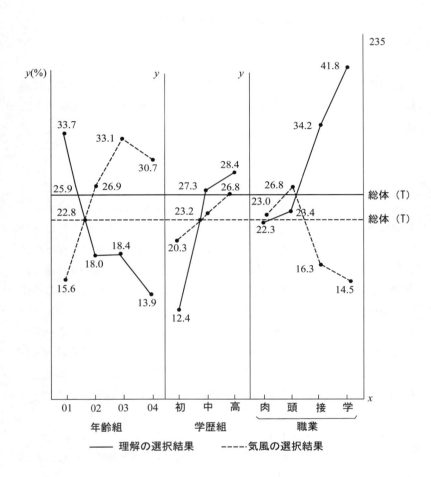

図 8-1　理解されない苦しみを選んだ組別表

結果は年長者と若者、高学歴者と低学歴者、頭脳労働者と肉体労働者の間には理解されないことに対する選択には大きな相違があり、30歳以下の若者と高学歴組と学生たちが理解されないことに関して最も苦しんでいることが示された。

サービス組が理解されないことを選択した割合も高く34.2（％）を占めた。それはサービス業に従事する人たちが、平凡かつ煩雑で重要な仕事をしているときに理解されないことに非常に悩んでいることを示している。

しかし、01組・学生組・サービス組では、気風の項目を選んだ回答者が特に少なかった。それは01組・学生組・サービス組は他の組より社会的気風を重視していないことを示している。

（二）家庭を楽しむ

全体的に見ると、家族の項目を選択した回答者が一番多く（38.7%）、次は仕事の項目（20.3%）であり、それから項目順に収入（16.3%）、尊敬（12.3%）、地位（5.3%）と続いていた。（図8-2を参照）

家族の項目に関しての高い割合での選択は、収入の項目の低い選択割合と二番目の設問での家族の項目と収入の項目の低い割合がすぐも思い浮かぶであろう。どのようなことで苦しんでいるのかという問いの答えは、家族の項目を選択した回答者が全体の15.7%を占め、収入の項目を選択した回答者が6.8%であった。回答者が家族の円満と精神的豊かさをもっと重んじており、収入の多寡と生活のレベルの高低をあまり気にしていなかったことが示された。

年齢組、学歴組と職業組の選択結果には二つ面白い現象がみられた。

一、家族の項目の選択は、家族と一緒に過ごすことを楽しんでいた選択肢を選択した回答者は、家族関係で苦しんでいたとする選択肢を選んだ回答者より遥かに多かった。また、家族の項目を選択した回答者も比較的多かった。ただし、「楽」の選択結果と「苦」の選択結果はほぼ反

比例の関係を示した。つまり、03組・初等学歴組・肉体組は、家族関係に苦しむという選択肢を選んだ回答者が02組・高学歴組・頭脳組より少なかった。また、02組・高学歴組・頭脳組では、家族と楽しんでいることを選んだ回答者が03組・初等学歴組・肉体組より多かった。家族のメンバーとの関係と安らかな家族環境が年齢・学歴・職業と関係があることが示された。

　二、収入の項目の選択は、収入に満足するという選択は家族と楽しむという選択とほぼ正比例であった。前と同じように、03組・初等学歴組・肉体組で収入に満足することを選択した回答者は、02組・高学歴組・頭脳組より多かった。ただし、02組・高学歴組・頭脳組が選択した「収入を楽しむ」項の頻度と「収入を苦しむ」項の頻度の比率は、03組・初等学歴組・肉体組よりやや低かった。つまり、青年は中年より、高学歴者は低学歴者より、頭脳労働者は肉体労働者よりも収入に関して苦しんでいた。

　要するに、図8-2の家族関係を楽しむという選択と家族関係に苦しんでいるという選択、収入に満足しているという選択と収入に苦しんでいるという選択を比較すると、回答者の中の中年者・低学歴者・肉体労働者は、青年・高学歴者・頭脳労働者よりも更に家族を重んじており、家族関係に苦しんでいたことを選択した比率も02組・高学歴組・頭脳組より高かった。02組・高学歴組・頭脳組が「楽」と「苦」を選択した割合は03組・初等学歴組・肉体組より低かったが、家族関係を楽しむことを選択した比率は02組・高学歴組・頭脳組より高かった。逆に、03組・初等学歴組・肉体組は収入に満足ことを選んだ者が多少02組・高学歴組・頭脳組を選択したものより頻度が高かったものの、収入に苦しんでいることを選んだ比率が青年・高学歴者・頭脳労働者の選択より低かった。02組・高学歴組・頭脳組は収入について更に苦しんでいたが、家族と楽しみ、円満な家族関係を重んじていることがわかった。

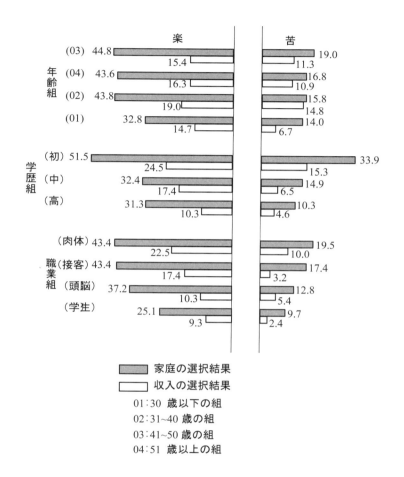

図 8-2 「家庭を楽しむこと」に関する組別比較（％）

（三）追求と無関心

「何を楽しんでいたか」への問いには、仕事と答えた回答者は 20.3%を占め、家族に次ぐ。尊敬を選んだ回答者は 12.3%で、地位を選んだ回答者はわずか 5.3%しかいなかった。（表 8-1、図 8-3、図 8-4 参照）。

その三つの選択結果を「何に苦しんでいたか」への問いの選択肢の仕事・理解・気風のそれぞれの項目と比べると、回答者の仕事への重視と地位への無関心が明瞭に見て取れる。そのため、「何を楽しんでいたか」と「何に苦しんでいたか」への答えを表にして比較して分析してみる。

　（1）表8-1の（上）（下）、全体（T）の前の二項を比較してみると、「地位・尊敬を楽しむ＜気風・理解に苦しむ」となる。

　それは地位を高めることを選択した人が少なく、悪い気風に苦しんでいることを選択した人が多いことと、尊敬されることを選択した人が少なく、理解されずに苦しんでいることを選択した人が多かったことが示されている。以前、理解されずに苦しんでいることと悪い気風に苦しむこととに密接な関係があるのを見たが、社会の気風に苦しむことが、理解されず苦しむことの背景にあるということである。そのため、理解と気風を選択した回答者が多かったことも納得できる。ここの地位と尊敬の低い頻度と気風と理解の高い頻度の間にも対応関係がある。つまり、悪い気風に苦しむ人が多いことと、地位を高めたい人が少ないこととの間に対応関係があり、理解されずに苦しむ人が多いことと尊敬されたい人が少ないことは、人々の地位や尊敬に対する冷めた見方を示している。

表 8-1　「何を楽しんでいたか」と「何に苦しんでいたか」の選択比較（％）

（上）		T	01	02	03	04	初	中	高	肉体	頭脳	接客	学生
何を楽しんでいたか	地位	4.9	6.1	3.4	4.7	7.5	4.4	4.3	7.5	4.5	6.5	3.3	5.4
	尊敬	12.3	14.9	7.9	9.4	9.9	5.5	12.5	13.5	11.1	11.3	17.3	16.4
	仕事	20.3	20.0	18.2	20.7	21.3	5.3	18.3	29.5	12.1	28.5	12.4	30.4
	家族	38.7	32.8	43.8	44.8	43.6	51.5	32.4	31.3	43.4	37.2	43.4	25.1
	収入	16.3	14.7	19.0	15.4	16.3	24.5	17.4	10.3	22.5	10.3	17.4	9.3
	ほか	7.5	11.5	7.7	5.0	6.4	8.8	15.1	7.9	6.4	7.2	6.2	13.4

（下）		T	01	02	03	04	初	中	高	肉体	頭脳	接客	学生
何に苦しんでいたか	気風	22.8	15.6	26.9	33.1	30.7	20.9	23.2	26.8	23.0	26.8	16.8	14.5
	理解	25.9	33.7	18.0	18.4	13.9	12.4	27.3	28.4	22.3	23.4	34.2	41.8
	仕事	15.2	15.8	15.8	11.4	15.3	4.0	16.4	17.1	14.0	17.7	18.7	7.9
	家族	15.7	14.0	15.8	19.0	16.8	33.9	14.9	10.3	19.5	12.8	17.4	9.7
	収入	6.8	6.7	14.8	11.3	10.9	15.3	6.5	4.6	10.0	5.4	3.2	2.4
	ほか	13.6	14.2	8.7	6.8	12.4	13.5	11.7	12.8	15.5	13.9	9.7	13.7

（2）表8-1（上）（下）、全体（T）の仕事の選択結果を比較すると、「仕事を楽しんでいる」＞「仕事に苦しんでいる」となった。

これは仕事を楽しんでいる人が仕事に苦しんでいる人よりやや多いことを示している。仕事には楽も苦もあるのだが、全体的に見ると、楽しさが苦しさより多い。楽しさには仕事へ追求や、自己実現の希望も含んでいるのである。

（3）組別に比較してみる

地位・尊敬を楽しむ　高学歴組・頭脳組＞初等学歴組・肉体組

気風・理解に苦しむ　高学歴組、頭脳組＞初等学歴組、肉体組

尊敬を楽しみ・理解に苦しむ　サービス組、学生組＞頭脳組

このような選択は、地位・尊敬・気風・理解のような社会生活と人間関係と関係がある項目では、「楽」と「苦」に対する選択は対応していることを示している。つまり、気風と理解に苦しんでいることと、地位と尊敬に満足していることを選択した人が多いことは一致していたのだ。ここから、気風と理解に苦しむということのもう一つの側面は、得るべき社会的地位と尊敬を得たいという心理であることが分かる。

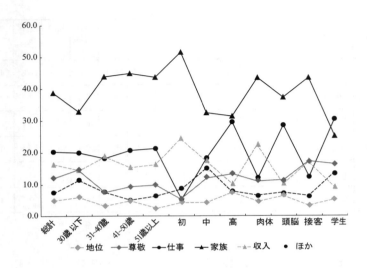

図 8-3 何を楽しんでいたかの選択（％）

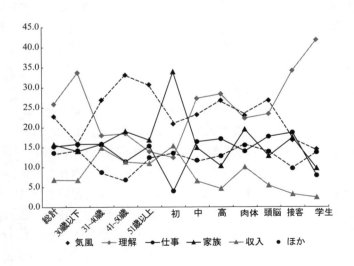

図 8-4 何に苦しんでいたかの選択（％）

年齢組・学歴組・職業組の選択の結果をまとめてみると、仕事を楽しんでいる人が仕事を苦にしている人より多かったことがわかる。特に人生の目標が定まるようになった03組と教育レベルが高く現代的な仕事をしている高学歴組・頭脳組では、仕事を楽しむ人が仕事を苦にしていた人より多く、仕事に対する意識が更に強い。

二、喜怒哀楽を誰に訴えるか

　この部分では特別な質問を設計した。つまり、異なる場合に誰に最も心情を吐露したいのかという質問と、逆に誰に一番言いたくないのかという質問である。その目的は、それら各側面の答えを分析することにより、回答者の気持ちの特徴とその背後にある心理的距離と人間関係を知ることである。

　アンケートは四つの設問からなり、一つの設問に対して二通りの質問をする。そして、六つの対象からそれぞれと一つを選ばせた。設問は①「悩みがあるとき、誰に最も言いたいか。誰に最も知られたくないか」、②「楽しいことがあるとき、誰に最も言いたいか。誰に最も知られたくないか」、③「困ったことや、痛みがあるとき、誰に最も言いたいか。誰に最も知られたくないか」、④「自分のミスで危ない目にあったり、辛いことがあったりしたとき、誰に最も言いたいか。誰に最も知られたくないか」である。選ばれる六つの対象は両親・上司・友達・兄弟姉妹・先生・夫（妻）である。

　（一）両親は良い事だけ言い、悪い事を報告しない
　表8-2、図8-5~図8-13を見ると、悩み・痛み・リスクがあるときに一番言いたくない相手は両親であることがわかる。特に悩みやリスクがある場合、両親に言いたくないと選択した回答者は1/3を超えた。悩みがあるとき、親と悩みを分ち合うことは一番嫌がられていることが示さ

れた。逆に楽しいことがあるとき、両親に言いたいという回答者は 1/4 を超え、親と一緒に喜びを分かちあう傾向を示した。

表 8-2　一番言いたい人と一番言いたくない人（%）

（一番言いたい人を✓で表して、言いたくない人を×で表した）

話し相手	悩み ✓	悩み ×	喜び ✓	喜び ×	痛み ✓	痛み ×	リスク ✓	リスク ×
両親	10.6	34.2	23.2	4.9	13.3	29.3	12.4	37.3
上司	2.3	31.2	1.1	49.7	14.5	22.9	12.0	17.2
友達	41.2	5.9	30.0	4.9	29.6	10.3	28.7	6.4
兄弟姉妹	4.0	4.3	5.9	4.1	5.7	9.5	5.2	4.5
先生	0.9	3.9	0.5	5.2	1.5	3.9	1.9	2.9
夫（妻）	28.1	6.9	35.7	1.9	22.8	7.8	23.9	16.3
ほか	12.9	13.6	3.6	29.3	12.6	16.5	15.8	15.5

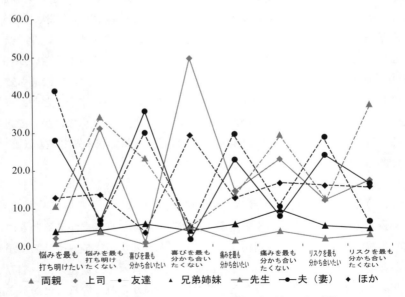

図 8-5　一番言いたい人と一番言いたくない人（%）

第八章　世の中喜怒哀楽　227

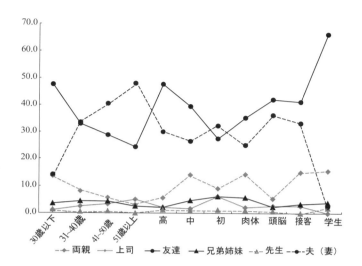

図 8-6　悩みがあったとき、一番言いたい相手（%）

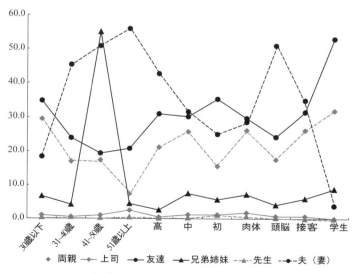

図 8-7　喜びがあったとき、一番言いたい相手（%）

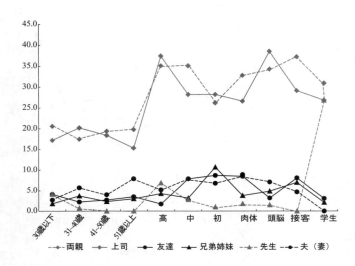

図 8-8　悩みがあったとき、一番言いたくない相手（％）

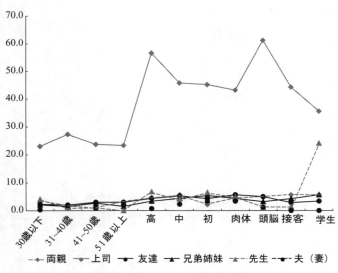

図 8-9　喜びがあったとき、一番言いたくない相手（％）

第八章　世の中喜怒哀楽 | 229

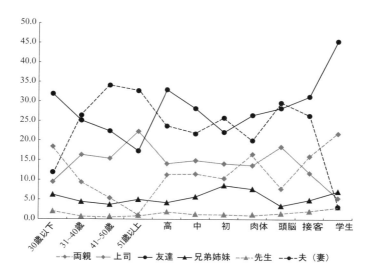

図 8-10　痛みがあったとき、一番言いたい相手（%）

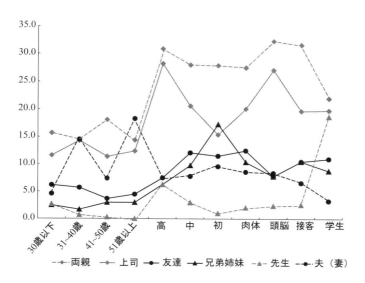

図 8-11　リスクがあったとき、一番言いたい相手（%）

中国民族性（第二部）　一九八〇年代、中国人の「自己認知」

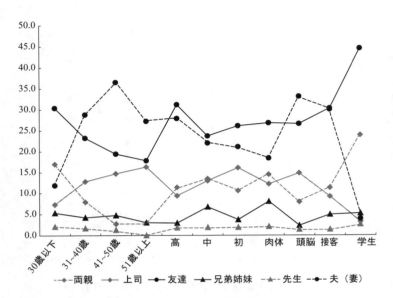

図 8-12　痛みがあったとき、一番言いたくない相手（%）

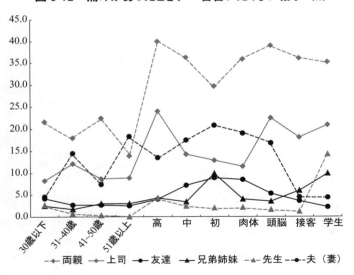

図 8-13　リスクがあったとき、一番言いたくない相手（%）

図 8-3、図 8-5 〜図 8-13 から、最も悩み・痛み・リスクを言いたくない相手が両親であるのは、03 組 59.9（300％）・高学歴組 106.0（300％）・頭脳組 105.6（300％）であるということがわかった。

表 8-3 から、自分の喜びを最も両親に伝えたいとしたのは、01 組（29.5％）・中等学歴組（14.1％）・学生組（31.9％）であることが分かる。

そして、最も親に自分の辛さ・悩みを言いたがらなかったのは、41 歳〜 50 歳の 03 組・高学歴組・頭脳組であった。この三組が自分の悲しみや辛みを最も親に言いたがらず、選択の結果は近接している。全体的に、04 組・初等学歴組・肉体組の選択頻度が比較的に低く、結果も近かった。その中でも 01 組と学生組の結果が最も近似しており、特に楽しさを最も親に伝えたいという選択肢を選んだ人の割合も両方ともに多く、青年学生が最も喜びを親と分かちあうことを好み、親のご機嫌を取りたがるという傾向を示した。

（二）友達に真情を吐露したい

悩み・痛み・リスクがある際、誰に一番言いたいかという問いの答えの中で、最も選択されたのは友達である。特に悩みを抱えている時、友達に言いたいと答えた回答者は半数近くに上り、喜びがある場合も、友達に言いたいとした人も最も多く、1/3 近くいた。以上の四つの場合に、友達に言いたくないとしたものはなく、全て低かった。これは誰もが友達には、悩みも喜びも話したいということを示している。

友達に対して言いたいこと、言いたくないことの回答と大きな違いがあったのは上司へのそれである。上述の四つの場合共に、上司に言いたくないとした人が多かった。特に、1/2 に近い回答者が上司に喜びを言いたくないとし、わずか 1.1％の回答者が上司に言いたいとした。このような選択から上司には、苦しみも喜びも言いたくないことが示された。

表 8-3、図 8-5 〜図 8-13 から、一番自分の悩み・痛み・リスクを最も友達と分かち合いたいとしたのは、01 組 109.9（300％）・高学歴組

111.9（300％）・学生組 156.2（300％）であることが分かる。

　自分の喜びを最も両親と分かちあいたいとしたのは、01 組（34.8％）・高学歴組（31.0％）・学生組（52．9％）であった。つまり、全体的に見て、若者は年長者より、高学歴者は低学歴者よりも友達と喜怒哀楽を分かちあうことを好み、友達の役目を重視していることが示された。友達を選択した頭脳組はサービス組よりやや低く、高学歴組よりも少し低かったが、喜びを友達に言いたいとした頭脳組の数は肉体組よりも少なかった。ここから、頭脳組は友達同士の友情と助け合いをとても重視しているが、喜びは友達よりも家族とより分かちあうことを好むことが分かった。

　友達と比べて、四つのどの場合でも上司に言いたがらないのは 02 組 73.9（400％）・高学歴組 146.2（400％）・頭脳組の 149.4（400％）である。特に喜びに関しては半数以上の高学歴組と頭脳組の回答者が×を選択した。そして若者は年長者より、高学歴の人は低学歴の人より、頭脳労働者は肉体労働者よりも、上司に喜びや苦しみを言いたがらないことが示された。

　要するに、四つの場合において両親・友達・上司に対しての選択は異なっていた。悩みと痛みに関しては、両親と上司には言わないとした人が両方とも高かったが、嬉しいことに関しては、相反する結果が得られた。つまり、親には苦しみと痛みを伝えず、喜びだけを分かち合うのだが、上司には苦しみと痛みだけでなく、喜びも分かち合いたがらない。友達とは、両親と同じように喜びを分かち合い、更に、悩み・痛み・リスクなども友達には両親より遥かによく伝えるとし、友達に言いたくないとする人は非常に少なかった。つまり、友達には喜びも悲しみも打ち明けていたのである。つまり、この三者の中で、友達が社会生活の中において最も大切な存在で、友達から理解も得られるし、お互いに助け合うこともできていることが示されたのである。

表 8-3　話を最も伝えたい相手（✓）と最も伝いたくない相手（×）の組別比較（%）

	悩み				喜び				悩み			喜び			悩み				喜び			
	01	02	03	04	01	02	03	04	高	中	初	高	中	初	肉体	頭脳	接客	学生	肉体	頭脳	接客	学生
両親 ✓	13.7	8.1	5.7	3.0	29.5	17.0	17.4	7.4	5.6	14.1	9.1	21.2	25.8	15.6	14.3	5.3	15.0	15.5	26.2	17.6	26.2	31.9
上司 ✓	1.1	2.5	3.3	5.0	1.0	0.5	1.0	2.5	2.1	1.6	6.1	0.5	1.2	1.2	2.1	2.6	2.6	0.0	1.8	0.7	0.7	0.0
友達 ✓	47.6	33.0	28.8	24.3	34.8	23.9	19.4	20.8	47.7	39.5	27.4	31.0	30.2	29.3	35.3	42.1	41.2	66.2	29.7	24.2	31.5	52.9
兄弟と姉妹 ✓	3.5	4.4	4.3	2.5	6.7	4.2	5.0	4.5	2.1	4.6	6.1	2.6	7.5	7.2	5.7	2.3	3.3	3.8	7.2	4.1	6.0	8.8
先生 ✓	1.3	0.5	0.7	0.0	0.4	0.5	0.3	0.5	1.2	0.8	1.2	0.2	0.3	1.8	1.1	0.7	0.0	1.9	0.7	0.3	0.0	0.0
夫（妻）✓	14.1	33.5	40.5	48.0	18.4	45.3	50.8	55.9	30.0	26.4	32.3	42.7	31.6	35.3	25.0	36.3	33.3	2.5	28.6	50.9	34.9	3.8
両親あるいは目上の人 ✓	20.6	17.5	19.4	19.8	3.2	1.0	1.3	3.0	35.1	35.1	26.2	4.7	5.7	2.2	32.8	34.3	37.2	30.9	4.7	4.7	5.7	5.7
上司 ✓	17.2	20.2	18.4	15.3	23.0	27.3	23.7	23.3	37.4	28.2	28.2	56.6	45.8	45.2	26.6	38.5	29.1	26.8	43.2	61.3	44.3	35.6
友達 ✓	4.1	2.2	2.7	3.5	2.3	2.0	3.0	3.0	1.7	7.9	8.7	4.4	5.3	4.3	8.5	3.2	8.1	3.1	5.7	5.0	2.9	3.4
兄弟と姉妹 ✓	1.8	3.7	2.3	3.0	2.1	1.5	2.7	1.5	4.3	3.2	10.7	3.4	4.4	5.4	3.8	4.9	7.0	2.1	4.4	3.2	4.3	5.7
先生 ✓	4.1	0.7	0.0	0.0	4.1	1.2	1.0	0.0	6.9	2.8	1.0	6.8	4.2	6.5	1.8	1.5	0.0	26.8	4.9	1.2	1.4	24.1
夫（妻）×	2.7	5.7	4.0	7.9	0.3	1.7	2.0	2.0	5.2	7.9	6.8	0.7	2.3	3.2	8.9	7.1	4.7	0.0	3.4	1.2	0.0	0.0

前表に続く

	痛み					リスク			痛み			リスク			痛み				リスク			
両親✓	18.4	9.4	5.4	1.0	17.0	7.9	2.7	3.0	11.3	11.5	10.4	11.4	13.5	10.6	16.5	7.8	16.0	21.8	14.5	7.9	11.3	23.9
上司✓	9.5	16.3	15.4	22.3	7.3	12.8	14.7	16.3	14.1	14.9	14.1	9.4	13.0	16.1	13.7	18.4	11.8	5.4	12.2	14.8	9.2	3.2
友達✓	31.9	25.1	22.4	17.3	30.4	23.2	19.4	17.8	33.0	28.2	22.1	31.2	23.7	26.1	26.5	28.3	31.3	45.5	26.8	26.6	30.3	44.5
兄弟姉妹✓	6.2	4.4	3.7	5.0	5.3	4.2	4.7	3.0	4.2	5.7	8.6	2.9	6.7	3.7	7.7	3.4	4.9	7.1	8.0	2.3	4.9	5.2
先生✓	2.0	0.7	0.7	1.0	2.1	1.7	1.3	0.0	1.9	1.3	1.2	1.8	1.9	1.9	1.2	1.5	2.1	3.2	2.1	1.4	1.4	2.6
夫（妻）✓	11.9	26.4	34.1	32.7	11.9	28.8	36.5	27.2	23.7	21.7	25.8	27.9	22.0	21.1	20.0	29.7	26.4	3.2	18.4	33.1	30.0	3.9
両親・目上✗	15.7	14.5	18.1	14.4	21.6	18.0	22.4	13.9	30.9	28.0	27.9	40.0	36.3	29.7	27.5	32.3	31.6	22.0	35.9	39.0	36.1	35.2
上司✗	11.6	14.3	11.4	12.4	8.3	12.1	8.7	8.9	28.2	20.6	15.4	24.0	14.3	12.9	20.1	27.1	19.7	19.8	11.5	22.5	18.1	20.9
友達✗	6.2	5.7	3.7	4.5	4.2	2.7	2.7	2.5	7.5	12.1	11.5	4.0	7.2	8.9	12.5	7.8	10.5	11.0	8.5	5.3	3.6	2.2
兄弟姉妹✗	2.5	1.7	3.0	3.0	2.5	1.7	3.0	3.0	6.3	9.8	17.3	4.3	3.4	9.9	10.4	7.8	10.5	8.8	4.0	3.5	6.0	9.9
先生✗	2.7	0.7	0.3	0.0	2.7	0.7	0.3	0.0	6.3	3.0	1.0	4.3	2.4	2.0	2.1	2.4	2.6	18.7	2.1	1.6	1.2	14.3
夫（妻）✗	4.6	14.5	7.4	18.3	4.6	14.5	7.4	18.3	7.5	7.8	9.6	13.5	17.5	20.8	8.6	8.4	6.6	3.3	19.0	16.8	14.5	4.4

（三）夫・妻と苦楽を共にする

表 8-2 の中でもう一つの面白い現象があった。それは四つの場合全てにおいて夫・妻に言いたいとする回答の割合が高かったことである。それは夫・妻と喜びを分かち合うだけではなく、苦しみも分かち合っていることを示している。喜びを伝える相手として夫・妻を選んだ比率が最も高かった。つまり、両親・友達と比べても、一番楽しさを伝えたいのは夫・妻であるということを示している。その選択は「家族と一緒に過ごすことを楽しんでいた」という選択の結果に近い。

表 8-3 の中の喜びの場合を除いて、ほかの三つの場合で伝えたいという割合が一番多かったのはそれぞれ 04 組 107.9%（300%）・高学歴組81.6%（300%）・頭脳組の 99.1%（300%）であった。04 組が選択した夫・妻の頻度は友達より遥かに高かった。高学歴組と頭脳組では夫・妻を選択した回答者は友達を選択した回答者よりも少なかった。

嬉しいことに関しても 04 組が先頭に立っていた。04 組は 55.9%、高学歴組 42.7%、頭脳組 50.9%であった。

しかし、高学歴組と頭脳組では、喜びを夫・妻に言いたいとした回答者は、友達と回答した人より多かった。

以上の様な答えから、04 組・高学歴組・頭脳組の夫・妻に対しての選択には共通点と共に、相違点もあることが示された。共通する点は家族と喜怒哀楽を分かちあいたいということで、相違する点は 04 組は友達より家族のことをより大切にしていること、高学歴組・頭脳組は苦しみ・痛み・リスクを友達に打ち明けるが、喜びは夫・妻により伝えたがるという傾向である。

ほかには、リスクに面したときに、夫・妻に言うとした割合は 04 組＜ 03 組、高学歴組＞初等学歴組、頭脳組＞肉体組であった。このような情況は多少 04 組・初等学歴組・肉体組はリスクを取る精神が少ないことを示している。

ここで、兄弟姉妹、先生に対しての検討もしなくてはならない。この二つの割合は低く、比較的均等であった。つまり、四つの場合において、

兄弟姉妹・先生を選んだ人の割合は総じて少なかった。ここから、悩み・喜び・痛み・リスクなどに面したとき、兄弟姉妹・先生との感情の疎通や相互作用の役割はとても少なく、助け合うこともあまりないことがわかる。

つまり、夫・妻への一番目についた分かち合いの特徴は悩み・痛み・リスクだけではなく、喜びの共有であった。その点では夫・妻と友達・両親では異なる。ここから以前述べた「家族円満の重視し、家族を楽しむ」というアンケートの結果をより深く理解することがでる。

三、感情の「百花園」

ここで筆者はよく知られた「百花園」という形を用いて、異なる角度から「世の中の喜怒哀楽」を描いてみたい。

（一）世の中は愛・理解があり、隔たりもある

上述の四つの場合での両親・友達・上司・夫婦に対するそれぞれの異なる選択関係を示した。（図 8-14 を参照）

図 8-14　感情の叢

悩み・痛み・リスクを両親に話したくなく、喜びを両親に話したいと選択する割合が高かったことは、両親への敬愛が明確に示されている。つまり、苦難や苦しみで親の心を苦しめたくなく、喜びをこそ親と共に分かちあいたいということである。01 組と学生組でそのような傾向が最も際立っていた。また、高学歴組・頭脳組も低学歴組・肉体組に比べてその傾向が際立っていた。

悩み・喜び・痛み・リスクは友達に言いたいという高い割合は、特に悩みの高い選択割合は友達と理解し合い助け合うという関係をはっきりと示している。01 組と学生組でそのような傾向が特に際立っており、また、高学歴組・頭脳組も低学歴組・肉体組に比べてその傾向が強かった。

友達に言いたいとした割合が高く、上司に言いたくないとするもが多く選ばれたこと、特に喜びを上司には言いたくないとする人が多かったことは、上司との感情の隔たりがあることを強調する結果となった。特に 02 組・高学歴組・頭脳組ではその傾向が際立っていた。

夫・妻では相手に言いたいとする割合が高く、特に喜びの割合の高さが、夫婦が苦楽を共にする関係であることを物語っている。感情の百花園は年長・高学歴・頭脳労働者が、若者・低学歴・肉体労働者よりもかなり感情的であることを示している。

表 8-2、表 8-3 からは、まさに世の中の苦しみや喜びに満ちた百花園を目にしているようである。ここには人間の喜怒哀楽が赤裸々に現れている。ここに見られるのはただの数字ではなく、人の心や感情、そして人々の喜怒哀楽が読み取れる。

筆者は色彩豊かな百花園の中で、課題研究と関係がある「感情の叢」を摘み、それを凝縮して「✓」と「×」に置き換えて図を作った。そうして感情の交流図が現れた。

図 8-14 の中の「✓」は「✓」の頻度が「×」の頻度より高かったことを示し、「×」は「×」の頻度が「✓」の頻度より高かったことを示した。「✓✓」と「××」は割合が最も高かった選択を表した。そうして、

同じ「×」でも、「親に言いたくないこと」と「上司に言いたくないこと」に分かれることがわかった。なぜなら、最も愛を表現できるのは喜び欄であるからだ。また、同じ「✓」の選択でも、友達に言いたいことと夫・妻に言いたいということの意味もまた異なる。友達に苦しみを打ち明けることが多かったが、夫・妻とは喜びをも分かちあうことが更に多かったのである。

　（二）人の友情と家庭生活の楽しみ

　図8-15の中で、「✓✓」が付けられたのは友達と夫・妻の所である。その二つを比較して回答者の気持ちの特徴をさらに分析してみたい。前の表8-3の中の「✓」の割合を基礎にして、割合が高かった苦しみ・喜びを両端に置き、その結果を図にして、年齢組・学歴組・職業組を組み合わせて表を作った。

　図8-15の横軸Xが苦しみ・痛み・リスク・喜びの四つを表し、縦軸Y'がその四つの場合の友達の選択割合を表し、Y''が夫妻項の頻度を表す。三組6つのグラフが出来たが、見るほどにとても興味深い。

　縦の友達の選択を見てみる。Ⅰ、Ⅲ、Ⅴで一番割合が高かったのはそれぞれと01組・高学歴組・学生組である。中でも01組・学生組が際立っており、非常に活発であった。そのほか、01組・04組、高学歴組・初等学歴組、頭脳組・肉体組をそれぞれ比較してみると、全て前者の割合が後者より高く、前者が後者よりも友達をより大事にし、友情を重んじていることが示された。

　縦から夫・妻の選択を全体的に見てみよう。Ⅱ、Ⅳ、Ⅵで割合が一番高かったのは04組・高学歴組・頭脳組である。友達と答えた割合が最も高かった01組・学生組が一番下に沈み、まだ人生のそのような階段にたどり着いていないことを物語っているようであった。逆に年長組・高学歴組・頭脳組は人生のその階段を経験したからであろうか、家族団欒の喜びをより楽しんでいた。

第八章　世の中喜怒哀楽 | 239

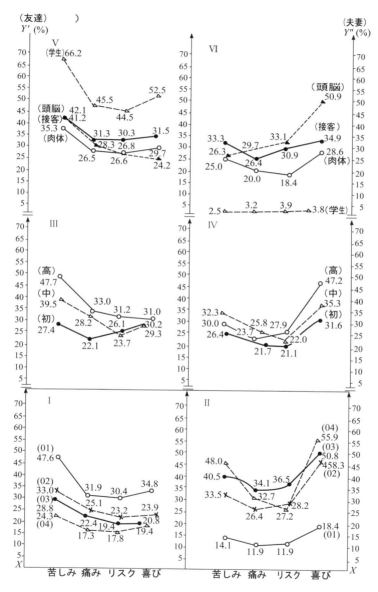

図 8-15　友達の項目と夫妻の項目の選択比較

横からⅠ、Ⅱでの年齢組の選択した割合を見てみる。01組の選択は他の02組・03組・04組から離れており、共通点が少なかった。ほかの三組には、大きな相違がなく、共通する感情の状態がより多い。

横からⅢ、Ⅳでの学歴組の選択した割合を見ると、その割合はほぼ対称になっていることが分かる。友達に苦しみを言いたい割合と夫・妻に喜びを言いたい割合が両方とも上っていて、対称的である。家庭では、苦労の中に楽しみがあり、また、楽しみの中に苦労があるのである。

横からⅤ、Ⅵでの職業組の選択した割合を見ると、起伏のある学生組を除くと、残る三組の選択はやや異なる。頭脳組は喜びでの選択が一番目立った。それは頭脳組が友達と苦楽を分かちあうより、家族団欒をより楽しんでいるからかもしれない。

図8-15全体的を見れば、数多くの回答から滲み出る気持ちをしみじみと感じられるであろう。若者と学生が友達を大切にしているという気持ちを年長者はみんな知っており、年長者は家族団欒を楽しんでいるのである。

（三）苦楽悲喜には求心と遠心がある

この部分で同心円を使って、四つの場合での両親・上司・友達・夫（妻）の選択結果を概括的に描写したい。

表8-3の中の選択の割合を見れば、回答者が喜怒哀楽の感情を伝えたいとする両親・上司・友達・夫（妻）をそれぞれと選択した順位が大掴みに把握できる。順位を四等級に分け、それらの順位によって同心円上に配置した。四等級の同心円の中に、円1の中にあるのは「最も言いたい」で、一位である。円2、円3、円4の中にあるのがそれぞれと第二位、第三位、第四位である。図8-16の四つの軸がそれぞれ「喜び」「苦しみ」「リスク」「痛み」の四つの内容を表している。各点から円心までの距離が回答者との関係と心理的距離を表す。つまり、それが求心－遠心の関係である。図8-17・図8-18・図8-19は図8-16に大体に似てい

るが、異なる組との比較がはっきりと示せるように、四種類の問題をそれぞれと四つにし、経線で異なりを表す。

　図8-16は、円1と円2の中にあったのは全部○（友達）と●（夫妻）で、円3の中には□（両親）が最も多く、円4の中には■（上司）が一番多かった。

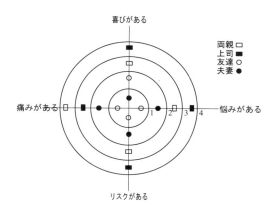

図 8-16　心理的距離の求心－遠心関係

　そのため、心理的距離が一番近いのは夫妻で、その次は友達、そして両親で、一番遠いのは上司である。未婚者にとっては一番親しいのは友達で、次は両親、一番遠いのは上司であった。夫妻・友達の関係が同心・求心の関係で、上司との関係が遠心・離心の関係である。人々は夫・妻に心の苦しみも喜びも打ち明けるが、両親には「良いことだけ報告し、悪いことは伏せておく」という傾向がある。それは親孝行という意識の影響かもしれない。友達にも言いたいことを存分に打ち明けるのだが、夫妻より割合が低かった。上司との心理的距離はかなり遠く、「痛み」だけが円3の中に入ったのは、上司に助けを求めないと問題が解決出来

ないからだったからかもしれない。

　図 8-17 は次のことを示している。02 組・03 組の心理距離の順位は同じであったが、01 組と 04 組には特別な点があった。原因は年齢ではないかと以前、説明したが、表 8-3 の中の割合は、年齢が若ければ若いほど、上司とより話したがらず、友達と語り合う傾向が強いことが示されている。

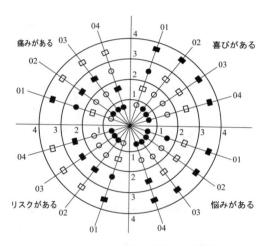

図 8-17　心理的距離の年齢差

　図 8-18 からは次のようなことが示された。中・高学歴組の心理的順位は同じで、初等学歴組の順位は中・高学歴組とは些か異なる。具体的には悩み・痛みがあった場合、高学歴組・中等学歴組では友達と語り合う可能性が一番高く、その次には夫・妻であるが、初等学歴組は夫・妻と語り合う可能性が一番高く、その次が友達だということである。

　図 8-19 からは肉体労働者と頭脳労働者の差異が示された。頭脳労働者は夫・妻にリスク・痛み・喜びを語る可能性が最も高く、肉体労働者

は友達にリスク・痛み・喜びを語る可能性が最も高かった。円 1 の中にあった肉体労働者の選択が全部"●"（友達）で、肉体労働の夫婦は頭脳労働者より男女平等の意識が薄かったからかもしれない。頭脳労働者はリスク・痛みがあっても両親により言わない傾向があった。

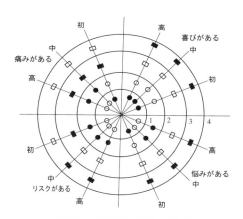

図 8-18　心理的距離の学歴差

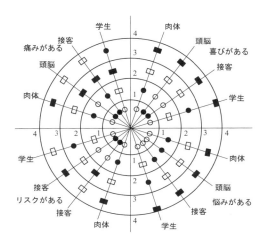

図 8-19　心理的距離の職業差

第九章　性格構造の特性

本課題におけるアンケート調査の最終目的は、中国人の民族性の主要要素及びその相互関係からなる構造を探求することではない。こうした構造の探求には、より多方面にわたり、より具体的で、より多くの調査研究及び反復検証が必要とされる。現在、研究課題として追求することは、アンケートによって設定可能な質問と選択項目を通じて、種々の質問に対する種々の回答選択の方式及びその特徴を理解し、更に中国人の民族性の構造の特性について総体的に考察することである。

筆者がここで概括した民族性の構造の特性については、主に以下の幾つかの論点と論拠がある。

中国人の民族性構造は二重性と均整を備えている。

民族性構造に基づいた民族精神は、精神と知識、及び剛と柔の円満な結合である。

以上の論点は全てアンケート結果の共有性分析（原文 " 共有性分析 "）と心理差異分析（原文 " 心理反差分析 "）、及び中国伝統文化の儒教・道教に対する分析の基礎の上に、構築したものである。

一、民族性構造の二重性の特徴

世界の如何なる事物も全て正負・真偽・善悪・美醜・前後・往来等の相反する特性を有するが、それらは共に事物のプラス・マイナス両面を構成し相互に補完し合う。人間中心の社会生活において、このような特性はどのような意義を有するのか、なぜ相反しつつも相互に補完し合うことができるのか、どのように相反しつつ互いに補完し合うのか、等の疑問はいずれも、人々が一定の実践的価値観や価値観選択、及び行動傾

向に基づいていることと不可分である。事物の属性における二重性は、人々の心象世界に二重構造の可能性を投げかける。人々はこれに従って、このように或いはそのように、正確或いは不正確に、事物の正或いは負の一面、真なる或いは偽なる一面、善なる或いは悪なる一面、等々を反映することができ、このために事物が有する異なる側面について、正確に識別・判断・認識することができる。

　人格はある種の結合体であり、事物と同様に二重性を有している。ある人格の特質が社会生活において、「正しい」人格の特質として評価・選択されれば、これと相反する別の人格の特質も、人々の評価・選択における他方の極、即ち負の人格の特質として位置づけられることになる。正の人格の特質が行動に現れれば、負の人格の特質は行為を構成し得ないだろう。しかし、社会は複雑なものであり、人もまた複雑なものである。人々は複雑な生活に適応、或いはこれを改変するがために、時に二種類の人格特質を同時に兼備し、それぞれに用途がある。これが通常語られる人格矛盾という現象である。

　民族性も人格同様、ある種の結合体であり、二重性を有しており、異なる属性の人格特質の併存と矛盾を内包している。インケルスは『民族性』において、民族性研究は人格研究と同様に、人格研究の中心テーマである矛盾と一致性の問題に触れることになるであろう、と語っていた。人は内心のバランスと安定感を保持するために、衝動を最大限にコントロールし、外界に対しては優雅な態度を表し、適切な態度・動作・礼儀作法を備える。マズローは『完璧な人間性』において、人間性の二重構造について語った。彼の認識は以下のようなものであった。人の欲求と欲求満足において、及び人の要求とその限度、即ち獲得すべきものと獲得できるものという側面において、高次と低次、及び神性と動物性は統一的なものであり、高次の欲求のためには低次の欲求を放棄することができる。

　どの側面から述べるにせよ、いずれも性格構造の二重性の問題につい

て説くことになる。課題研究の中で触れる性格構造の二重性の問題は、民族性の構造の二重性であり、民族性を構成する各種の人格特質間の相互排斥・相互対立、または相互融合・相互補完の関係を示すものである。

もし、如何なる民族性構造にも二重性が存在すると言えば、中国人の民族性の二重性には独特の特性があり、人格矛盾に対して特有の処理方式と自己同一化の方式がある。まさにこの独特の特性・特有の方式が、西洋のイタリア人・イギリス人・ドイツ人・フランス人・アメリカ人、さらには東洋の日本人、等々と中国人を区別しているのだ。

中国人の民族性の二重性は、課題研究の中では、理想の人格と実際の人格の間の、明らかな差異・対立・排斥と均衡・調和・補完の関係上に、主に示される。そして、理想の人格と実際の人格の二重性は、自己－他者の関係を通じて表出される。この点に関して、課題のアンケートにおいて、しばしば出現する自己－他者に対する心理の差異は、民族性構造の二重性についての一種の証拠にほかならないのではないか、と筆者は認識している。

（一）心理差異における共有性

先述したように、民族性には共有性が備わっており、それは一つの民族において、成熟した成人間で共有された性格でなければならない。このような共有性がなければ、同一民族の成員間で意思を疎通する術も、教えを受けたり授けたりする術も、民族の伝統を認識して表現し、これを保持して発揚する術もなく、民族が存続して発展する術もない。民族性における共有性は、民族の成員間の共通言語と共同行動における心理的な基礎となっている。

民族性の共有性は、民族性を構成する主要要素（主要成分）の共有性と、構成要素に基づいた性格構造の特性や方式における共有性を包含し、統計学ではインケルス等が使用した頻数概念や最頻値にほかならない。この二つの方面における共有性は、課題アンケートの結果の中で、アンケー

第九章　性格構造の特性 | 247

トに対するやや一致した回答とその方式における心理差異の特性として
示された。

　ここで論述する民族性の構造の特性とは、心理差異現象における共有
性である。

心理差異における共有性を論証する方法としては、相関マトリックスと
その意義解釈を用いる。かつ、一部の質問と選択項目（全部の質問と選
択項目ではない）に対する統計とその解釈を採用して論証する。採用し
た項目は、人生観や社会的地位の改変という二つの質問と選択項目に関
するものである。以下では相関マトリックスに対して説明を与え、その
後に総合的判断を構築する。

　1、相関マトリックスの作成

　いわゆる相関とは、二つ、或いは複数の変量間における相互関係の尺
度の一種である。相関分析を実施する対象となる変量間には、厳密な数
量関係は存在せず、ある問題における異なる程度の関係があるというだ
けのことである。通常、相関する変量間には、附随的な変化の関係が存
在すると認識されている。しかし、考察される変量間の測量レベルには、
異なる原因があり得るため、相関に対する理解においても異なる点があ
る。

　課題によって自他の差異等に対し分析を行う際には、順位相関の分析
手法を採用した。自他の差異分析において、以下のような問題が自然に
提出され得る。職業・年齢・学歴の３つの変量内の各要素は、自己に対
する場合と、他者に対する場合とで、ある問題に対する見方の一致性に
おいて、どのような相異を有するであろうか。また、その相異の程度は
どのようなものであろうか、等々。我々は自他の差異に対して分析を行
う際、この課題の特性と叙述に関係する統計資料に基づき、スピアマン
の順位相関係数を利用して、変量内の各要素間の順位相関係数 r_s を求め
た。その計算公式は、

$$r_s = 1 - \frac{6 \sum D^2}{N(N^2 - 1)}$$

となる。

　式の中の、D は対応する順位の差を表し、N は順位の組の数を表す。順位相関計算を行うために、まず順位表を作成する。一方では、順位表を利用することで、各変量の組とその組ごとの各要素の見方における共有性を求めることができる。この共有性はまさに民族性の研究に求められているものである。一考に値することは、我々がこの一致性の分析を行う際に、よく目にする百分率の相互表を採用せず、その抽象性を簡単なものにする順位を採用し、これによって以前の分析方法が微小な数字を取りこぼしやすいといった弊害を回避した。他方で、このような順位表を利用することで、順位相関に関する計算を行い、これによって自他の差異分析を行う。

　順位表中の順位構成の根拠は、変量内の各要素における、各問題の各項目に対する選択頻数である。このため、ここでの各順位列は、変量内の各要素における、ある問題に対する見方の一致性の程度を明らかにしている。ここで、我々は各変量を自己量（原文 "自量"）$\bar{X}$, $\bar{Y}$, $\bar{Z}$；$X = (x_1, x_2, x_3, x_4)$, $Y = (y_1, y_2, y_3, y_4)$, $Z = (z_1, z_2, z_3, z_4)$ と見做しても良い。その横は変量内において、問題の中の各項目に対する選択頻数のある組み合わせを構成するものと見做すことができ、これに対してより多くの分析は行わず、ただそれを $|x|$ と見做せばそれで良い。同時に理想態の選択をその態度と見做す（輻角（原文 "輻角"）$\theta = 0$）。相関係数の幾何定義に基づき（ここでは各自己量間に直線関係が示されている、と仮定する）、その輻角は $\theta = \text{arc cosr}_s$ によって求めることができ、この変換を経て、我々は変量内の各組における、異なった状態下での一致性についての分析に基き、自己と他者で差異のある特性を容易に見出すことができる。

　表6-5、表6-6、表7-1、表7-2に基づいて作成された相関マトリックスは全部で8つあり、以下のような分析をした（表9-1から表9-8を参照）。

2、相関分析

表 9-1　人生観の選択における順位序列

	理想 X	実際		D²		
		自己 Y	他人 Z	(x-y)²	(x-z)²	(y-z)²
人柄、名声	1	1	4	0	9	9
知識、力量	2	3	6	1	16	9
健康、家庭	3	2	5	1	4	9
地位、権利	5	5	2	0	9	9
金銭、財産	6	4	1	4	25	9
分からない	4	6	3	4	1	9
Σ				10	64	54

注：表 6-5 に基づいて作成した。

表 9-1 に基づいて順位相関係数を求めると、以下のようになる。

あるべき自己と実際の自己における人生観の選択上の相関程度 r_1 は、

$$r_1 = 1 - \frac{6 \sum D^2}{N(N^2-1)} = 1 - \frac{6 \times 10}{6 \times (36-1)} = 0.71 \quad （比較的強い相関）$$

となる。

あるべき他者と実際の他者の間の人生観の選択上の相関程度 r_2 は、

$$r_2 = 1 - \frac{6 \times 64}{6 \times (36-1)} = -0.83 \quad （強い負の相関）$$

となる。

実際の自己と実際の他者の間の人生観の選択上の相関程度 r_3 は、

$$r_3 = 1 - \frac{6 \times 54}{6 \times (36-1)} = -0.54 \quad （中程度の負の相関）$$

となる。

順位相関係数によって人生観の選択の相関マトリックスを算出すると、

$$\begin{matrix} & X & Y & Z & \\ \begin{bmatrix} 1 & 0.71 & -0.83 \\ 0.71 & 1 & -0.54 \\ -0.83 & -0.54 & 1 \end{bmatrix} & & & \begin{matrix} X \\ Y \\ Z \end{matrix} \end{matrix}$$

順位相関係数に注目すると、あるべき自己と実際の自己の選択における一致性は比較的強く、その順位相関係数は $r_s = 0.71$ である。

順位相関係数を観るに、あるべき他者と実際の他者の間の順位相関係数は $r_s = -0.83$ であり、実際の自己と実際の他者の間では $r_s = -0.54$ であり、それぞれ高い負の相関と中程度の負の相関を示しており、他者に対する見方は、理想の自己と実際の自己に対する見方と逆方向に一致していることを説明しており、この関係に対して我々が自己量図（原文 "自量図"）を用いて示せば、非常に明らかなものとなる。

以下に組ごとに比較を行い、回答結果の一致性について考察した。

表 9-2 は四つの年齢組の人生観の選択に対する順位配列表である。

表 9-2　年齢組の人生観の選択順位

	理想				実際の自己				実際の他人			
	01	02	03	04	01	02	03	04	01	02	03	04
	x_1	x_2	x_3	x_4	y_1	y_2	y_3	y_4	z_1	z_2	z_3	z_4
人柄（名声）	2	1	1	1	1	1	1	1	4	5.5	4	5
知識（力量）	1	2	2	2	2	3	3	3	6	5.5	5	6
健康（家庭）	3	3	3	3	3	2	2	2	5	4	6	4
地位（権利）	5	4	4	4	4	6	5.5	4	2	2	2	2
金銭（財産）	6	5	6	6	5	4	4	5	1	1	1	1
分からない	4	6	5	5	6	5	5.5	6	3	3	3	3

注：表 6-6 に基づいて作成した。

先述したのと同様の方法を用いて順位相関係数を求めた後、年齢組の人生観の選択の相関マトリックスを作成すると、以下のようになる。

$$
\begin{array}{cccc}
X_1 & X_2 & X_3 & X_4 \\
\end{array}
\begin{bmatrix}
1 & 0.77 & 0.89 & 0.89 \\
0.77 & 1 & 0.94 & 0.94 \\
0.89 & 0.94 & 1 & 1 \\
0.89 & 0.94 & 1 & 1
\end{bmatrix}
\begin{array}{c}
X_1 \\ X_2 \\ X_3 \\ X_4
\end{array}
\qquad
\begin{array}{cccc}
Y_1 & Y_2 & Y_3 & Y_4 \\
\end{array}
\begin{bmatrix}
1 & 0.77 & 0.84 & 0.94 \\
0.77 & 1 & 0.99 & 0.83 \\
0.84 & 0.99 & 1 & 0.90 \\
0.94 & 0.83 & 0.90 & 1
\end{bmatrix}
\begin{array}{c}
Y_1 \\ Y_2 \\ Y_3 \\ Y_4
\end{array}
$$

$$
\begin{array}{cccc}
Z_1 & Z_2 & Z_3 & Z_4 \\
\end{array}
\begin{bmatrix}
1 & 0.90 & 0.94 & 0.94 \\
0.90 & 1 & 0.81 & 0.99 \\
0.94 & 0.81 & 1 & 0.83 \\
0.94 & 0.99 & 0.83 & 1
\end{bmatrix}
\begin{array}{c}
Z_1 \\ Z_2 \\ Z_3 \\ Z_4
\end{array}
$$

$$
\begin{array}{cccc}
X_1 & X_2 & X_3 & X_4 \\
\end{array}
\begin{bmatrix}
0.77 & 1 & 0.94 & 0.94 \\
0.66 & 0.77 & 0.71 & 0.71 \\
0.64 & 0.84 & 0.76 & 0.76 \\
0.66 & 0.94 & 0.89 & 0.89
\end{bmatrix}
\begin{array}{c}
y_1 \\ y_2 \\ y_3 \\ y_4
\end{array}
\qquad
\begin{array}{cccc}
X_1 & X_2 & X_3 & X_4 \\
\end{array}
\begin{bmatrix}
-0.94 & -0.66 & -0.77 & -0.77 \\
-0.96 & -0.79 & -0.90 & -0.90 \\
-0.83 & -0.60 & -0.71 & -0.71 \\
-1 & -0.77 & -0.89 & -0.89
\end{bmatrix}
\begin{array}{c}
Z_1 \\ Z_2 \\ Z_3 \\ Z_4
\end{array}
$$

$$
\begin{array}{cccc}
Y_1 & Y_2 & Y_3 & Y_4 \\
\end{array}
\begin{bmatrix}
-0.66 & -0.60 & -0.56 & -0.60 \\
-0.79 & -0.70 & -0.66 & -0.70 \\
-0.60 & -0.66 & -0.61 & -0.66 \\
-0.77 & -0.66 & -0.61 & -0.66
\end{bmatrix}
\begin{array}{c}
Z_1 \\ Z_2 \\ Z_3 \\ Z_4
\end{array}
$$

相関マトリックスを観ると、

（1）実際の他者に対する見方が最も一致しており、その中の 02 組と 04 組はほとんど完全に一致しており（$r_s = 1$）、02 の組と 03 組は Z のマトリックスにおいて、相関が最も隔たっているが、依然として 0.81 であり、強い相関に属している。

（2）あるべき自己と実際の自己に対する見方も比較的一致しているが、実際の他者に対する見方に比べて、一致性はやや少なく、その中の X の

マトリックスの 03 組と 04 組の見方は完全に一致している（$r_s = 0.99$）。X、Y のマトリックスの中で見方が最も不一致であったのは、全て 01 と 02 組であり、r_s はいずれも 0.71 であった。

　（3）各年齢の組における、あるべき自己・実際の自己・実際の他者の人生観の選択に対する順位相関係数は（X, Y）マトリックス、（Z, Y）マトリックス、（Z, X）マトリックスを構成することができる。

　3 つのマトリックスの主対角線という要素から見ると、（X, Y）のマトリックスの中では、その値は全て基本的に一致しており、ただ 04 組はあるべき自己と実際の自己が最も接近していると考えられ（r_s の最大は 0.89 となる）、あるべき他者と実際の他者、自己と他者は人生観の選択として構成するマトリックス（Z, X）と（Z, Y）はいずれもマイナスのマトリックスとなっていて、各年齢の組はあるべき他者・実際の他者と実際の自己・実際の他者の人生観の選択における逆方向の関係が表れていることを説明しており、ここでは（Z, X）のマトリックスの中の各要素は基本的に全て（Z, Y）の中の要素よりも小さく、これも比較的に理解しやすく、人々があるべきものは理想の人生観の選択であり、自己の選択と理想の選択には一定の隔たりがあり（（Y, X）のマトリックスの中に見出すことができる）、しかし実際の他者と自己を比べれば自己には及ばず、他者と理想の他者ではさらに隔たっていて、その負の一致性の程度は最高である。

　注意に値することは、（Y, X）、（Z, X）、（Z, Y）の 3 つのマトリックスの中で、主対角線の上の r_s の絶対値の最小は、いずれも 03 組の選択の順位相関係数と関係していることであり、これによって 03 組はその他の年齢の組と比べて自己と他者の差異性が最小であることが見出せ、自己とあるべき人生観の選択の間の距離は最大であり、以下に各マトリックスに対し、これに基づいて具体的に分析している。（Y, X）のマトリックスの中に見ることができるのは、03 組のあるべき自己と実際の自己に対する人生観の選択上の順位相関係数 $r_s = 0.76$ は、その他の

年齢の組と比較して対応する r は全て小さく、このことは 03 組が自己のあるべき自己と実際の自己に対する人生観の選択においてその他の年齢の組と比較して隔たりが最も大きいと認識していることを説明している。04 組の対応する $r_s = 0.89$ は、4 つの年齢の組の中で最大であり、このことは、04 組は自己が人生観の選択においてあるべき人生観と最も接近していると認識していることを説明している。(Z, X) 及び (Z, Y) のマトリックスの中に見出すことができ、主対角線上の 03 組に対応する r_s は、-0.71 と -0.61 に分かれ、いずれもその他の年齢の組と比較して対応する r_s は小さく、このことは、03 組が実際の他者のなす選択とあるべき他者のなす選択、及び実際の自己のなす選択とその他の年齢の組は比較するといずれも負の相関が最小であり、このことも 03 組が自己・他者の差異及びあるべき理想・他者との差異が四つの年齢の中で最小であることも逆方向から説明している。三相関マトリックスの主対角線上の要素の分析を区別することによって、03 組は選択上において表現した自己・他者の差異は最小であり、比較して言えば、自己・他者に対する判断が最も客観的である、ということは見出し難いことではない。これらの特性に対して、我々が相関マトリックスの中の各位置要素に含まれている意味に対し比較的熟知しているか、もしくは以下の文で語っているベクトル図分析法によれば、各変量の選択の関係する特性を容易に見出すことができる。

　(Y, X)、(Z, X)、(Z, Y) の三つのマトリックスを観察することで、第一列の要素の値を発見できる。(Z_3, Y_3) のほかは、全て各マトリックスの中の要素よりも小さい。(Y, X) のマトリックスについて言えば、この現象は 01 組があるべき人生観の選択と全ての年齢の組に対し、実際の自己が有する人生観の選択に対する違いは最大であり、不一致の程度は最高である。(Z, X) のマトリックスと (Z, Y) のマトリックスの中には、この現象も同類の問題を説明しており、それは 01 組のあるべき自己及び実際の自己に対して人生観における選択は、各年齢の組と実際の他者の選択の差は最大であり、不一致の程度も最高であり、このこ

とは (Z, X) のマトリックスの中の一現象は最も突出していて、人生観の選択の順位上、ほとんど完全に逆方向の選択の関係を呈している。この方法に依拠することで、03 組の (Y, X)、(Z, X)、(Z, X) における逆方向の選択関係と相関マトリックスの中の関係する行、列の要素に対して、対比分析を行うことができ、かつ関係する年齢組の間で、異なる類型の人生観の選択に対する差異性を容易に見出すことができる。

以下に表 9-3 と学歴組の人生観の選択に対する相関マトリックスを用いて、相関分析を行った。

学歴組の人生観の選択の相関マトリックスは、以下の通りである。

$$
\begin{array}{ccc}
X_1 & X_2 & X_3 \\
\end{array}
\begin{bmatrix}
1 & 1 & 0.94 \\
1 & 1 & 0.94 \\
0.94 & 0.94 & 1
\end{bmatrix}
\begin{array}{c}
X_1 \\
X_2 \\
X_3
\end{array}
\qquad
\begin{array}{ccc}
Y_1 & Y_2 & Y_3 \\
\end{array}
\begin{bmatrix}
1 & 0.93 & 0.54 \\
0.93 & 1 & 0.76 \\
0.54 & 0.76 & 1
\end{bmatrix}
\begin{array}{c}
Y_1 \\
Y_2 \\
Y_3
\end{array}
$$

$$
\begin{array}{ccc}
Z_1 & Z_2 & Z_3 \\
\end{array}
\begin{bmatrix}
1 & 0.94 & 0.81 \\
0.94 & 1 & 0.93 \\
0.81 & 0.93 & 1
\end{bmatrix}
\begin{array}{c}
Z_1 \\
Z_2 \\
Z_3
\end{array}
$$

表 9-3　学歴組の人生観の選択

	理想			現実の自己			現実の他人		
	初	中	高	初	中	高	初	中	高
	X_1	X_2	X_3	y_1	y_2	y_3	Z_1	Z_2	Z_3
人柄、名声	1	1	1	1	1	1	4	4	4.5
知識、力量	2	2	2	4	3	2	6	6	6
健康、家庭	3	3	3	2	2	3	5	5	4.5
地位、権利	4	4	5	5	5.5	4	3	2	1
金銭、財産	6	6	6	3	4	6	1	1	2
分からない	5	5	4	6	5.5	5	2	3	3

注：表 6-6 に基づいて作成した。

$$\begin{array}{ccc} X_1 & X_2 & X_3 \end{array}$$
$$\begin{bmatrix} 0.54 & 0.54 & 0.49 \\ 0.76 & 0.76 & 0.76 \\ 1 & 1 & 0.94 \end{bmatrix} \begin{matrix} Y_1 \\ Y_2 \\ Y_3 \end{matrix}$$

$$\begin{array}{ccc} X_1 & X_2 & X_3 \end{array}$$
$$\begin{bmatrix} -0.83 & -0.83 & -0.77 \\ -0.77 & -0.77 & -0.83 \\ -0.70 & -0.70 & -0.81 \end{bmatrix} \begin{matrix} Z_1 \\ Z_2 \\ Z_3 \end{matrix}$$

$$\begin{array}{ccc} Y_1 & Y_2 & Y_3 \end{array}$$
$$\begin{bmatrix} -0.31 & -0.56 & -0.83 \\ -0.26 & -0.56 & -0.77 \\ -0.39 & -0.66 & -0.70 \end{bmatrix} \begin{matrix} Z_1 \\ Z_2 \\ Z_3 \end{matrix}$$

　理想の人生観の選択において、小・中・高の三学歴組の見方は基本的に完全に一致しており、特に小・中の二つの組の見方は完全に一致している。現実に対する他人の選択の中には、三組の見方は比較的一致しているが、小学校の学歴と高学歴の間には、見方は幾分かの差異が存在し、現実の自己に対する見方の中には、一致性の程度も幾分か異なっていた。そのうち、小・中の学歴組はやはり比較的一致していて（$r_s = 0.93$）、中・高の学歴組の間の一致性の見方については明瞭な差異が存在し（$r_s = 0.76$）、そして小・高の学歴組の間の見方の差異が最大であった（$r_s = 0.54$）。

　(X, Y) のマトリックスの中で、主対角線の要素の値に則して見ると、小・中・高の学歴組は理想の人生観の選択と現実の自己の選択の一致性の程度の順序は、小＜中＜高となる。

　注意に値する一つの現象は、(Y, X) のマトリックスの中で表現された、高学歴組の現実の自己に対する人生観の選択の問題において、小・中の学歴組のあるべき人生観の選択は完全に一致し、r_s は全て 1 となった。この現象は人に深く考えさせるものであった。

　(Z, X) と (Z, Y) のマトリクスの中において、その要素の値はいずれも零より小さい。これは三学歴組が全て、現実の他者の人生観の問題の選択とあるべき、ないしは現実の自己の選択を一致しないものと認識

していて、全て負の相関関係を呈しており、(Z, X)のマトリックスの中に、主対角線のr_sの値の大小から見出すことができ、三学歴組のあるべき他者と現実の他者の人生観の選択における逆方向の一致性の程度は、順次小・高・中となっている。学歴組に対する人生観の問題の関係する分析は、我々が下にベクトル図分析法を採用して言及する。

下では表9-4と相関マトリックスの職業組に対する人生観の選択を用いて、相関分析を行う。

表 9-4 　職業組の人生観の選択順位

	理想				実際の自己				実際の他人			
	肉体	頭脳	接客	学生	肉体	頭脳	接客	学生	肉体	頭脳	接客	学生
	X_1	X_2	X_3	X_4	y_1	y_2	y_3	y_4	Z_1	Z_2	Z_3	Z_4
人柄（名声）	1	1	1	2	1	1	1	1	4	4	6	5
知識（力量）	2	2	2	1	3	2	3	2	6	6	5.5	4
健康（家庭）	3	3	3	3	2	3	2	3	5	5	4.5	6
地位（権利）	5	5	6	5.5	6	4	4.5	5	3	1	2	2
金銭（財産）	6	6	4	5.5	4	5	4.5	6	1	2	1	1
分からない	4	4	5	4	5	6	6	4	2	3	3	3

注：表6-6に基づいて作成した。

$X,\ Y,\ Z$の三マトリックスの中では、各職業組のあるべき人生観の選択に対して最も一致し、そのうち肉体・頭脳組の選択は完全に一致し（$r_s = 1$）、実際の自己・他者についてはこの問題の選択の一致性の中にある。

上ですでに行った、年齢・学歴組の人生観の問題の選択についての関係する分析に基づき、職業組の選択の関係する分析は、前文のものと同じであるため、ここでは再び叙述しない。

アンケート結果の一致性について更に一歩進んだ考察をするために、一つの問題結果の相関分析を再び行いたい。

職業組の善正観の選択の相関マトリックスは、以下の通りである。

$$
\begin{array}{cccc}
X_1 & X_2 & X_3 & X_4 \\
\end{array}
$$

$$
\begin{bmatrix}
1 & 1 & 0.83 & 0.93 \\
1 & 1 & 0.83 & 0.93 \\
0.83 & 0.83 & 1 & 0.84 \\
0.93 & 0.93 & 0.84 & 1
\end{bmatrix}
\begin{array}{l}
X_1 \\ X_2 \\ X_3 \\ X_4
\end{array}
\qquad
\begin{bmatrix}
1 & 0.77 & 0.90 & 0.77 \\
0.77 & 1 & 0.93 & 0.83 \\
0.90 & 0.93 & 1 & 0.76 \\
0.77 & 0.83 & 0.76 & 1
\end{bmatrix}
\begin{array}{l}
Y_1 \\ Y_2 \\ Y_3 \\ Y_4
\end{array}
$$

$$
\begin{array}{cccc}
Z_1 & Z_2 & Z_3 & Z_4 \\
\end{array}
$$

$$
\begin{bmatrix}
1 & 0.83 & 0.76 & 0.77 \\
0.83 & 1 & 0.76 & 0.76 \\
0.76 & 0.76 & 1 & 0.90 \\
0.77 & 0.76 & 0.90 & 1
\end{bmatrix}
\begin{array}{l}
Z_1 \\ Z_2 \\ Z_3 \\ Z_4
\end{array}
$$

表 9-5 及びその相関マトリックスは、社会的地位を改変する選択に対する順位配列表とその相関マトリックスである。

表 9-5　社会的地位を改変する選択の順位表

	理想 X	実際		D^2		
		自己 Y	他人 Z	$(x-y)^2$	$(x-z)^2$	$(y-z)^2$
才能	1	1	2	0	1	1
人間関係	2	2	4	0	4	4
機会	4	4	6	0	4	4
権勢	3	5	1	4	4	16
金銭	5.5	6	5	0.25	0.25	1
分からない	5.5	3	3	6.25	6.25	0
Σ				10.5	19.5	26

注：表 7-1 に基づいて作成した。

X_1	X_2	X_3	X_4	
0.76	0.76	0.94	0.73	Y_1
0.83	0.83	0.83	0.76	Y_2
0.76	0.76	0.84	0.66	Y_3
1	1	0.83	0.93	Y_4

X_1	X_2	X_3	X_4	
-0.77	-0.77	-0.60	-0.81	Z_1
-0.77	-0.77	-0.77	-0.90	Z_2
-0.96	-0.96	-0.79	-0.83	Z_3
-0.83	-0.83	-0.66	-0.73	Z_4

Y_1	Y_2	Y_3	Y_4	
-0.54	-0.77	-0.64	-0.77	Z_1
-0.71	-0.60	-0.56	-0.77	Z_2
-0.79	-0.79	-0.74	-0.96	Z_3
-0.77	-0.66	-0.73	-0.83	Z_4

　社会的地位を改変する選択の相関係数は、あるべき自己と実際の自己が社会的地位を改変する選択における相関の程度は、

$$r = 1 - \frac{6 \times 10.5}{6 \times (36-1)} = 0.7$$

となる。

　あるべき他者と実際の他者の選択上の相関の程度は、

$$r_2 = 1 - \frac{6 \times 19.5}{6 \times (36-1)} = 0.44$$

となる。

　実際の自己と実際の他者の選択上の相関の程度は、

$$r_3 = 1 - \frac{6 \times 26}{6 \times (36-1)} = 0.26$$

となる。

　社会的地位を改変する選択の相関マトリックスは、

X	Y	Z	
1	0.7	0.44	X
0.7	1	0.26	Y
0.44	0.26	1	Z

第九章　性格構造の特性 259

　下に順次示したのは、年齢・学歴・職業組に対する比較相関分析である。表 9-6 と他の相関係数及び相関マトリックスを用いて、年齢組に対して分析を行った。

表 9-6　年齢組の社会的地位を改変する選択の順位表

	理想的				実際の自己				実際の他人			
	X_1	X_2	X_3	X_4	y_1	y_2	y_3	y_4	Z_1	Z_2	Z_3	Z_4
	01	02	03	04	01	02	03	04	01	02	03	04
才能	1	1	1	1	1	1	1	1	2.5	2	2	3
人間関係	2	3	2	2	2	2	4	3	4	4	4	4
機会	3.5	4	5	6	4	4	5	4	6	5	5	6
権勢	3.5	2	2	3	5	5	3	3	5	1	1	1
金銭	5	5	5	4	6	6	6	6	6	6	6	5
分からない	6	6	6	5	3	3	5	2	2	3	3	2
Σ												

注：表 7-2 に基づいて作成した。

　年齢組の社会的地位改変の選択の相関マトリックスは以下の通りである。

$$
\begin{array}{cccc}
X_1 & X_2 & X_3 & X_4 \\
\end{array}
$$

$$
\begin{bmatrix}
1 & 0.90 & 0.60 & 0.76 \\
0.90 & 1 & 0.54 & 0.77 \\
0.60 & 0.54 & 1 & 0.71 \\
0.76 & 0.77 & 0.71 & 1
\end{bmatrix}
\begin{array}{c}
X_1 \\ X_2 \\ X_3 \\ X_4
\end{array}
\qquad
\begin{bmatrix}
1 & 0.77 & 0.71 & 0.94 \\
0.77 & 1 & 0.60 & 0.60 \\
0.71 & 0.60 & 1 & 0.81 \\
0.94 & 0.60 & 0.81 & 1
\end{bmatrix}
\begin{array}{c}
Y_1 \\ Y_2 \\ Y_3 \\ Y_4
\end{array}
$$

$$
\begin{array}{cccc}
Z_1 & Z_2 & Z_3 & Z_4 \\
\end{array}
$$

$$
\begin{bmatrix}
1 & 0.93 & 0.93 & 0.99 \\
0.93 & 1 & 1 & 0.89 \\
0.93 & 1 & 1 & 0.89 \\
0.99 & 0.89 & 0.89 & 1
\end{bmatrix}
\begin{array}{c}
Z_1 \\ Z_2 \\ Z_3 \\ Z_4
\end{array}
$$

$$
\begin{array}{cccc}
X_1 & X_2 & X_3 & X_4 \\
\end{array}
$$

$$
\begin{bmatrix}
0.64 & 0.43 & 0.94 & 0.54 \\
0.93 & 0.89 & 0.83 & 0.77 \\
0.33 & 0.46 & 0.83 & 0.49 \\
0.41 & 0.26 & 0.89 & 0.31
\end{bmatrix}
\begin{array}{c}
Y_1 \\ Y_2 \\ Y_3 \\ Y_4
\end{array}
\qquad
\begin{bmatrix}
0.14 & 0.41 & 0.50 & 0.50 \\
0.33 & 0.60 & 0.60 & 0.49 \\
0.33 & 0.60 & 0.60 & 0.49 \\
-0.04 & 0.26 & 0.43 & 0.37
\end{bmatrix}
\begin{array}{c}
Z_1 \\ Z_2 \\ Z_3 \\ Z_4
\end{array}
$$

$$
\begin{array}{cccc}
Y_1 & Y_2 & Y_3 & Y_4 \\
\end{array}
$$

$$
\begin{bmatrix}
0.21 & 0.39 & 0.76 & 0.30
\end{bmatrix}
\begin{array}{c}
Z_1
\end{array}
$$

年齢組の社会的地位改変の選択の相関マトリックスによって、各年齢組の実際の他者の社会的地位改変に対する見方は、最も一致することを見出すことができる。このことは Z マトリックスから見出すことができ、各年齢組の見方の選択において高度の相関を示しており、その最たる事例は 02 組と 03 組の選択が完全に一致していることである。Ｙマトリックスの中から見出すことができるのは、実際の自己の選択において、01 組と 04 組の選択は最も接近して $r = 0.94$ となり、03 と 04 組の相関係数は 0.81 となり、二組の見方も比較的接近していることを説明しており、その他の各組の間には、選択においていずれも中程度の相関を示した。X マトリックスにおいて、ただ 01 組と 02 組だけが選択において高度の相関を示し、その他の各組の間の選択は全て中程度の相関に属する。

　主対角線の要素から見ると、(Y, X) 陣において表現された各年齢の組の、あるべき自己と実際の自己の選択の一致性の強度は、02 組＞ 03 組＞ 01 組＞ 04 組の順である。(Z, X) 陣において表現された、あるべき他者と実際の他者の選択の一致性の程度は、02 組＝ 03 組＞ 04 組＞ 01 組の順である。(Z, Y) 陣において表現された各年齢の組の、実際の自己と他者の選択の一致性の強度は、03 組＞ 02 組＞ 04 組＞ 01 組の順であり、その最たる事例は (Z, Y) の陣にあり、$(Z_3, Y_3) = 0.83$ であり、対角線上のその他の各組の相関係数の数値より大きいことは明らかであり、03 組が実際の自己と他者が社会地位を改変するという選択について最も一致していると認識していて、その他の各年齢組のこの種の自他の選択の一致性の程度は小さく、その中の 01 組と 04 組の r_s はたった 0.21 と 0.26 であり、この二つの年齢の組は実際の自他の選択においてほとんど一致性がないことを説明している。

　もし一歩進んで $(Y, X) \cdot (Z, X) \cdot (Z, Y)$ の３つのマトリックスの中の第三列の要素に対して考察や比較を行えば、03 組は各項目における選択において表現された自他の差異が最も小さく、あるべき自己と実

際の自己と実際の他者の選択も比較的小さく、その他の年齢の組と比較すると一致性の程度が最高であることを発見することができる。

　総体としては、$(Z, Y) \cdot (Z, X)$ 中の各要素の値は基本的に全て正の数であることから、その他のいくつかの問題の選択と比較して、社会地位を改変するという問題における自他の差異は比較的小さいことを説明している。

　下では、表9-7の学歴組の社会地位改変の選択順位とその相関マトリックスに対し、比較分析を行った。

表 9-7　　学歴組の社会地位改変の選択順位

	理想			現実の自己			現実の他人		
	初	中	高	初	中	高	初	中	高
	x_1	x_2	x_3	y_1	y_2	y_3	z_1	z_2	z_3
才能	1	1	1	1	1	1	3	3	2
人間関係	2	2	4	2	2	5	5	4	4
機会	6	4	3	4	3	3	6	6	5
権勢	4	3	2	6	5	4	1	1	1
金銭	3	5	6	5	6	6	4	5	6
分からない	5	6	5	3	4	2	2	2	3

注：表 7-2 に基づいて作成

　X, Y, Z の３つのマトリックスから見ると、各学歴組の実際の他者の見方は比較的一致している。その最たるは低・中の両学歴組の見方は最も一致している。実際の自己の見方においては、高学歴と小・中の両組の選択には中程度の相関が示されていて、低・中の両学歴組の見方は比較的一致している。あるべき人生の価値の選択において、高学歴組と初等学歴組の不一致性は最も強く、r_s はわずか 0.26 であり、ここで中・高の両組の選択は比較的接近していて、r_s は 0.80 となる。

　学歴組の順位相関マトリックスは、以下の通りである。

$$
\begin{array}{c}
\begin{array}{cccc}
X_1 & X_2 & X_3 & X_4
\end{array} \\
\left[\begin{array}{cccc}
1 & 0.90 & 0.60 & 0.76 \\
0.90 & 1 & 0.54 & 0.77 \\
0.60 & 0.54 & 1 & 0.71 \\
0.76 & 0.77 & 0.71 & 1
\end{array}\right]
\begin{array}{c}
X_1 \\ X_2 \\ X_3 \\ X_4
\end{array}
\qquad
\begin{array}{c}
\begin{array}{cccc}
Y_1 & Y_2 & Y_3 & Y_4
\end{array} \\
\left[\begin{array}{cccc}
1 & 0.77 & 0.71 & 0.94 \\
0.77 & 1 & 0.60 & 0.60 \\
0.71 & 0.60 & 1 & 0.81 \\
0.94 & 0.60 & 0.81 & 1
\end{array}\right]
\begin{array}{c}
Y_1 \\ Y_2 \\ Y_3 \\ Y_4
\end{array}
\end{array}
$$

$$
\begin{array}{cccc}
Z_1 & Z_2 & Z_3 & Z_4
\end{array} \\
\left[\begin{array}{cccc}
1 & 0.93 & 0.93 & 0.99 \\
0.93 & 1 & 1 & 0.89 \\
0.93 & 1 & 1 & 0.89 \\
0.99 & 0.89 & 0.89 & 1
\end{array}\right]
\begin{array}{c}
Z_1 \\ Z_2 \\ Z_3 \\ Z_4
\end{array}
$$

$$
\begin{array}{c}
\begin{array}{cccc}
X_1 & X_2 & X_3 & X_4
\end{array} \\
\left[\begin{array}{cccc}
0.64 & 0.43 & 0.94 & 0.54 \\
0.93 & 0.89 & 0.83 & 0.77 \\
0.33 & 0.46 & 0.83 & 0.49 \\
0.41 & 0.26 & 0.89 & 0.31
\end{array}\right]
\begin{array}{c}
Y_1 \\ Y_2 \\ Y_3 \\ Y_4
\end{array}
\qquad
\begin{array}{c}
\begin{array}{cccc}
X_1 & X_2 & X_3 & X_4
\end{array} \\
\left[\begin{array}{cccc}
0.14 & 0.41 & 0.50 & 0.50 \\
0.33 & 0.60 & 0.60 & 0.49 \\
0.33 & 0.60 & 0.60 & 0.49 \\
-0.04 & 0.26 & 0.43 & 0.37
\end{array}\right]
\begin{array}{c}
Z_1 \\ Z_2 \\ Z_3 \\ Z_4
\end{array}
\end{array}
$$

$$
\begin{array}{cccc}
Y_1 & Y_2 & Y_3 & Y_4
\end{array} \\
\left[\begin{array}{cccc}
0.21 & 0.39 & 0.76 & 0.30 \\
0.37 & 0.60 & 0.83 & 0.43 \\
0.37 & 0.60 & 0.83 & 0.43 \\
0.14 & 0.26 & 0.71 & 0.26
\end{array}\right]
\begin{array}{c}
Z_1 \\ Z_2 \\ Z_3 \\ Z_4
\end{array}
$$

　主対角線の要素から見れば、(Y, X) のマトリックスにおいて、その一致性の程度は中＞高＞低である。(Z, X) のマトリックスにおいて、高＞$X_1 = X_2$ であり、低・中の学歴組の相関係数は 0 に接近する（わずか 0.09 である）。(Z, Y) のマトリックスの中では高＞中＞低であり、中の学歴組の相関係数は 0 に等しいように接近する（わずか− 0.09 である）。低の学歴組は低い負の相関となる（− 0.26）。このことから分かるのは、実際の自他と実際の他者とあるべき関係の中で、高学歴組の一致性の程度は高く、このように表現された差異は小さいものであり、低・中の学歴組の間の選択は全て低い相関を示し、このために彼らの間には相関関係はなく、これによって選択においても不一致なものであると言える。

　最後に、表 9-8 とその相関マトリックスを用いて、職業組の社会地位改変の選択の相関関係を分析する。

表 9-8　職業組の社会地位改変の選択順位表

	理想				実際の自己				実際の他人			
	肉体	頭脳	接客	学生	肉体	頭脳	接客	学生	肉体	頭脳	接客	学生
	X_1	X_2	X_3	X_4	y_1	y_2	y_3	y_4	z_1	z_2	z_3	z_4
才能	1	1	1	1	1	1	1	1	3	2	3	2
人間関係	2	3.5	2	2	2	4	2	4	4	4	4	4
機会	5	3.5	4	3	5	3	3	3	6	5	6	5
権勢	3	2	3	5	6	3	4	5	1	1	1	1
金銭	4	6	5	6	5	6	5	6	5	6	5	6
分からない	6	5	6	3	4	2	6	2	2	3	2	3

注：表 7-2 に基づいて作成

職業組の社会地位改変の選択相関マトリックスは、以下の通りである。

$$
\begin{array}{cccc}
X_1 & X_2 & X_3 & X_4 \\
\end{array}
$$
$$
\begin{bmatrix}
1 & 0.70 & 0.94 & 0.49 \\
0.70 & 1 & 0.84 & 0.56 \\
0.94 & 0.84 & 1 & 0.60 \\
0.49 & 0.56 & 0.60 & 1
\end{bmatrix}
\begin{array}{c}
X_1 \\ X_2 \\ X_3 \\ X_4
\end{array}
\qquad
\begin{array}{cccc}
Y_1 & Y_2 & Y_3 & Y_4 \\
\end{array}
$$
$$
\begin{bmatrix}
1 & 0.37 & 0.77 & 0.71 \\
0.37 & 1 & 0.26 & 0.77 \\
0.77 & 0.26 & 1 & 0.37 \\
0.71 & 0.77 & 0.37 & 1
\end{bmatrix}
\begin{array}{c}
Y_1 \\ Y_2 \\ Y_3 \\ Y_4
\end{array}
$$

$$
\begin{array}{cccc}
Z_1 & Z_2 & Z_3 & Z_4 \\
\end{array}
$$
$$
\begin{bmatrix}
1 & 0.89 & 1 & 0.89 \\
0.89 & 1 & 0.89 & 1 \\
1 & 0.89 & 1 & 0.89 \\
0.89 & 1 & 0.89 & 1
\end{bmatrix}
\begin{array}{c}
Z_1 \\ Z_2 \\ Z_3 \\ Z_4
\end{array}
$$

$$
\begin{array}{cccc}
X_1 & X_2 & X_3 & X_4 \\
\end{array}
$$
$$
\begin{bmatrix}
0.49 & 0.41 & 0.89 & 0.89 \\
0.31 & 0.64 & 0.37 & 0.71 \\
0.83 & 0.76 & 0.94 & 0.66 \\
0.09 & 0.47 & 0.26 & 0.83
\end{bmatrix}
\begin{array}{c}
Y_1 \\ Y_2 \\ Y_3 \\ Y_4
\end{array}
\qquad
\begin{array}{cccc}
X_1 & X_2 & X_3 & X_4 \\
\end{array}
$$
$$
\begin{bmatrix}
0.14 & 0.39 & 0.09 & 0.14 \\
0.37 & 0.64 & 0.43 & 0.37 \\
0.14 & 0.39 & 0.09 & 0.14 \\
0.37 & 0.64 & 0.43 & 0.37
\end{bmatrix}
\begin{array}{c}
Z_1 \\ Z_2 \\ Z_3 \\ Z_4
\end{array}
$$

$$
\begin{array}{cccc}
Y_1 & Y_2 & Y_3 & Y_4 \\
\end{array}
$$
$$
\begin{bmatrix}
-0.31 & -0.71 & -0.20 & 0.14 \\
-0.60 & 0.83 & 0.20 & 0.37 \\
-0.31 & 0.71 & -0.20 & 0.43 \\
-0.06 & 0.83 & 0.20 & 0.37
\end{bmatrix}
\begin{array}{c}
Z_1 \\ Z_2 \\ Z_3 \\ Z_4
\end{array}
$$

Ｚマトリックスの中の要素から見れば、各年齢組の実際の他者に対する見方は最も一致しており、その中の肉体組とサービス組の選択は完全に一致（$r_s = 1$）しており、頭脳組と学生組の選択も完全に一致（$r_s = 1$）している。

　あるべき人生観の選択において、肉体・サービスの両組の選択は最も接近（$r_s = 0.94$）し、サービス・頭脳の両組の間の選択の一致性の程度はこれに次ぎ（$r_s = 0.84$）、学生組とその他の三組は選択上において中程度の相関を示し、実際の自己の選択において、たとえ総体として見ても、各組の間の選択の相関の程度は高くないが、肉体－サービス組の間と学生－頭脳組の間の r_s はこのマトリックス中最大のものであり、全て0.77である。このためにあるべき自己と実際の自己と実際の他者の三組は社会地位改変の問題選択においていずれも肉体－サービスの選択は比較的一致し、頭脳―学生の両組の選択は比較的一致し、その他の職業組の間には、この問題選択の相関の程度は低く、選択の一致性は比較的小さいことを表している。

　対角線の要素から見れば、各職業組は（Y, Z）マトリックスの中で、あるべき自己と実際の自己の一致性の強度は、サービス＞学生＞頭脳＞肉体であり、（Z, X）マトリックスの中ではあるべき他者と実際の他者の見方の一致性の強度は頭脳＞学生＞肉体＞サービスであり、（Z, Y）マトリックスの中の実際の自己と他者の一致性の強度は、頭脳＞学生＞サービス＞肉体であった。（Y, X）マトリックスと（Z, X）マトリックスの対角線の要素から見れば、サービス組の差異が最大であり、彼らは実際の自己の社会的地位改変の選択とあるべき自己の社会的地位改変の選択が最も一致（相関係数が0.94）していて、実際の他者は、この問題においてあるべき他者のそれと最も不一致（相関係数は0.09であり、ほとんど相関関係はない）であり、相比較して言えば、頭脳組は実際の自己と他者はこの問題においてあるべき選択はすべて中程度の相関（0.64）であり、表れた自他の差異は最も小さく、これに対して（Z, Y）

マトリックスの中の頭脳組の評価も、彼らが実際の自己と他者がこの問題における見方が比較的一致している（相関係数は 0.83）と認識していることが見て取れる。しかし肉体組は選択上比較的極端であり、彼らはこの問題に対して実際の自己の選択とあるべき自己の選択が比較的不一致であり、実際の他者とあるべき他者は更に不一致であり、実際の他者と自己は比較して逆方向の不一致を呈する。

　3. ベクトル図分析

　　これまでの相関分析の中で、相関マトリックスの中の関係する要素の比較を通じて、各変量の要素の各問題の選択の一致性と自他の差異特性の関連する結論を得ることは難しいことではない。さらに直観的に、明瞭にこの一致性と自他の差異の程度を反映するために、ここで我々はベクトル図の方法を導入して一致性と自他の差異の図示分析を行う（図9-1 から図 9-3、表 9-9、表 9-10 参照）。

　　これまでに触れたように、スピアマンの順位相関係数を計算するためには、変量の各要素の関係する問題に対する選択頻数表を選択順位表に転換せねばならない。選択順位表において、各変量の要素における選択を、我々はベクトル R と見做し、本書ではベクトルの長さの分析には触れていないため、分析しなければならないものはベクトルの方向である。このため、用いたベクトル図はいずれも簡略化されたものであり、各ベクトルの長さはいずれも単位ベクトルと見做す。相関係数の幾何学の定義から見れば、二つの変量要素間の順位相関係数は、この二つの要素の対応するベクトルの間の挟角の余弦である。

　　　　$r_s = \cos \theta$

　転換を経て得られるのは、

　　　　$\theta = \arccos r_s \quad \theta\ c\ [0,\ \pi]$

　これまでに述べたように、本章の中で順位相関係数を採用し、一致性と自他特性の分析を行ったのは、相関係数の幾何特性を借用し、変量の各要素の問題に対する見方の一致と差異の程度を説明することであり、

相関係数の反映するある種の随伴する特性を利用したわけではない。ここで我々が旧に従うのは、ベクトル図を利用して、各変量の要素の問題に対する選択の差異性の程度がどれくらいのものなのかを直観的に説明するという意図である。二つの変量の要素間 r_s・θ・ベクトル図例と全ての区間内での対応は、表 9-9 参照のこと。

表 9-9　ベクトル図例と意味

t	1	0.8-1	0.5-0.8	0.3-0.5	0-0.3	0	-0.3-0	-0.5--0.3	-0.8--0.5	-0.8--1	-1
θ	0	36-0	60-36	72-60	90-72	90	107-90	120-107	143-120	143-180	180
意義	完全一致	一致性やや強い	一致性強い	一致性一般	一致性弱	基本不一致	相反性弱	相反性一般	相反性強い	相反性やや強い	完全相反
ベクトル図例											

　これまでに構成した順位相関マトリックスの関係するデータに基づいて、その類の選択を基本状態と確定しさえすればよく（ベクトルを参照）、この関連する各変量要素の選択の相関係数を一つのベクトル族に転換することができ、このベクトルの方向を観察すれば、各変量の選択の差異の程度を直観的に見出すことができる。

　前節の関係する人生観と社会地位の選択の分析を例として、我々はベクトル図を利用して関係する分析をする。人生観の選択マトリックスに基づいて、ベクトル図 9-1 を作成した。

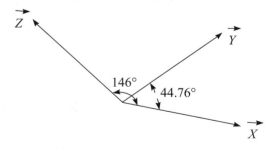

図 9-1　人生観の選択ベクトル図

ベクトル図から、人々のあるべき人生観の選択と自己の選択は方向の上で比較的一致しており、人々が他者の人生観の選択と理想の人生観の選択において基本的に逆方向に一致していると認識していることを、直観的に見出すことができる。

以下では再び学歴組の人生観の選択を例として、関係するベクトル図の分析を行う。これまでの中等学歴組の人生観の選択の相関マトリックスの中の (X, Y) マトリックス・(Z, X) マトリックス及び (Z, Y) マトリックスの中の対角線上の相関係数の値に基づいて、各ベクトルの間の偏角を得た（表9-10参照）。各学歴組のあるべき人生観の選択を基本状態とし（ベクトルを参照）、各学歴組の自己と他者の人生観の選択を参照し、あるべき人生観の選択に対しそれぞれベクトル図を作成した（図の9-2参照）。

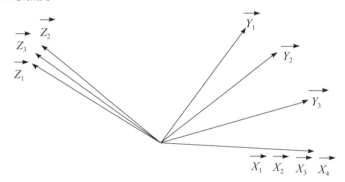

図 9-2　学歴組の自他の人生観の選択ベクトル図

図9-2から、あるべき人生観の選択を参照し、各学歴組の他者に対する見方の一致性の程度が非常に高く、他者とあるべき人生観の選択は基本的に相反するものと認識していて、その相反の程度は初等学歴組＞高学歴組＞中等学歴組となっていることを我々が容見出すことは難しいことではない。各学歴組の自己の人生観の選択には全てに正の一致が示されたが、一致性の程度にも差があり、高学歴組は自己とあるべき人生観

の選択が最も接近していると認識しており、中等学歴組がこれに続き、初等学歴組が最も低い。ベクトルを参照し、ベクトルの間の挟角の大きさの程度も、各年齢組があるべき人生観の選択を参照すると、自己と他者に対するこの問題における見方の違いの程度を反映している。各年齢組の対応するベクトルの間の挟角が大きくなればなるほど、この差異はますます大きくなり、これによって一致性の程度もますます低くなることを説明している。挟角が小さくなるほどに、差異はますます小さくなり、一致性の程度はますます高くなる。図9-2から高学歴組の対応するベクトルの間の挟角が最大であり、中等学歴組は中ほどで、初等学歴組は最も小さいことが直観的に見出せる。

表 9-10　学歴組の人生観の選択ベクトル間の挟角

ベクトル	X_1,Y_1	X_2,Y_2	X_3,Y_3	X_1,Z_1	X_2,Z_2	X_3,Z_3	Y_1,Z_1	Y_2,Z_2	Y_3,Z_3
r_x	0.54	0.76	0.94	−0.83	−0.77	−0.81	−0.31	−0.56	−0.70
θ	57°18'	40°32'	19°56'	146°5'	140°21'	144°5'	108°3'	124°3'	134°25'

自他の差異特性をさらに説明するために、各学歴組の自己の人生観の選択を参照ベクトルとして、各学歴組の他者の人生観の選択ベクトルを作成する（図9-3参照）。図9-3から、各学歴組の他者の選択が比較的

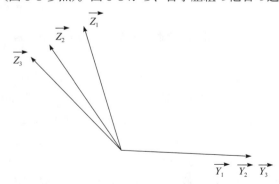

図 9-3　学歴組の他者の人生観の選択ベクトル

一致していて、いずれもマイナスの方向を呈し、他者と自己の人生観の問題に対する見方の相違が比較的大きいと認識していることを見出すことができる。ベクトルとベクトルの間の狭角の大小から、各学歴組が自他の選択上の差異の程度を容易に見出せる。高学歴組の対応するベクトルの偏角は最大であり、その自他の選択上の差異が最大であり、中等学歴組に対応するベクトルがこれに次ぎ、初等学歴組の自他の差異は比較すると最小のものである。

　総括すると、ベクトル図を利用して一致性と自他差異分析を行うことは比較的簡単で、直観的であり、直接ベクトル図から関係する特性を見出すより易しく、その他の各変量の問題に対する選択の関係する分析に対してもこの方法を借用して行うことができるが、ここでは一々冗長に述べない。

（二）心理差異の規則性
　心理差異が既に性格構造の中で共有の心理現象になっている以上、やはり共有現象の規則性を貫くものがあるはずである。心理差異に従うべき規則がなければ、構造作用を起こすこともできず、従って性格構造の特性をなすこともあり得ない。

　心理差異の規則性を論証する方法は、自他の差異の比較表とその意義解釈を用い、学歴組の中の高学歴組と初等学歴組の間の比較を採用した。それは、これまでの多種類分析から、質問と選択肢に対する回答は主に学歴要素の影響を受けていたことが発見されたためである。この状況は我が国の現在の教育水準と社会分業の特徴と関係があるかも知れない。高学歴の者は大部分が頭脳労働に従事し、初等学歴の者は大部分が肉体労働に従事する。14項目の人格特性の評価・社会需要・良い人間関係を作るといった質問の中で、選択頻度が最高・中程度・最低の三種類のデータを用いた。それは、この三種の選択に最も心理差異の特性が表現され得るからである。

1 心理差異比較表の方法を用いる

表9-11 は各種の問題上にける自他の差異の学歴差異比較表であり、この表を作成する方法は、

（1）各項目の学歴差異が顕著か否かを計算する（x^2 検定を用いる）。

（2）顕著な差異が存在する選択項目の中の高学歴組・初等学歴組の $(\frac{f_o - f_e}{f_e})$ の値。

ここでの f_o は実際の頻数であり、f_e は期待頻数であり、x^2 を計算する時に使用する f_o と f_e である。もし初等学歴に 177 人、高学歴に 605 人、合わせて 782 人いれば、そのうちの高学歴は 77%を占め、初等学歴は 23％を占める。人生の価値観の選択において、自己の金銭の項目に対する選択は、初等学歴では 15％の人が選択し、それは、$f_o = 15.0$%×177≈27（人）である。高学歴には 3.0%の人が選択し、それは、$f_o = 3.0$%× 605≈18（人）、全部で 27 + 18 = 45 人であり、高学歴の f_e=77%× 45≈35（人）、初等学歴の $f_e = 23$%× 45≈10（人）。f_e の値は、学歴差が存在しないと仮に設定した時の値であることが分かる。（$f_o - f_e$）は実際の値と期待値の隔たりを表し、絶対的誤差に相当し、実際値と期待値の間の隔たりの絶対的大小を反映し、$(\frac{f_o - f_e}{f_e})$ は実際の値と期待値の隔たりの相対的大小を表し、相対的誤差に相当し、その符号は隔たりの性質を反映し、その絶対値は相対的差の大小を反映する。もし $(\frac{f_o - f_e}{f_e}) > 0$ であれば、回答者のこの種の選択の程度が平均水準より高い傾向にあることを説明し、もし $(\frac{f_o - f_e}{f_e}) < 0$ であれば、回答者のこの種の選択の程度が平均水準よりも低い傾向にあることを表す。

（3）各項目の自他の差異（自他の差異は一種の確率の差であり、その意味はすでに論証した）。

（4）各項目上の自他の差異に顕著な学歴差があるかどうか計算する（x^2 検定）

（5）もし顕著な差異が存在すれば、$(\frac{f_o-f_e}{f_e})$の値を計算し討論する。

2. 自他の差異の規則性の基本表現

表 9-11 に基づくと、以下のような結論を得ることができる。

（1）自己評価の上では、高評価の性質には、三項目に学歴差異があり、二項目に学歴差異がなかった。顕著な差異がある項目の上には、$(\frac{f_o-f_e}{f_e})$の値は高学歴に対して全て正であり、初等学歴に対しては全て負であり、これは高学歴が高評価の性質の項目上の自己評価が平均水準よりも高く、初等学歴が高評価の性質の項目上の自己評価が平均水準よりも低いことを表している。中立的な性質では、ただ一項目だけが学歴差異を存していたが、その他の四項目にはどれも顕著な学歴差異はなかった。このことは、中性的な性質では、人々の自己評価が基本的に一致することを表している。低評価の性質では三項目に学歴差異があり、二項目には学歴差異がなく、顕著な差異がある項目には、$(\frac{f_o-f_e}{f_e})$の値は高学歴に対して全て負であり、初等学歴に対して全て正であり、これは高学歴が低評価の性質の項目の自己評価が平均水準より低く、初等学歴はこれに相反するということを表している。だから自己評価という観点だけから見れば、高学歴の性質レベルは初等学歴よりも高い。

（2）対人評価の上では、高評価の性質と中性的な性質の項目には、全て学歴差異がない。低評価の性質の項目には二項目に学歴差異があり、三項目に学歴差異がなく、$(\frac{f_o-f_e}{f_e})$の値は自己評価の項目に一致する傾向があったことはない。権力の項目では、高学歴の権力に対する評価は平均水準よりも高く、初等学歴は平均水準よりも低く、これは高学歴の生活圏と権力圏の交流が比較的大きいことに関係があるのかも知れない。金銭の項目では、高学歴の金銭に対する評価は、平均水準よりも低い。だから、対人評価の観点から見れば、高学歴と初等学歴との差異は比較的小さく、社会気風と比較的一致した見方を有する。

（3）自他の差異において、高評価の性質の各項目は、いずれも正となり、いずれにも学歴格差が存在した。大多数の状況下で$(\frac{f_o - f_e}{f_e})$の値は高学歴に対して正の値となり、初等学歴に対して負の値となった。これは高学歴・初等学歴の人の自己評価はいずれも他者に対する評価よりも勝っていなければならないこと、即ち初等学歴の者の差異は平均水準よりも小さいことを表す。中性的な性質の項目においては、各項目に正があり負があるが、その絶対値はいずれも比較的小さく、一般にいずれも10%を超えないが、このことは高学歴・初等学歴の人は、ともに中性的な性質において評価の自他の差異がいずれも比較的小さいことを表している。

五項目の性質のうち三項目の自他の差異に学歴の差異があるが、$(\frac{f_o - f_e}{f_e})$の値の正負と学歴の高低の間には多少とも一致性は見られない。総じて言えば、中性的な性質においては、多少とも自他の差異がなく、多少とも学歴の差異がない。低評価の性質の項目においては、自他の差異は多くは負の値となり（ただ一項目だけが＋0.7であり、0に近い正の値である）、学歴の高低に関係なく、人々は低評価の性質の自己評価は他者に対する評価よりも少ない、即ち他者についてはより悪く見なす。このことは高評価の性質において自己をよりよく見なすことと一致するものである。そのほかに、高学歴の者の負の差異値はより突出しており、高学歴の者は他者をより悪く見なす程度がより深刻である。

　3. 総括

　（1）学歴の高低に関わらず、人々は高評価の性質の項目において自己をより良いものと認識し（自他の差異は正である）、低評価の性質の項目において他者をより悪く認識し（自他の差異は負となる）、中性的な性質の項目において自己と他者はほとんど同じであると認識する（自他の差異は0付近で変動する）。

　（2）高評価の性質の項目において、高学歴の者は自己を向上させる程度がより大きく、初等学歴の者は比較的小さい。低評価の性質の項目において、高学歴の者は他者を低く評価する程度がより大きく、初等学

表 9-11 各種の問題上の自他の差異の学歴差異

		自己		
		高得点品質	中性品質	低得点品質
人格特質	高学歴選択頻率 初等学歴選択頻率学歴の顕著な差異の有無及び $(f_o - f_e)/f_e$ 値	仁愛 40.0 27.4 高＝＋0.09 顕著 低＝－0.28	中庸 14.6 10.7 不顕著	欺瞞 0.5 1.2 不顕著
社会需要	高学歴選択頻率 初等学歴選択頻率学歴の顕著な差異の有無及び $(f_o - f_e)/f_e$ 値	自己実現 65.8 39.3 高＝＋0.11 顕著 低＝－0.35	調和 6.1 8.9 不顕著	収入 7.2 29.8 高＝－0.41 顕著 低＝＋1.4
人脈形成ルート	高学歴選択頻率 初等学歴選択頻率学歴の顕著な差異の有無及び $(f_o - f_e)/f_e$ 値	人気 34.9 11.2 不顕著	和事 25.9 16.4 高＝0.090 顕著 低＝－0.33	お世辞 2.2 14.1 高＝－0.55 顕著 低＝＋1.77
		自－他差		
		高得点品質	中性品質	低得点品質
人格特質	高学歴選択頻率 初等学歴選択頻率学歴の顕著な差異の有無及び $(f_o - f_e)/f_e$ 値	仁愛 30.7 13.3 高＝－0.43 顕著 低＝＋1.5	中庸 －10.5 －7.6 不顕著	欺瞞 －7.3 －11.0 不顕著

		自己実現	調和	収入
社会需要	高学歴選択頻率 初等学歴選択頻率 学歴の顕著な差異の有無及び $(f_o - f_e)/f_e$ 値	31.1 10.2 高＝＋0.18 顕著 低＝－0.61	0.6 2.8 高＝－0.43 顕著 低＝＋1.5	－22.0 ＋0.7 高＝－2.3 顕著 低＝－0.97
		人気	和事	お世辞
人気つくり道	高学歴選択頻率 初等学歴選択頻率 学歴の顕著な差異の有無及び $(f_o - f_e)/f_e$ 値	34.9 11.2 不顕著	21.2 16.4 不顕著	44.4 45.2 不顕著
		他人		
		高得点品質	中性品質	低得点品質
人格特質	高学歴選択頻率 初等学歴選択頻率 学歴の顕著な差異の有無及び $(f_o - f_e)/f_e$ 値	仁愛 9.3 14.1 不顕著	中庸 25.1 18.3 不顕著	欺瞞 7.8 12.2 不顕著
社会需要	高学歴選択頻率 初等学歴選択頻率 学歴の顕著な差異の有無及び $(f_o - f_e)/f_e$ 値	自己実現 34.7 29.1 不顕著	調和 5.5 6.1 不顕著	収入 29.2 29.1 不顕著
人気つくり道	高学歴選択頻率 初等学歴選択頻率 学歴の顕著な差異の有無及び $(f_o - f_e)/f_e$ 値	人気 19.2 28.2 高＝－0.06 顕著 低＝＋0.32	和事 4.7 0.0 高＝＋0.27 顕著 低＝－1.0	お世辞 －42.2 －31.1 高＝－2.07 顕著 低＝－1.77

注：（1）各種の問題上の高・中・低評価の性質の項にはいずれも多くの項目があるが、ここではそれぞれ一項目を代表として抽出しただけであり、その全体的な法則は一致している。

（2）有意性水準は $p < 0.05$。

の者は比較的小さい。このことは、価値の方向において、高学歴の者は上層の必要をより重視するが、先述した対人評価の学歴との一致性から知ることができるが、行為の方向において、彼らはまた社会習慣に服従するが、これも一種の差異であり、価値の方向性と行為の方向性の差異である。

（三）心理差異の深層性
　上述した差異現象の学歴差異比較分析の中から見出すことができるのは、心理差異の規則性が評価の差とその選択の差の中に存在するということであり、それは、心理差異の規則性が、選択項目の高い評価と低い評価、及び自己と他者に対する高頻度の選択及び低頻度の選択の中に存在するということであり、これは意識層の下層から発生する心理現象である。

　この自他の心理差異は、経験を前提として形成されたものであり、人は生活の経験を通じて自己と他者に対する異なる見方を形成する。しかも「経験」というものは人々の実際の生活に由来するも、また目下の生活を離れている。それは感受・連想・想像・先入観などの形式によって内面世界に記憶される。成功した経験に関するものか、失敗した教訓（負の経験）に関するものかを問わず、いずれも現在性と実在性を備えていない過去の事件の体験であり、意識領域のある部位に保存されている。

　認知過程において、事件・体験・想像などを経験することは、知覚を感ずることに重きをおき、理性を軽くみる中間段階であり、それは意識構造の中で意識と無意識の間に存在し、心理と社会心理学の中のイメージと印象の領域に属する。性格学においては、イメージ研究は性格類型と性格構造の研究における一つの方法である。性格の研究に関しては、複数のパターンの行為の属性と具体的行為表現を手掛かりとして調査研を進めるほかに、イメージを端緒として、内省・「意志」（Psychograph(心理的特性グラフ)、1937)[1]、TAT 投影法（Thematic Apperception Test（主

1　ゴードン・オールポート（Gordon Willard Allport）（1897 年 - 1967 年）は、

題統覚検査）、1935）[1]、アンケート法などを通じて研究を行った。ユング心理学においては、イメージは意識と無意識の間の心理世界であり、夢想・架空・絵画・音楽・神話・古代宗教などを表現する。彼は神話・古代宗教・未開の文化において見出された性格特性を、原型、或いは原型イメージと称し、それは文化の根底において作用するものである。

　イメージには自己像・他者像・群像・社会像・民族像などがある。課題の中の心理差異は自己像と他者像の間の差異を表現し、このイメージ領域中の心理差異は、すでに有意識の明確性と自信性を帯び、さらに無意識の不明晰性やあいまい性も帯びている。自己像の観点から見ると、自己に関するイメージは明確で自信のあるものである。しかし、他者像の観点から見ると、他者に関するイメージも不明晰であいまいなものである。しかし、イメージ領域中のこの二つの異なる著しく対立している自己像と他者像は、むしろ共存しているものであり、自他の差異を通じて平衡を得ている。例えば、高学歴が高評価の性質の選択項目において自己に対し比較的高頻度の選択をすることは、高評価の性質の選択項目に対する追求を表し、低評価の性質の選択項目において自己に対し比較的低頻度の選択をすることは、低評価の性質の選択項目に対する回避を表すが、低評価の性質の選択項目において自他の比較的大きな差異は、その回避されたものは他者に対する比較的高頻度の選択の中で埋め合わされる。初等学歴は高評価の性質の選択項目の自他について、比較的大

アメリカ合衆国の心理学者。兄フロイド・オルポートも心理学者。著作に、『人格の形成―人格心理学のための基礎的考察』（Becoming: Basic Considerations for a Psychology of Personality) や『個人とその宗教』（The Individual and his Religion) がある。

1　ヘンリー・アレクサンダー・マレー（Henry Alexander Murray）（1893年-1988年）アメリカの臨床心理学者。TAT（主題統覚検査）の考案者。ユングの精神分析学に傾倒し、その考え方を発展させたが、モルガン Christiana Drummond Morgan（1897年-1967年）らと共同研究をした欲求 - 圧力分析法は TAT という投影法の重要なテストとして利用され、心理診断学の発展に寄与した。

きな差異の中で、自己の不足を埋め合わせている。心理領域の比較的大きな差異は、他者のこの「鏡」の中で反映され、それは他者像の中で反映されるものである。自己像と他者像の差異、或いは差異量が心理的な補償額なのである。

課題研究の中の心理差異現象は、中国人の心理反応と人間関係には密接な関係があり、中国文化の人文精神が心理生活に対して大きな影響力を有していることを示している。ただ、この影響は人文精神のマイナスの作用の結果であることも表している。

二、性格構造の均整特性

民族性構造の二重性は、決して民族性構造体の矛盾の群生や瓦解を意味するものではない。歴史上、中国人は「矛盾の塊」であり、愚人＋狂人の一族として描写した学者もいた。これは中国人に対する軽蔑であることを除いても、中国人に対する無知・無理解である。

中国は世界のその他の民族と同様に、自己の歴史と文化を有し、歴史と文化の発展を維持し促進する精神力と知力を有していた。精神力は中国人の民族性構造とこの結合体を貫く精神に由来する。

中国人の民族性構造には精神力が備わっており、この構造体が比較的合理的な結合を有し、各種の人格特性を合理的に組織して一体化し得るものであり、美しいものと醜いもの、善いものと悪いもの、などの特質が中和して豊かな味わいに至り得ることを表している。中国人の性格の秘密は、どれほどの仁徳があるかあるいは悪徳があるかなどの特質にではなく、両極の間にある中庸が備える絶妙な作用にある。

（一）中性の性質選択の無差異

回答者の心中における、中庸の項目と中庸に類似するその他の中性の選択項目の位置と作用を説明するために、ここでは二種類の比較分析を

行う。一つ目は表9-11の中の中性の選択項目に対する比較分析であり、二つ目は中庸の項目に対するファジィクラスタリング（ソフトクラスタリング）を利用するものである。

　第一に、表9-11を見ることから、3つの質問の中で中くらいの点数と選択頻度に属する選択項目には人格特性上の「中庸」、社会需要上の人と人の間の「調和」、人間関係を円滑化する「調停」の三項目があり、表9-11の中では中性の性質の選択項目であると規定している。この五項目は異なる学歴の者の間でも、比較的一致した選択を得た。自己評価の上では、「調停」の項目に学歴の差異が存在する以外には、その他の四項目にはいずれも顕著な学歴の差異はない。対人評価の上で、五項目全てにおいて学歴の差異はない。自他の差異において、五つの選択項目には正負があるが、その絶対値はいずれも比較的小さく、一般に10%を超えない。このことは学歴の高い低いに関係なく、中性の性質の選択項目の自他の差異はいずれも比較的小さい。五つの選択項目の中で三項目の自他の差異には学歴の差異が存在するが、$(\frac{f_o - f_e}{f_e})$の値はいずれも小さい。

　中性の性質の項目に対するこの比較的一致した選択は、高学歴組と初等学歴組の中だけでなく、高学歴・初等学歴と中等学歴の間、及び五つの年齢組の間、五つの職業組の間でも検証を得たのであり、各種の回答者にとっては比較的温和な中性の選択項目はいずれもどうでもよいものであり、自己と他者にとって影響がないことを明らかにした。このために中性の性質の項目上では、比較的大きな自他の差異はなく、比較的大きな学歴差異もない。

　中性の性質の項目のこの選択無差別性について更に一歩進んで説明するために、課題研究の中で14の項目の人格特性についてファジィクラスタリングを行う。

　第二に、14項目の人格特質の評価指標のファジィクラスタリングの

作成である。この部分で、我々が関心を有することは、人々が14項目の人格特質の点数評価をする時、どの項目の特質に類似の点数評価の様式が備わっているのか、即ちどの人格特質の指標が点数評価の上で一括して類似したものとなされ得るのか、ということである。換言すれば、我々が関心を持っているのは、14項目の人格特質指標の分類問題である。

　人格特質の指標の諸概念はいずれもあいまいな概念に属しており、ここでのいわゆるあいまい性が主に指し示すことは、客観的事物の差異の中間移行の「不明確性」である。たとえば、ある人が思いやりの項目の点数評価を5点とし、別の一人が3点とすれば、この時、我々はここでの5点と3点の差異の間の中間移行がいかなるものであるか明確に指し示すことはできず、我々はただ概ね言い得ることは、5点は「最良」を意味していて、3点は「比較的良い」ことを意味している、などのことである。しかも、このあいまい性の指標の定量に伴って、通常は配列と定類階層に属するものであり、この時、例えばクラスタリングシステム・主成分分析・因子分析等と同様に、クラスター問題を処理する方法の応用は変量階層の制限を受ける。幸運なことは、ファジィクラスタリング分析はちょうどこの類の「あいまい」概念のデータクラスタ問題を満足することができる。

　続いて、我々は如何にファジィクラスター分析というこの方法を人格評価の指標クラスタ問題に応用するかについて段階を分けて描写する。

　1、原始データの整理及び規格化

　まず、人格特質評価の質問に対して、1838組のアンケート用紙の中の有効アンケートの中から500組を無作為抽出し、我々の原始データのマトリックス $DB = (db_{ij})$ 14 × 500 を整理して算出し、この時、行は人格特質の指標（全14項）を示し、列は回答者（全500人）を示し、db_{ij} は第 j 人の第 i 項の点数評価値（－5, －3, －1, 0, 1, 3, 5 の中の一つとなる）を示す。

その次に、ファジィ数学の要求に基づき、我々はDBマトリックスの7項を点数評価し、[0、1] の区間上のファジィ値に転化し、以下のように公式を用いる。

$$fd_{ij}=(db_{ij}+5)/10$$

容易に発見できることは、人格特質に関係する点数評価の最高点（db_{ij}）は、$fd_{ij}=1$ に対応し、点数評価の最低点－5は、$fd_{ij}=0$ に対応するということである。

最後に、後に採用するファジィ相似形数概念と対応させるために、我々はデータに対して規格化を行う。以下のように公式を採用する。

$$f_{ij}=(fd_{ij}-0.5)\times2$$

式の中の定数 0.5 は、人格の点数評価が 0 点となることを代表しており、中性値を示している。上式の変換を経て、概念上から語れば、f_{ij} の指すものは、第 i 番目の人格項目が 500 人からなる一つの空間中において、第 j 次元座標軸（人）上に投影させてベクトルを評価しているということであり、この座標投影は正規化処理をしたものである。指摘しなければならないことは、この処理は我々が後に採用した相似係数度量を必要とするものである。

2、ファジィ相似性マトリックスを計算

如何なるクラスター方法も指標と標本を反映する親疎の程度の度量指標を欠くことはできない。我々が採用する度量指標は普通の相似性係数である。定義は以下の通りである。

$$r_{ij}^{*}=\frac{\sum_{k=1}^{500}f_{ik}\cdot f_{jk}}{\sqrt{(\sum_{k=1}^{500}f_{ik}^{2})\cdot(\sum_{k=1}^{500}f_{jk}^{2})}}(i,j)=1,2,3\cdots,14$$

幾何学上は、r_{ij}^{*} が反映しているものは指標 i と指標 j の標本空間における夾角 Q の余弦の値、即ち、$r_{ij}^{*}=\cos(\theta)$ であることを証明できる。

両方の指標が間近である時、 $\theta \to 0$ となり、この時 $r_{ij}^* \approx 1$ であり、このために我々は r_{ij}^* を用いて指標の間の親疎の程度を反映することができる。即ち、 r_{ij}^* が1に近づくほど、指標 i と j の相似の程度はますます高くなる。

見出し易いことは、r_{ij}^* の取り得る値の範囲は、−1から1の間であり、ファジィ数学の必要を満足させるために、我々は r_{ij}^* の取り得る値の範囲を $[0, 1]$ の範囲内に圧縮せねばならない。下の列の公式に基づいて変換を行えば、我々はファジィ相似性マトリックス R を得る。

$$r_{ij}=(1+ r_{ij}^*)/2$$

3、ファジィ分類関係マトリクスを得る

厳密に言えば、上述のファジィ相似性マトリクスは幾度かのファジィコンボリューション演算を経ねばならず、そうしてやっとクラスターファジィ分類関係マトリクスに移行することができる。ここで我々が採用したコンボリューション演算公式は以下の通りである。

$$R'= R \cdot R$$

ここで、$R'_{ij}=\max \left[\min \left(R_{ik} \cdot R_{kj}\right)\right]$、$i,j,k$=1, 2, 3…14。4回の反復コンボリューション演算を経た後に、収斂する結果、即ちファジィ分類関係マトリクスは以下の通りである。

1.000	0.962	0.865	0.960	0.952	0.522	0.522
0.962	1.000	0.865	0.960	0.952	0.522	0.522
0.865	0.865	1.000	0.865	0.865	0.522	0.522
0.960	0.960	0.865	1.000	0.952	0.522	0.522
0.952	0.952	0.865	0.952	1.000	0.522	0.522
0.522	0.522	0.522	0.522	0.522	1.000	0.595
0.522	0.522	0.522	0.522	0.522	0.595	1.000
0.522	0.522	0.522	0.522	0.522	0.595	0.885
0.918	0.918	0.865	0.522	0.918	0.522	0.522

0.900	0.900	0.865	0.522	0.900	0.522	0.702
0.522	0.522	0.522	0.522	0.522	0.595	0.941
0.522	0.522	0.522	0.522	0.522	0.595	0.941
0.522	0.522	0.522	0.522	0.595	0.941	0.941
0.522	0.918	0.522	0.522	0.522	0.522	0.522
0.522	0.918	0.900	0.595	0.522	0.522	0.522
0.522	0.865	0.900	0.702	0.522	0.522	0.522
0.522	0.918	0.865	0.702	0.522	0.522	0.522
0.522	0.918	0.900	0.522	0.522	0.522	0.522
0.595	0.522	0.900	0.522	0.595	0.595	0.595
0.885	0.522	0.865	0.702	0.941	0.941	0.941
1.000	0.522	0.900	0.702	0.885	0.885	0.885
0.522	1.000	0.900	0.522	0.522	0.522	0.522
0.522	0.900	1.000	0.522	0.522	0.522	0.522
0.702	0.522	0.522	1.000	0.702	0.702	0.702
0.855	0.522	0.522	0.702	1.000	0.961	0.952
0.855	0.522	0.522	0.702	0.961	1.000	0.952
0.855	0.522	0.522	0.702	0.952	0.952	1.000

4、ファジィクラスター

　先に指摘したように、r_{ij}^* は指標の間の相似性の程度を反映し、かつ我々はさらに関係する変換を行い、r_{ij}^* を $[0, 1]$ の区間に値を取るファジィ量 r_{ij} に変換させる。ここで、我々は補足して指摘することは、この変換を経た後の r_{ij} は実際相似性の隷属度に関係する。先の叙述を顧みるに、二つの指標が完全に一致する時には、$r_{ij} = 1$ となり、その隷属度は 1 になる。二つの指標がちょうど反対に極端に一致しない方向を出現した時、$r_{ij}^* = -1$、$r_{ij} = 0$ であり、隷属度は 0 となる。このようにして、r_{ij} が 1 に接近する程度を用いると、我々は二つの指標が完全に一致する程度に隷属することを考慮して良い。通常のクラスター分析と異なり、

第九章　性格構造の特性 | 283

ファジィクラスターは先述のファジィマトリックスの基礎の上に、一定の隷属度に基づいて分類関係を確定する。

　我々は隷属度を λ と記す。ファジィ分類マトリックスから見ると、r_{12} ＝ 0.96、r_{14} ＝ 0.96、$r_{12, 13}$ ＝ 0.96 であり、その他の r_{ij} はいずれも 0.95 よりも小さいか等しかった。

　（1）隷属度が 0.96 ＜ λ ≦ 1 の水準の時に、いかなる二つの指標もその水準の相似の程度よりは高くなく、この時、いかなる指標も一つの類に統合することはできない。即ち指標は依然として元来の 14 の項目を保持している。

　（2）隷属度が 0.95 ＜ λ ≦ 96 の水準の時に、第 1、第 2、第 4 項の指標の間の元素 r_{12}、r_{14}、r_{24} ＝ 0.96 であり、これも λ ＝ 0.96 の隷属度水準において、第 1、第 2、第 4 項の指標の間の相似の程度が当該水準よりも高いとも言える。即ち第 1、第 2、第 4 項の指標は一つの類に統合できる。同じ道理で、0.96 の隷属度の水準において、第 12 と第 13 項の指標も一つの類に統合できる。この時の分類関係は {1, 2, 4}, 3, 5, 6, 7, 8, 9, 10, 11, {12, 13}, 14 であった。

　（3）同様に、λ ＝ 0.95 の水準における分類関係は {1, 2, 4, 5}, 3, 6, 7, 8, 9, 10, 11, {12, 13, 14} となる。

　（4）これによって類推し発見できることは、隷属度水準 λ がますます低くなる時ほど、分類は細かいものから粗いものになり、最終的には一つの類となり、イメージ表象のこの変化のために、我々は動態性のクラスター系譜を図 9-4 とした。

　5、ファジィクラスター系譜図

　描写と分析上の便宜のために、我々はまた上述のマトリックスを図式化した。図 9-4 に基づき、クラスターの結果の解釈の方式は以下のような二種類のものになった。

　（1）指標の間の親疎の程度の描写。クラスター系譜図の中から見出すことができるのは、相似性隷属度が λ ＝ 0.55 の時に、14 項の人格特質

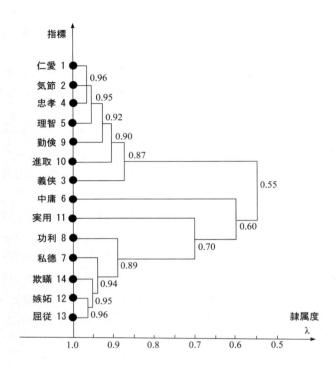

図 9-4　ファジィクラスター系譜図

は二つの分類に分かれる。{仁愛・節操・忠孝・理智・勤勉質素・進取・義侠}と{屈従・嫉妬・欺瞞・私徳・功利・実用・中庸}である。換言すると、この二つの類の間の如何なる指標間の相似性の隷属度も 0.55 に等しい。別の一面では、先述した公式に関係する我々の発見を顧みるに、$\lambda = 0.5$ と対応する $r_{ij}^{*} = 0$、即ち $\theta = 90°$ であり、このため、先述の二種類の指標を類似させて幾何学上の垂直交線を描くと、第一類の指標と第二類の指標の間の挟角はだいたい 90°になる。換言すれば、我々の 14 項の指標は、それぞれ二本の直交する直線の周囲に集中する。そして、二つの指標に含まれている意味の上から語れば、

第一の類は正の指標に属し、第二の類はおおよそ負の指標に属する。

（2）分析のために簡略化した道具。以前に人格特質に関係する分析を行ったが、それはいずれも14項の分類に基づいたものであり、比較的面倒なものであった。現在、分析をより少ない項目の分類において簡略化させることを考慮に入れることができ、これがクラスター分析の主な目的である。

既に指摘したが、ファジィクラスター分析は一定の隷属度水準に基づいて集めるものである。隷属度水準 λ の確定が精巧を要することは指摘しておかねばなるまい。もし λ があまりに高く設定されたら、クラスターの簡略化効果に欠き、あまりに低く設定されたら、分類はあまりに粗いものになり、あまりに多くの情報量を捨象することになり、さらには、各類の指標における指標ごとの代表性が低下する。ここでは、我々は λ = 0.94 を取るが、この時指標の分類は以下の通りである。{仁愛・節操・忠孝・理智}・勤勉質素・進取・義侠・中庸・実用・功利・{私徳・欺瞞・嫉妬・屈従}。λ = 0.94 は 1 に接近しているために、この時我々は {仁愛・節操・忠孝・理智} の中の任意の一つの指標（例えば仁愛）を用いて、この類を代表することができる。{私徳・欺瞞・嫉妬・屈従} に対して、我々は欺瞞を選び用いて全ての類を代表できる。このように、我々は14項の人格特質の分析について、簡略化して8項（仁愛・勤勉質素・進取・義侠・中庸・実用・功利・欺瞞）にすることができるという基礎の上に行う。即ち、先述の人格特質に関係する頻度分布・相互性・総合評判及び関係図表は、全てこの8項を用いて叙述できる。

どの種類の方式を採用して14項の人格特質の分類を描写しようと、全て我々のこの部分分析の目的に符合する事実が現れ、これは中庸の項の図の中の位置及びその作用である。

第一に、中庸は正・負の二つの大きな類別の中間の位置にあり、正確に言えば、中間のやや負に偏った位置にあり、隷属度での距離は 0.55 において臨界となり、この従属度が最も近い。簡略化された後の8項目

の観点から見ると、中庸は同様に中間の位置に近い。中庸のこの中間の位置が表しているのは、中庸は人々の人格特質の価値観の選択において、選ぶことも選ばないこともでき、これもまた中性の態度であり、このために中庸の選択には自他の差異が非常に少ない。

　第二に、中庸の選択は中間の位置に近く、比較的顕著な仲介性と疎通性を備え、比較的顕著な柔軟性を備えている。形式上、相似性隷属度 $\lambda < 0.55$ でありさえすれば、中庸はその他の 13 項の人格特質の中の任意の一項と隷属関係にあることはできないが、実際上は、この $\lambda > 0.55$ でありさえすれば、中庸は「非常に錯綜した」関係を経ることもあり、最初に、0.60, 0.70, …, 0.96 といった異なる隷属度数を経て、次第に負の極の人格特質につながり、0.87, 0.90, …, 0.96 といった異なる隷属度数を経て、次第に正の極の人格特質につながり、異なる程度の隷属関係を形成する。中庸が特に有するこの卓越した位置と作用は、その他の 13 項の人格特質にはなく、それらの中のどの一項も異なる局の上の人格特質と隷属関係を結ばねばならず、いずれも必ず 0.55 の「境界線」を経ねばならない。このために、中庸は正・負の類の間にあって、隷属の程度は最小であり、正・負の類の最良の位置に達している。

　注目させられることは、14 項の人格特質の点数評価の中で、中庸の項の得点は 0.019（平均値）であり、その絶対値は第 14 位であり、14 項の人格特質の自他の選択上において、選択頻度の差が小さいばかりでなく、選択頻度はいずれも比較的低く、選択の注意点は中庸の項にあるのではなく、あるいは、中庸の項目に対する選択は比較的多くの無意識の要素を帯びており、中庸の仲介作用は人々の無意識の中で柔軟に実現されるものである。しかし、一度注意が集まると、選択頻度は上昇し、自己と他者の間の差異を現出する。

（二）中庸の均衡作用

　中庸がアンケート結果から中性の「どちらでも良い」という評価を得た以上、それは何故各方面の作用を起すに至ったのか。そのメカニズム

はどこにあるのか。精神史をさかのぼることによって、この問題につ
いていささかの回答を得たいと思う。筆者の主な観点は、中庸は人々の無
意識の中で均衡作用を起し、これは文化堆積の深層心理と不可分である。
このため、中庸の文化の淵源に対して精神史を遡らねばならない。

　現在皆が次の観点に同意する。中国文化の根本精神はヒューマニズム
（人文主義）である、ということだ。人を根本とし、神を根本としたり
物を根本とすることがなかった。中国文化の二つの大きな源流としての
儒家思想と道家思想は、時間の上でほとんど同時期のものである。儒家
の経典の著作は『大学』『論語』『孟子』『周易』『書経』『詩経』『礼記』『春秋』
であり、通常「四書五経」と称される。『大学』『中庸』『周易』は、ほぼ『荘
子』の「天下篇」に列記されている。儒家の祖師は孔子であり、やや後
れて孟子がいた。道家の始祖は老子であり、やや後れて荘子がいた。儒・
道の両家は絶対的に対立したわけではなく、正負の両側面から人の本性
について論じた。中庸は本質的に儒・道の両家の間を橋渡しした。

　『論語』の思想体系は仁を核心とし、このため『論語』の中で形作ら
れた理想の人格は、仁を核心とする修身・斉家・治国・平天下であった。
修身は三たび我が身を顧み、忠と恕の心を追求した。斉家は孝の道を行
う。治国と平天下は寛容で剛毅であり、仁義を発揚し、君は君、臣は臣
となって上下一体である。『論語』全体、即ち、「学而第一」「為政第二」
「八佾第三」「里仁第四」「公冶長第五」から「堯曰第二十」に至るまで、
堯舜の道を称揚することが孔子の道であった。仁は徳性の心として、外
に現れて義と礼になる。義は世間の是非の判断基準となり、礼は人間関
係の好悪の判断基準となった。礼と和は一致するものであり、「礼の用は、
和を貴しと為す」（「学而第一」）とある。儒家思想の中では、「和」は仁
を行い義を発揚し、礼を執り行う手段と工夫であり、人情と道理を重ん
じ、寛大を重んじる。『論語』の中では、「子曰く、上に居りて寛ならず、
礼を為して敬ならず、葬に臨みて哀ならず、吾何を以てかこれを観んや」
（「八佾第三」）とある。これは寛・敬・哀の統一を語っているのであり、

民を見ること子の如く、人を見ること神の如く、死者は己を善くする。王道の制度や人道の節操を語りそのようにしてようやく上下が一つの徳のもとにまとまる。『論語』の中ではまた説いている。「これを導くに政を以てし、これを整えるに刑を以てすれば、民は免れて恥無し。これを導くに徳を以てし、これを整えるに礼を以てすれば、恥有り且つ正し。」（為政第二）このことか、和合して人情と道理が共に配慮され、中庸の道は儒家思想の人文精神の「筋」となっている。荘澤宣は、人文主義の発端は道理と人情をよく語り、中庸の道を遵守することにあった、と認識している。

蔡元陪は中華民族と中庸の道を評論する時に、儒家が模範的人物として挙げる人物は、4000年前の堯・舜・禹に始まり、3500年前の湯、3000年前の文武であり、中庸の道を先祖の教えとしない者はいなかったと認識している。彼は言う。『論語』は堯が舜に位を譲る際に、「允に厥の中を執れ」と命じたと記録している。舜の中を執るとはどのようなものであったか。『礼記』「中庸篇」には、「舜は邇言を察することを好み、其の両端を執り、民に於いて其の中を用いた」とある。『尚書』には、舜は典楽という位階の者に教育を任せ、彼に子弟を教える際には「直にして温、寛にして栗、剛にして無虐、簡にして無傲」であらねばならないと命じたとある。直寛と剛簡は、善徳ではあるが、あまりに率直であれば温ではなくなり、あまりに寛大であれば畏れられなくなり、あまりに剛毅であれば虐に走り、あまりに簡略であれば傲慢になり、温・栗・無虐待・無傲を用いて定義とした。これが中庸の意味である。舜が晩年、禹に位を伝え、彼に「允に厥の中を執れ」と命じた。禹の中を執るとはどのようなものであったか。孔子は言う。「禹は飲食に非ずして鬼神に孝を致し、衣服を悪くして冠に美を致し、宮室を卑しくして溝に尽力した。」（『論語』「泰伯第八」）もし個人の衣食住における倹約を重視するために、祭礼に供える品や礼服、及び田畑の利水工事も全て簡略化してしまっては、やり足りない。また、もし祭礼に供える品や礼服及び田畑

の利水工事が完備しているがために、個人の衣食住も奢侈を重視すれば、あまりにやり過ぎである。禹にはやり足りないこともやり過ぎることもなく、これが中庸である。湯の事跡には考察対象となりえるものが少ないが、孟子は言った。「湯は中を執る」、これは堯・舜・禹と同じである。文武は中庸を標榜してはいなかったが、孔子は言った。「張にして弛まず、文武は能くせざるなり。張にして張らず、文武は為さざるなり。一張一弛、これが文武の道である。」（『礼記』「雑記下」）。意味は、文武は張りつめて弛まないというやり過ぎの状態を望まず、また弛んだまま張りつめないというやり足りない状態も望まず、張っては弛む、これが中庸である。孔子は言った。「道の行われざるや、我はこれを知る。知者はこれを過ぎ、愚者は及ばざるなり。道の明らかならざるや、我はこれを知る。賢者はこれを過ぎ、不肖者は及ばざるなり。」（『礼記』「中庸篇」）また言う。「過ぎたるは猶お及ばざるがごとし。」なんと中庸を重視していることだろうか！彼はこうも言う。「質が文に勝れば則ち野、文が質に勝れば則ち史、文質彬彬たりて、然る後に君子なり」（『論語』「雍也第八」）これは文質の中庸を求めている。また言う。「君子の天下に於けるや、適無きなり、莫無きなり、義と比ぶ。」また言う。「我は可無く不可無し。」これは可否の中庸を求めている。また言う。「君子は恵にして費やさず、労して怨まず、欲して貪らず泰らかにして驕らず、威あって猛からず。」（『論語』「堯曰」）彼の弟子は言う。「子温にして厲しく、威あって猛からず、恭にして安たり」（『論語』「述而」）これはいずれも中庸の態度である。孔子の孫の子思は『中庸』の一篇を作ったが、これは先祖の教えを言い伝えたものである。

　中庸の人文文化としての発端となる作用は、中庸と道家思想の関係の上にも表現されている。老子は孔子よりも20歳年長で、当時の思想界の最年長者であり、『道徳経』の著があった。古より礼による統治や教化による抑圧があまりに過ぎたものであったために、当時の庶民は決起して礼教に反抗した。老子は庶民の反抗の趨勢に応え、礼に反対し、無

為を主とし、自然に従った。老子は言った。「道は無為にして為さざる無し。」その意味は無為であって初めて為さざること無し、という境地に至ることができるというものであり、即ち「無為」を法則とし、「為さざる無し」という目的に達する。このために「我は無為にして民は自ずから化す」と言った。これは「無為」にして「為さざる無し」の効果を言っている。儒家が人の本性の仁徳に働きかけて教化しようとするのとは異なり、道家は「無為にして治まる」ことを主張し、人の本性や先天的な本性について語らず、道や自然に従うことについて語った。「道はこれを生じ、徳はこれを蓄う。」(『道徳経』第五十一章)、徳は先天的なもので、故に徳を「明」らかにする必要があり、「自ら知る者は明」であり、「常を知る者は明」である。老子は道を語り、陰陽も語り、和を語った。彼は言った。「万物は陰を担って陽を抱き、気を沖じて以て和と為す」(『道徳経』第四十二章)、「多言が数(しばしば)窮まる、中を守るにしかず。」(『道徳経』第五章)

　ここから考えるに、中庸の道と道家思想の間の関係も比較的明瞭になる。『大学』『中庸』『周易』の中の中庸の思想は「明徳」を重視する。『大学』の第一句には「明徳を明らかにするに在り」という話があり、「明徳」を先天的な善性・美徳と見做し、これを自然なる善・美とし、儒家の礼教の造化の後の人為的な善・美とは異なる。『中庸』は「天のこれを命ずるを性と謂う」という一句を始まりとし、「予は明徳を抱く」という一句を終わりとする。『中庸』は「中和を致し、天地は位し、万物は育む」と語る。これは「中」と「和」を根本と形式として見做している。喜怒哀楽の未だ発せざる、これを「中」と言い、これは人の自然状態を指す。発して皆節に中る、これを「和」と言い、人の自然な本性が触発されて節に適い、過不足なくちょうど良い状態で、万事万物が調和し、それぞれが適切な環境を得る。『周易』中の中庸思想は十分に深いものであり、「文明にして以て健、中正にして応ずる」(同人)、「其の徳は剛健にして文明、天に応じて時に行う」(大有)。中正・剛健を束ねて一体のものと

して捉え、天然の美徳と見做し、天地人の三才の合一の「道」と見做している。これに反すれば、「剛を重んじて中らず、上は天に在らず、下は地に在らず、中は人に在らず。」ということになる。

　以上から分かるように、中庸の道とは、人情と道理が共に重視される人文精神に満ちており、儒家の人為的な教化によって得られる仁心・仁徳を超越していて、人文精神を天地人の三者を統一する宇宙の本にまで昇華させる。仁心・仁徳は教化して得られるものであり、このため不仁・不徳や仁徳の喪失ということがあり得る。このように考えると、『中庸』が「誠」を語り、「唯だ天下の至誠」であることを強調し、仁を強調しなかったことは、道理にかなっている。「至誠は息まず」、そうであって初めて人間の間の論争・隔たり・衝突などは完全なる解決をみることができる。このため、中庸の道はその本質において、人と本性の両面を和合し、人と生の両面を和合し、人と人を和合することで完全な処置とし、従って仁心・仁徳・仁愛を完全に発揮させ、人生と芸術に善と美の統一を獲得させる。

　しかし実際の上では、中国封建社会には、人と性の二面・人と生の二面・人と人の二面があり、正の面と負の面・美しい面と醜い面・善い面と悪い面がそれぞれ一端を取り持って、対立・排斥・論争していて、ある時に至れば、「物が極まって必ず反す」のである。『論語』の「八佾第三」と「里仁第四」の趣意は、礼楽の生活化や仁徳の風俗化にある。しかし歴史において習慣は各々異なり、仁徳も変化することがある。東周はひとたび周王朝初期の礼制度に戻ったが、荒んだ気風の弊害が広まって災いをもたらした。そこで東周以来、任侠の気風が盛んに流行し、公に尽くすことに熱心で義侠心に富んでいた。漢以降、前漢の武帝が儒家の学術を財産と爵位の手段とし、利益を重んずる趨勢を醸成した。後漢の光武帝による中興によって、節操が重んじられた。後漢末から魏晋南北朝にかけて、節操は跡形もなく蕩尽し、この後には清談を好む風習が現れ、行動は勝手気ままに流れた。隋唐五代では、士気はますます軽ん

ぜられ、職務を放棄して私益を謀っても、恥と思わなかった。宋代に至って、忠臣義士が、死を己の帰するところのように見なし、尽忠報国に燃えた。元代は国があっても本が立たず、礼儀の分限は犯され、廉恥による自粛が壊された。明代の士大夫は宦官に迎合し、東林派の士大夫は節操を奮い起こしたが、何の役にも立たなかった。清初には、ある明代遺臣の節操は東林派の士大夫に等しいものがあったが、俸禄による麻酔のもとで、士気はついに変化し、廉恥を知る物はますます少なくなり、清末には卑劣で臆病な気風が大いに盛んになった[1]。

　この史実が表していることは、儒家は「仁に里るを美と為し、仁に里るを善と為す」（『論語』・「里仁第四」）と唱道し、実際には常に不仁・不美・不善であったということである。このために善を善とし悪を悪とし、是を是とし非を非とすることに消極的であり、もとより行われなかったが、善を勧め善を称賛し悪を罰するといったことに積極的であることは、人の願望を完全に尽くしたものにはなり得なかった。消極的態度と消極的態度の間を橋渡しするものが中庸の道である。

　中庸そのものは両極の中正・中和であり、陰陽の両極があって初めて中正となる。「中庸の道」の精髄は恒常的に真ん中の状態にあるというわけではなく、両極が「中」に向かい、「両極の間」に向かう趨勢であり、「物極まれば必ず反す」のであり、再び両極に戻って共に「中」の位置に移って「和」を得るということである。厳密に言えば、「中庸の道」とは物極まれば必ず反すという「道」を表しているのであり、「和」は「中」の位置を形成してやり過ぎたりやり足りなかったりせず、常軌を逸することがない。その「中」と「和」を成し遂げる働きは多少数学における０に似ているが０以上に深く得るものは多い。多少情報科学の有序に似ているが、有序よりもさらに奥深く測りがたい。有序の分布状態は、無序（混沌）に対する均衡・協調・中和であり、相互に排斥させ

1　王徳華『中国文化史略』（台北、正中書局、1943）234 〜 238 ページ参照。

相互に対立させる分布状態（混沌）を対立する「両極の間」に位置させる。もしこのような有序化の過程がなければ、恐らく宇宙は即座に爆発してしまうだろう。管理科学の中では、人間関係における線性と粘性と昂寒格法則の関係問題について提示しており、線性と粘性は平衡点付近の昂寒格法則と符合すると認識している。昂寒格法則の基本思想は、結合体に傾斜度がある時、移り変わり（質量の遷移・運動量の遷移・エネルギーの遷移など）があり、損耗もあり、加えて内部消耗関数 F_2（θ, M）＝θM^2 という公式を用いて説明する。θM^2 では摩擦の仕事率の状態下で、θM の摩擦力は速度 M と一乗正比例の関係にある。M＝0と M=1 という静態平衡と動態平衡に位置する時、昂寒格法則は成立し、かつ M は 1.8 〜 2.0 の範囲内か小程度のリスクの範疇にあり、昂寒格の法則は適用できる。[1] これは、常態（中・小のリスクはこの種の比較的平穏な状態）下において、行為結合体内の傾斜度は小さく、「両極の間」でその内部消耗関数も小さいことを言っている。これは物理学による管理行為の「中庸の道」の合理性の検証である。説明せねばならないことは、社会生活は物理現象と比べてはるかに複雑であり、両極を「中和」し、その平衡を求める具体的な方式は、決して自然になされる過程ではなく、これに加えて意志力や誘導力を比較軽量する過程が必要である。

　以上の種々の実例が、物が「両極の間」、或いは「両極均衡」に向かう趨勢とその合理性を実証した。中庸の道に沿った行為は、両極の平衡を超えた「道」の道理を示す。これは抽象化された大なる道理であり、哲理である。それは早くも『周易』（伏羲の時代において完成した書と伝えられている）において提起されており、中国文化の成熟・中国文化の智慧を表している。この大なる道理は、人生において人格の成熟と完成を必要とし、そうして初めて「明徳を明らかにする」ことができ、「中

1　鮑吉人『現代管理行為の結合』（合肥、中国科学技術大学出版社、1989）30 〜 31 ページ参照。

庸」は自由自在となる。中庸の道は、中国文化及び民族精神における作用であり、我々は以下に述べる「圓にして神」の思考法式と「剛柔」が結合した性格特性などの問題の上に見出すことができる。

　ここでの創作責任の所在は、精神史を遡及することを通じて、「中庸」はなぜ心理の均衡作用を有するのかを論述することにあった。上述の簡単な遡及は、中国文化の人文精神を貫通する「中庸」の歴史伝統が悠久のものであり、中国文化が始まるや法要性と凝集力を具有させ、かつ文化蓄積が深い、ということを我々に看取させる。この種の文化蓄積は各代の人・民族性の上に表現され、複雑で深く、広くて厚くまた円熟していて、複雑に深められ、円熟して広く、広く厚くて円やかである。この種の性格は、同意できない・左右自在の成熟程度の・深刻な程度の・広く厚い程度の・複雑な程度のものに達し、まるで一つの精神世界がとても高くて造詣がとても深い人が、その高さ・深さを感じることなく、「己立ちて人を立て、己達して人を達す」ることができるかのようである。中庸の道は中国古来の文化財産であり、中国人古来の品格であり、文化蓄積と共にさえあり、中国の民族性の基層に作用し、民族の微妙なる心理力となり、後人によって失われた自発的心理である。ラカンはかつて言った。無意識のものは、歴史上、歴史の空白の中で取り忘れられたものか、解釈できないものによって作り出されたものであり、取り調べを受けるべき主犯である。しかし、真相は恢復することができるものだ。真相は往々にして別の場所に記録され、それらは「種々の遺物の中に、保存書類の中に、言葉の意味の変化の中に、伝統習俗の中にある……」[1]確かに、文化の深層心理作用はなんとこのようであることか。

1　[フランス]C. クレマンなど『馬克思主義対心理分析学説的批評』(北京、商務印書館、1987) 99 ページ。

第十章　民族精神　　295

第十章　民族精神

一、民族精神

　課題研究において、何冊かの民族精神を描いた本に触れた。その中には『アメリカ精神』（Henry Van Dyke、1909）があり、『日本精神と『論語』解釈』（或いは『『論語』解釈の中の日本魂』と訳される。）（伊藤太郎、1925）などがある。同様に、中華民族にも自己の民族精神がある。

（一）精神と知が円満に結合した民族精神
　民族精神とは、民族文化の発展を守り繋ぎ、引導して推進し、崩壊しないようにさせる精神パワーである。
　では、中華民族の精神と知が円満に結合した民族精神とはどのようなものか。これはやはり『周易』から説き起こす必要がある。『周易』の中にこの精神を代表できる三句の言葉がある。一つ目は「自ら強（つと）めて息まず」であり、二つ目は「徳を厚くして物を載す」であり、三つ目は「円にして神」である。三者は合わさって知・情・意の円満なる結合となる。
　「自ら強めて息まず」は、『周易』「乾第一」に出てくる。「象」に曰く、「天行は健なり。君子以て自ら強めて息まず。」（巻一）象とは、卦の上下の両象、及び両象の六爻である。天とは、乾卦の象である。行とは、運動である。天行と言うのは、太陽が一日に一周し、翌日にはまた一周することに見て取れるように、繰り返される形のようであり、健の極みでなければできないことである。君子はこれに則って、人間の欲望によって天の徳の強さを損なうことなく、自ら日々努め励んで、休止することがないのであり、堯舜の政務は多忙を極め、文王は日中食事を摂る暇もな

く、孔子は夜通し寝なかったが、これらは全て天の性質が剛健で、永遠に運動して止まらず、「君子」は天の象に倣って、自ら鍛錬して已まない。『周易』の中では、天は乾であり、地は坤であり、天の性は剛であり、地の性は柔である。陰陽相和し中正にして偏らず、万物は正しさを堅守して久しく持ちこたえ、このため天性の剛と地性の柔は、いずれも中正と不可分である。「大なる哉乾や、剛健中正、純粋にして精なり」（「周易文言伝」第五節）、剛であれば屈せず、健であれば已まず、中であれば過不足なく、正であれば偏らずに正しい。四者は乾の徳であり、純とは陰柔の要素が混じらず、粋とは邪悪な要素が混じらず、剛健中正の至極であり、精とは純粋の至極であり、乾は包容しないものがない。

　「徳を厚くして物を載す」は『周易』「坤第二」に出てくる。象に曰く、「地勢は、坤なり。君子以て徳を厚くして物を載す」[2]とある。地とは、坤の象である。『周易』の中には、天は動き、地は静か、天の性は剛健で地の性は従順、「坤は順である」。このため地を言って重いとは言わず、その勢いの従うことを言うので、高下が互いに寄り合って尽きることがなく、従順の至りであり極めて厚く、載せない物はない。しかし地が厚く載せない物がないのは、天に従ってこれと結合し、このようにして初めて無辺無限の作用を発揮できるということであり、「坤は厚くして物を載せ、徳は疆無し」（坤第二）。ここでも同様に天と地、乾と坤、剛健と柔順の和合によって偏ることがない。

　「円にして神」とは『周易』「系辞上伝」に出てくる。「蓍の徳は、円にして神なり。卦の徳は、方にして以て知なり。六爻の義は、易わりて

1　『周易』（上海、上海古籍出版社、1986）・李鼎祚『周易集解』（北京、中国書店、1984）・徐志鋭『周易大伝新注』（済南、斉魯書社、1987）参照。

2　黒岩重人『全釈　周易　上』（藤原書店、2013）67ページからの抜粋。

　「地の形勢が地の上に、また地が在って幾重にも厚く重なっているのが、坤の卦の象である。君子は、この地の厚い象を手本として、厚く自らの徳を修め、地が万物を載せている象を手本として、万民を包容するように努めるべきである。」

以て貢ぐ」[1]（「系辞上伝」第十一章）。蓍と卦は釣り合いを取るように『周易』の二つの大きな構造を構成している。蓍とは蓍草のことであり、筮卜を行う道具であり、円形を帯びていて、転がって止まらず、その性質が変化して測ることができないことを表している。卦は四角い形で、全部で64個あり、蓍を用いて卦を求め、ある卦を求めて得たならば、その卦に固定して変わらない。これによって物事の道理を示し、天下について判断する。「夫れ易は、物を開き務を成す」[2]（「系辞上伝」第十一章）。『周易本義』序は次のように説く。「易の書を為すや、卦・爻・彖・象の義備われり、而して天下万物の情見れる」、「其の道至大にして包まざる所無く、其の用は至神にして存せざる所無し。」卦・爻・彖・象は初めから接することがなく、「未だ始めより一たること有らず」であり、このため「精神の運、心術の動」が必要であり、そうして後に易を知ったと言うことができる。『周易』によると、天は動き地はこれに従い、天は乾であり、圜である。圜は即ち円であり、天が動き廻るには、円でなければ不可能である。このことから窺えるのは、円と動の間には互いに相反しながら互いに補完し合うという測りがたい関係があり、円がなければ動くことはない。動いて測りがたいというので神がかっており、この一点は次の二つの句から見出すことができる。「一陰一陽、之を道と謂う」（「系辞上伝」第五章）、「陰陽測られざる、これを神と謂う」（「系辞上伝」

1　黒岩重人『全釈　周易　下』（藤原書店、2013）74ページからの抜粋。

　「蓍のはたらきは円のように自在に変化して極まらないので、蓍を数えて卦を求めるに、どのような卦が得られ爻が得られるかは、人の思慮では計り知ることはできないのである。そうした蓍のはたらきによって卦爻が定まるのであるが、卦のはたらきは一定の決まった形を具えており、その象によって、どのようなこともきちっと解決することができる明らかな知恵が備わっている。一卦の六つの爻の意義は、それが様々に変化して、人に吉凶禍福を告げ知らせることである。」

2　黒岩重人『全釈　周易　下』（藤原書店、2013）72ページからの抜粋。

　「そもそも易とは、天下のあらゆる物事を開き通じて発展させ、自分の務めるべき仕事を成就させるものである。」

第五章」）これは陰陽が互いに巡り替わるという道理を道と謂うと言っている。陰陽の二つがあるために測ることができず、陰陽の絶えず変化し、存在しないところはなく、包容しないところもない。「神は方無くして、易は体無し」[1]（「系辞上伝」第四章）。このためにまた、円と神の不可分を見出すことができ、円と神は変化して一定の方向や場所がないと言う。このために「神は以て来を知る」[2]（「系辞上伝」第十一章）と言い、神の運動は未来を知ることができる。「方にして以て知なり」（補注6参照）という一句の「知」とは「智」と同じであり、「方にして以て智なり」とは、事物には一定の道理があり、このため「知は以て往を蔵す」[3]（「系辞上伝」第十一章）と言うのであり、卦・爻辞は人類の智慧を蔵するものである。「易わりて以て貢ぐ」（補注6参照）とは変化することで人に告げることを言うのであり、貢とは告であり、易の用途を指す。

　『周易』は動の蓍を用いて静の卦を求め、「円にして神」を用いて「方にして以て知なり」という境地に至り、これは易の用途を表していて、「円にして神」でなければ易を知ることはできない。このために「円にして神」は易が人に告げる思惟方法となっており、「精神の運、心術の動」である。まさにこれはその中に含まれる思惟方法であり、かくして『周易』のような豊かな、「未だ始めより一たること有らず」という思想体系を構成することができ、まさにこの「円にして神」の思惟体系はであって、無

1　黒岩重人『全釈　周易　下』（藤原書店、2013）29ページからの抜粋。
　「神には一定の方向・場所が無く、その作用である易、すなわち陰陽の変化には一定の形体が無いのである。」
2　黒岩重人『全釈　周易　下』（藤原書店、2013）74ページからの抜粋。
　「霊妙にして不可思議な能力は、それによって未来のことを知ることができる。」
3　黒岩重人『全釈　周易　下』（藤原書店、2013）74ページからの抜粋。
　「明らかな知恵は、それによって過ぎ去ったことおよび現在の出来事の道理を心の中に蔵めることができる。」

窮の智慧を生ずることができ、中国文化を人文精神で横溢させるのみならず、智慧で充実させ、理知主義の文化を成した。

　牟崇三などの史学家は「円にして神」の智慧を西洋人が東洋人に学ぶべき要点の一つとした。牟崇三ら諸先生は『中国文化と世界』の一文の中で次のように解説している、「円にして神」と西洋の「方にして以て智なり」を対照させると、「我々が言うことができるのは、西洋の科学哲学の中では、一切の理知を用いる理性がその根底とする普遍的概念の原理は、いずれも直線的である。その中で、一つが一つを受け継いで発展していく、これが即ち方形を為すということである。」これらの普遍的概念の原理は、それが抽象的であるために、それは具体的な事物に応用され、事細かに説明を尽くすことはできない。説明を尽くそうとするのであれば、具体的事物の特殊な個別の変化に応じて、婉曲に全ての種類の智慧を共に網羅せねばならない。「円にして神」の「神とは、伸ぶ」であり、荘子の「神解」・孟子の「過ぎる所は化し、有る所は神、上下は天地と流れを同じくす」と全く同じ趣旨である。この分析は意味深長である。「円にして神」というこの思惟方式と智の方式は、仔細に観察することを前提とし、心の力を用いることをメカニズムとし、天・地・人の象を察し、その道を悟り、後方にあって作戦計画を立てる。故に万物と人倫の関係を認識する上で、これは中庸の道となり、中を執り宜しきに合致し、中正を重んじ、円満を求め、天と人を貫通し、人の内と外を合する。『易経』が如何なる神秘主義の色彩や保守的傾向を帯びていようとも、その精髄は中華民族の智慧の結晶である。以前、研究者たちはいすれも『易経』の弁証法思想及び文学としての価値などを認めた。現在から見ても、その弁証法思想を着手点として、さらに一歩進んで、その中に蔵されて、ぼんやりしている時、またはまばゆい智慧の光と止

1　牟崇三・徐復観・張君励・唐君毅『中国文化與世界―我們対中国学術研究及中国文化前途之共同認識』、杜維明等の『中国文化的危機與展望―当代研究與趨向』（台北、時報文化伝播公司、1981）151 ページ。

まることなき追求の精神を捉えねばならない。

　要するに、天は乾で地は坤、天は動き地は従う。天は「自ら強めて息まず」、地は「徳を厚くして物を載す」。天は陽で地は陰、陰陽は測ることができないことを神と言い、「円にして神」であり、円を用いて方形を求め、その神を悟り、未来を知り、その方形を得れば、事物の道理は明らかになる。三句の言葉と心理学で提出された知・情・意はなんとかくも似ていることか。そして似ているだけでなく、「自ら強めて息まず」の意志は天の剛性と共存するものであり、強大無比である。この「徳を厚くして物を載す」の様子は、地の柔性と共存するものであり、寛大無比である。この「円にして神」の知性は、陰陽が測り知ることができないのと相通じて、その深さは天下に通じ得るものであり、その神妙なることは神速であり、赴かずとも至っている。天地の中位に位置する人は、天地と相合して、「円にして神」となり、智慧に満ち満ちている。知・情・意の円満なる結合は人格の美であり、中国人の聡明な才知はこの人格の美に現出していて、力を用いることを肯定すれば、また心を用いることと智慧を用いることに優れ、利口で手先が器用である。考えてもみよ、もしこの人格の美がなければ、古来、絵画・美術・音楽・言語・製紙・建築などの領域の重大な発明や創造は理解できないことだ。現在の問題は、中国人の人格の美を発揮し発展しさらに進んで聡明なる才知を発揮することにある。

　（二）剛と柔の円満なる結合の人格特性
　「自ら強めて息まず」・「徳を厚くして物を載す」・「円にして神」に関する分析の中ですでに剛柔に関する思想について触れた。
　『周易』では、乾は剛で坤は柔である。剛柔は、陰陽の外に現れる形態と性質を表し、馬其昶の解釈によると、「剛柔は、陰陽が凝集してそ

1　馬其昶（1855 年 -1930 年）、字は通伯。清末民初の歴史学者。安徽省の人。

の性質を完成したものである。」[1]坤陰は至って柔らかく至って静かであるが、坤陰も乾陽と結合して乾の特性を受け継いで動くことができ、このため「坤は至柔にして動くや剛なり、至静にして徳方なり。」[2]（『周易』「文言伝」）これは、坤陰は至って柔であるがその内にまた剛があって、至って静であるがその内にまた動がある。柔の中に剛があり、静の中に動がある。「剛柔相い推して、変、其の中に在り。」[3]（「系辞下伝」第一章）陰陽の変化はそれ自体が剛柔二種類の性質が相互に推し合う過程である。『周易』「坤第一」と「説卦伝二」の中では、剛と柔の関係から天・地・人が相合する思想を説いている。それは、「重剛にして中ならず。上は天に在らず、下は田に在らず、中は人に在らず」[4]（「文言伝」第五節）とあり、「天の道を立つ、曰く陰と陽と。地の道を立つ、曰く柔と剛と。人の道を立つ、曰く仁と義と。」[5]（「説卦伝」第二章）とある。いずれも天・地・人の三才が相合することを説いており、乾と乾の二つの剛が相重なっ

1　徐志鋭『周易大伝新注』（済南、斉魯書社、1987）447 ページより孫引きした。

2　黒岩重人『全釈　周易　下』（藤原書店、2013）239 ページからの抜粋。

　「坤は、いたって柔順であるが、乾の剛の徳をそのまま受け入れるので、一たび動く時は極めて剛になる。乾の剛の徳が、そのまま坤の徳となって現れ出てくるからである。また坤はいたって静であるが、その徳は方正、すなわちきちっとしていて乱れがない。」

3　黒岩重人『全釈　周易　下』（藤原書店、2013）96 ページからの抜粋。

　「剛爻と柔爻とは、相互に推し動かし、互いに交代する。万物のあらゆる変化は、全てこの剛と柔が、互いに交代することの中にあるのである。」

4　黒岩重人『全釈　周易　下』（藤原書店、2013）235 ページからの抜粋。

　「（九四は、）陽爻がいくつも重なっているその上におり、剛に過ぎ中を失っている。上は天の位、すなわち五爻に居るのでもなく、下は田の位、すなわち二爻に居るのでもなく、中は人の正位に居るのでもない。」

5　黒岩重人『全釈　周易　下』（藤原書店、2013）174 ページからの抜粋。

　「天の道を立て、名付けて「陰と陽」と言い、地の道を立て、名付けて「柔と剛」と言い、人の道を立て、名付けて「仁と義」と言ったのである。」

ても中道は得られない。天地人の合一説の中のどの要素が不足しようと、剛柔説の中から一つの合理思想を抽出することができる。それは、剛柔は互いに押し合い、また合わさり、その中で万物の変化を体現している以上、対立を孕む中道の性質も体現している。

　その後、剛柔というこの外在の形質と「自ら強めて息まず」・「徳を厚くして物を載す」・「円にして神」というこの内在の心の性質と知性を関連させることで、さらに進んで中国文化を中国文化たらしめているあの精神─民族精神を見出すことができる。

　この精神は寛大の心情と剛健の意志、及び「円にして神」の知性を有しているのみならず、柔にして剛の特性をも有している。寛・柔・円が密接に関連し合い、強靭・剛健の思想が脈々と継承されてきた。そして、気質の核心となるものは情・寛大・柔和な心である。「円にして神」は智慧を発出し、寛大柔和の心も智慧を発出する。この一点に関して、辜鴻銘は『中国人の精神』という書の中で特徴的に語っている。彼は例を挙げて言う。中国語は「心」の言語であり、中国語が学び難いという外国人は、知識教育を受けた人であり、彼らが中国語を学ぶ際には「頭脳」に頼って学ぼうとするのであり、「心」の学ができていない。彼はまた言う。誰でも中国人の記憶力の強さを認めるが、これは中国人の記憶は心と同情の作用を共に発揮させるためである。心は感度の敏感な秤である。心の作用を用いて思考することは元来難しいことだが、一度マスターすれば自由自在である。例えば、中国人が用いる筆は柔らかい毛筆で、この柔らかい性質は中国人の心の性質の象徴である。毛筆を用いて字を書くことは難しく、しかし練習した後には、堅いペンよりもずっと優雅できれいな文字を書ける。辜鴻銘は柔性・心の作用を感度の敏感さを増し、聡明なる才知をさらに伸ばすソフトウェアとして認識しており、優

1　辜鴻銘（1857 年 -1928 年）清末民初の学者。中国の伝統文化と西洋の言語・文化の両方に精通し、西洋人に東洋の文化と精神を称揚し、大きな影響を与えた。

れた見識である。中国文化の人文精神を解釈することにおいて相当の水準に達している。

　柔性・心の作用は技量と心術の巧みを包摂する。技量が未熟で、心術が巧みでないと、万事順調にいくことは難しい。技量を凝らし、巧みの技を用いれば、寛大なる中道を得ることができる。しかし、邪道もまた技量を磨き心術によって発出することもできる。例えば柔性・心の作用は大なる智が大なる愚であるとするに足り、しかしそのようなそぶりを装うこともできる。柔が自由自在となり、平穏無事に対応することができる。しかし、八方美人となって誰にでも機嫌を取るようなこともできる。まさに性質が柔らかであるために、伸縮自在で、進むことも退くこともでき、一度柔の性質を悪い方向に発揮すると、人の負の特性を台頭させ、善くないことになり、仁義に反することになる。

　しかし、中国の文化精神を体現するものとしての、この柔の性質は、柔にして剛であり、柔と剛の円満なる結合である。柔と剛の円満なる結合は、『周易』では「剛健中正」[1]（「文言伝」第五節）と「至柔にして動くや剛なり。」[2]（「文言伝」第六節）前者は乾の性質を指し、大なる乾はその行はやる過ぎることも及ばざることもなく、その位置は偏らず、そうであって初めて「純粋にして精なり。」[3]（「文言伝」第五節）と言える。後者は坤の性質を指し、坤はいたって柔であるが一たび動けば剛となり、乾の天の義を継承する。『周易』では多くの箇所で「剛中」と語られていて、

1　黒岩重人『全釈　周易　下』（藤原書店、2013）231 ページからの抜粋。
　「その体は「剛」であって強く、その用は「健」であって息むことがなく、「中」であって過不及がなく、「正」であって偏らずに正しい。」
2　黒岩重人『全釈　周易　下』（藤原書店、2013）239 ページからの抜粋。
　「いたって従順であるが、乾の剛の徳をそのまま受け入れるので、一たび動く時は極めて剛になる。」
3　黒岩重人『全釈　周易　下』（藤原書店、2013）231 ページからの抜粋。
　「「純」であって陰爻が一つも混じっておらず、「粋」であって混じりものがなくて美しく、「精」であって至極の生粋である。」

いずれも剛柔一体を語っている。「剛中」とは剛爻が上体の中位にあることを指し、ただ中にあって自分から乱れることはない。「中にして自ら乱れず。」[1]（「履第十」）とあり、「健にして巽、剛中にして志行わる、乃ち亨るなり」[2]（小畜第九）とある。大なる乾は剛健にして物事の道理に適合するのは、剛中で志が実現し、物事が成就して行き詰まることがないためである。「中位」が最も良い。「中」の優位は、両極を最もよく統合することができ、両極は交わって背き合うことはなく、「天地交わりて万物通ずるなり。上下交わりて其の志同じきなり。」[3]、「小往き大来る、吉にして亨る」（泰第十一）とある。『周易』の主軸を貫いているのは陰と陽・乾と坤・剛と柔などの両極が交わる中庸の道であり、やり過ぎたりやり足りなかったりすることがなく、立ち位置が偏ることがなく、篇全体を通じて日常の言行の道理を語っている、と言うことができよう。「庸言をこれ信にし、庸行をこれ謹む」[4]（「文言伝」）とある。『九家易』の解釈によると、「庸は常なり」。高亨の解釈は、「庸は正中に由って来る。正中とは、過不足がなく、偏ることがなく、邪がないことである。正中の言とは庸言であり、正中の行とは庸行である。およそこのようなものである。」（周易古経今注）信とは、誠実である。謹とは、厳かに慎むこ

1　黒岩重人『全釈　周易　上』（藤原書店、2013）163 ページからの抜粋。
　「六二は中を得ているので、名誉や富などに惑わされて、自ら乱れることがない。」
2　黒岩重人『全釈　周易　上』（藤原書店、2013）148 ページからの抜粋。
　「下の卦は乾であって剛健の徳を持っており、上の卦は巽であって巽順の徳を持っている。また九五と九二は、上の卦と下の卦の真ん中にあり、剛であって中庸の徳を具えているので、その上り進もうとする志は必ず行なわれる。そこで物事は成就する。」
3　黒岩重人『全釈　周易　上』（藤原書店、2013）170 ページからの抜粋。
　「天の気と地の気が交わって、万物が伸び盛んになるということである。人事においては、上に居る者と下に居る者とが心を交わらせ、その志を同じくして協力することである。」
4　黒岩重人『全釈　周易　下』（藤原書店、2013）217 ページからの抜粋。
　「日常における言葉は真実であり、平生の行いも常に謹んでいる。」

とである。『周易大伝』は、中正の道とは常の道であり、常の道を得ることによって、一言として誠実でないことはなく、一行として厳かに慎まないことはなく、一言二行はいずれも過不足がなくちょうどよい塩梅を得る[1]。

　「自ら強めて息まず」・「徳を厚くして物を載す」・「円にして神」の円満なる結合は、精神と知が円満に結合した民族精神であり、剛と柔が円満に結合した精神の特性であり、その絶妙なるところは中庸の道にある。中華民族の悠久の歴史発展の中で、善い徳も悪い言行もあり、聡明才知も粗忽の挙動もあるけれど、ほとんど全て中庸の道と沈潜した人文精神の中で中和・調整・平衡を得て、いずれも智慧と処世術に満ちた庸言庸行の中で完全なる解決を得た。「精神の運、心術の動」を用いて均衡を求め、ごく親しい間柄の人の内部に良くない面を前にしたとしても、常に善・美の観点から理解し、善悪・美醜の完全な解決を求め、軽々しく睦まじい間柄や感情を損ねない。この性格特性は、それが異なる場合において異なる表現及び効果を有するものであっても、頭を挙げて昂然としているがやはり引っ込み思案でもあって、成功するかそれとも失敗するかは、いずれも中国人の民族性になっているものであり、中国文化の基層的精神となっている。中華民族の数千年の艱難辛苦を回想し、新中国成立以来の困難な紆余曲折・喜怒哀楽を回顧すると、いずれもこの深く広く寛大で柔らかい民族精神・民族感情・すばらしい庸言庸行が包摂していて、我々のこの民族の偉大さ・善良さと、この偉大さ・善良さの発揮の不足に対する認識による呆然事実のために、甚だしき感嘆を禁じ得ない。歴史はすでに 21 世紀の社会の大改革期に発展しており、どのように我々の民族精神・民族感情を覚醒させ、認識し、保護し、発揮するかは我々の重大なる歴史責任と成っている。

1　徐志鋭『周易大伝新注』10 ページ、68 ページ参照

二、伝統と現代化

（一）伝統と近代化の衝突の必然

歴史から見ると、近代化の発展は、常にある意味とある形式を伴った近代化と伝統の争いを伴う。元来、近代化は伝統との間に歴史的・論理的関係を有するのではあるけれど。

現代化は西欧の 18 世紀の啓蒙運動に淵源を有する。現代の社会学の創設者のマックス・ウェーバーは「資本主義」という概念を用いて、近代化の開始を示した。当然、ある人は 17 世紀の「科学技術革命」、もしくはさらに早い「ルネサンス（文芸復興）」期にまで遡るだろう。いずれにせよ、近代化は産業革命と資本主義の発展に伴って生じたものである。この意味から見ると、中国の近代化は、19 世紀半ばのアヘン戦争の失敗から導かれた封建主義帝国の「門戸開放」及び資本主義の生産と発展に始まる。

近代化が歴史発展における不可抗力の潮流として現れるのであれば、歴史発展の中では押しとどめることのできない伝統勢力が必ず現れて近代化と対抗するだろう。この構想は西洋では数百年進行し、中国でも百年余り進行した。この抗争は近代化が一たび始まるや、相当に先鋭化した方式で進行し、かつ近代化が広範な発展をみた今日においてもなお存在する。近代化は一方では社会に科学技術や生産力の未曽有の発展や、社会の分業化の発展や、効率の大幅な向上や、人々の教育水準と物質生活の水準の迅速な向上をもたらした。別の一面では、伝統と人間心理の惰性をも無常に破壊した。過去に血縁の絆は無数の要素が絡まった人間関係とそれに付随する感情は薄まっていき、物と機械が人間関係をつなぐ中間関節となり、人と人の関係は人と物の関係に転換し、あなたと私の関係はあなたと彼の関係に転換され、人間関係のこの変化に伴い、階級の厳格な家族倫理も変化し、家庭の義務と責任のないものに変化し、社会生活の方面では、個性の独立を強調し社会的要求や社会的解放を軽

視し、実際を重んじて理想を軽視する。大衆に伝播するメディアの迅速な発展によって、退屈・無節制・淫猥・色欲に染まったものがあらゆる隙を狙って人々に浸透し、社会生活の中の道徳を喪失させ、このようにしてあらゆる負の側面の現象が、近代化に対する批判と反論の歴史的理由になっている。

　資本主義及び近代化の進行に対して批判するものには、種々の立場や前提がある。その中には、18 世紀のヨーロッパの反理性主義者の批判があり、中国・日本・インドなどのアジア各国の民族主義による批判があり、全人類を解放するという立場から進行したマルクス主義の批判があり、ポスト産業化社会論者による批判がある。これらの批判の中で、マルクスが始めるや進行したことは歴史と未来、理論と実際を相互に結合した批判であり、これは理論上人心を掴み寄せるものであり最も人を説得できる批判である。マルクス主義による批判の結果、ソ連や中国などの国の近代化が現出したが、同時に必ず看取せねばならないことは、客観的にはある方面では西洋の近代化の発展を刺激したということである。このことは、西洋の近代化がある方面ではマルクスの同時代における深刻な批判を受けつつも、自らに改善と発展を加えたということを言っている。この点に関しては、西洋のマルクス主義のある観点及びダニエル＝バイエルとアルビン・トフラーなどの人のポスト産業化社会論の中で、いずれも実証されている。ビンクリー（Binkley）は『理想の衝突』のという著の中で、「マルクスの人間疎外に対する洞察力は、彼が人の本性を理解するためにもたらした主要な貢献である、と多くの人によって認識されている。……彼の主要な関心は人類全員の救済の問題である。」[1]と認識している。トフラーは大いなる感慨をもって述べている。「マルクスについて全く知らないというのは、半ば文盲であるというに等しい。」しかし、近代化批判の過程の中で、常に貫徹されていたことは、

――――――――――

1　（アメリカ）ビンクリー『理想的衝突』（北京、商務印書館、1984）101 ページ参照。

民族と伝統の力からもたらされたものであった。

　資本主義・近代化の中国に対する衝撃と中国のこれに対する抵抗は、19世紀末に康有為等の人の「戊戌の変法」によって開始され、彼らは朝廷内部からの改良という方法によって資本主義の中国における発展を追求した。孫文の偉大さは、大規模な革命運動や「三民主義」（民族・民権・民生）及び後の「連ソ・容共・扶助工農」のスローガンによって、中国における資本主義の発展と近代化の問題を解決し、近代化と伝統の関係を相当に賢明に処理したが、中国のブルジョア階級の限定性と軟弱性のために、彼が指導した民主主義革命の失敗は免れがたいものとなった。後に、毛沢東と蒋介石は孫文がなした事業に対して異なる対応をした。即ち、前者は革命路線を選択し、後者は革命路線に対する反動を選択した。半世紀以来、近代化と伝統の争いは中国で絶えなかった。五・四運動期の「孔子打倒運動」から1930年代の「中体西用」と「全面的な西欧化」の争いは、中華人民共和国の成立後においては、1950年代初めの『武訓伝』に対する批判と反右派・反「右傾」から、60年代半ばに開始された「文化大革命」まで、いずれも異なる形式を伴って出現した。

　1980年代におけるこの近代化と伝統の論争は、過去のあらゆる形式を伴って出現した論争の共通点と同様であった。それは「中体西用」と「全面的な西欧化」に関するもので、依然として論争の実質的問題であったが、その実、この二つの観点はいずれも中国の近代化に対して不利に働いた。張之洞[1]が提出した「中国の学術を基礎とし、西洋の学術をその応用とする」という標語は、中国の学術を「基礎」とし、西洋の学術を「応用」とし、「心を安んじ命を立てる」という弱点があった。陳序経[2]が唱えた「全面的な西欧化」のスローガンは免れがたかったが、一つの民族の文化は

1　張之洞（1837年-1909年）は清末の政治家。洋務派官僚として重要な役割を果たした。曽国藩、李鴻章、左宗棠と共に「四大名臣」と称される。
2　陳序経（1903年－1967年）思想家、学者。社会・歴史・経済・民族学など幅広い。

科学の性格と符合するものであり、外の力を用いて切り離されるような
ものではないために、科学を導入せずには西欧化は実現できないという
ことだった。1980年代の論争は過去の論争と同じものであり、いずれ
も直接的に中国人の問題を提出していた。これは不可避のものであると
いうだけでなく、有意義なものであった。文化発展のルーツは詰る所人
間自体の価値を向上させ実現するためのものであり、従って科学・技術・
社会生産力を向上させ発展させるために奉仕するためである。このため、
現在のこの論争は自ずと中国人の民族資質の向上の問題に触れる。

（二）大事なことは良好な「結節点」を持つこと
　近代化と伝統の争いは、西欧と北米では、近代化の発展を促し、日本
でもそのようになった。
　日本は東洋の方式による近代化国家であり、「明治維新」期にも「和
魂洋才」と「全面的西洋化」の争いがあり、1960年代初めに至って、
この論争は依然として余波を投げかけている。しかし一つの民族として
の発展は、教育と科学技術の発展を常に押さえたものであり、敗戦後の
ほぼ亡国状態の時期においてさえ、田舎での教育は中断されて廃れるよ
うなことはなかった。戦後のアメリカ軍占領期に、日本は民主化改革と
近代化の管理改革を行い、アメリカ式民主主義を「洋才」として受容し
たが、日本人の集団精神と働き蜂精神などの「和魂」を保存し、これを
生産と管理の中で徹底させた。
　中国において、近代化と伝統の争いは百年余り進行したが、願い通り
になったことはなかった。経験と教訓はいずれも極めて多く、その中の
一つの問題は、課題研究の興味を引き起こした。それは十分な重視を必
要とし、中国民族の伝統の中での近代化と最も関係するものを適切に把
握し、こちらからかたなへと至る橋を建設する。それは即ち一つの良好
な「結節点」である。ここで提出した「結節点」とは、一つの民族文化
の伝統の中において、近代化と「親和力」、あるいは「結合力」を有す

るものについて、近代化建設と連結させ、ここからかなたへと至る橋を形成する。近代化は人類社会の発展過程の中で出現した発展水準が比較的高い社会状態であるため、それはどの国家においても、従来の社会の発展水準やその国家に特有の民族文化及び伝統を基礎として出現し発展するものである。このようにして、一つの民族文化と伝統の中で近代化建設に対して最も影響力（積極的な影響であろうと消極的な影響であろうとを問わず）があったものを選択し、近代化に不利益な部分については放棄するか改善を加え、近代化に利益のある部分についてはこれを発揚する。同時に、外国の近代化の中で我々に有利なものを「持ってきて」これを活用し、自国の国情に不利なものを「ほうり捨てる」。「親和力」と「結合力」を有する点の上で、自民族の文化及び伝統の優位を比較的十分に発揮し、奮い立ってやまず、努力してこれを追求する。

（三）中国の近代化に関する結節点

　中国の近代化は明らかに日本の近代化とは異なる。第二次世界大戦の後の情勢から見るに、日本は巧妙に国際情勢の中の平和的要素を利用し、日本人が米軍に占領に直面して行った社会運動を利用し、国内に相当穏健で平和かつ民主的な環境を築き上げ、現代の科学技術を着実に発展させ、生産力を発展させた。我が国は 1950 年代初頭に、政治・経済・文化の情勢はいずれも相当に良好であり、近代化建設において十分に有利であった。50 年代に朝鮮戦争による大規模な戦争負担を受けたが、我が国のために平和的建設期を獲得し、この「太平の繁栄」はまさに中国近代化建設の絶好の機会であった。しかし、早くも 1957 年の反右派闘争、1958 年の総路線・「大躍進」・人民公社の「三面紅旗」、1959 年にはまた「右傾」があり、60 年代には中ソの論争が始まり、「三年の困難な時期」[1]を経て、ほぼ 10 年間、知識分子或いは群衆或いは指導層にお

1　農業の集団化と大躍進運動の後 1959 年から 1961 年の期間発生した、全国的な

いて、階級闘争の波は収まらず、一難去ってまた一難、時に乱れ時に治まり、支払った代償は極めて大きなものであった。この歴史について、毛沢東が中国において近代化を行いたくなかったとは誰も言うことができない。1956年の反右派闘争の出発点は、資本主義に抵抗するものであることは明らかであり、中国の近代化のために道を掃き清めたものであるが、実際上は、近代化建設を拒絶するものであった。これに続いたのは60年代半ばから70年代半ばに至る「文化大革命」であり、全国は大いに混乱した。「文化大革命」は「資本主義の道を歩む実権派」を打倒せんとするものであったが、実際上は二つの近代化勢力を打倒したのであった。一つは党内において過去に海外へ留学してマルクス主義思想を摂取した指導者であった。もう一つは新中国成立前に高等教育を受けて外国に留学し帰国した高度の知識分子であった。その結果、「文化大革命」は、それ以前の十年間での近代化に対する拒絶を継続することになってしまった。

　中華人民共和国の建国の元勲としての毛沢東は歴史上の功臣であり、民族に対して功績があり、人民に対して功績があり、彼の一生は明らかに中国に於いて中国式の近代化の道を歩み、西洋の資本主義の近代化に反対せねばならなかった。彼は一たび歴史舞台に上ると、中国農村と広範なる農民から選出され、彼らを改造し育て上げ、彼らを立ち上がらせて頼みとし、彼の聡明さと先見の明を発揮した。中国では、（毛沢東以外で）誰が農民の問題をうまく解決し、天下の大半を獲得し、大多数を獲得することができただろうか。毛沢東は農民を主体とする広範な民衆に頼って中国の近代化を行いたかったが、彼は常に階級闘争を中国の問題を解決する根本的な方式とし、広大な民衆の身の上に留まっている改造されるべき伝統観念は「敵」に対する闘争の中で隠れてしまい、態度が穏やかで上品であり、己を顧みて修養するといった類の伝統精神が比

食糧不足と大飢饉のこと。

較的良好に発揮され得なかった。

　1987年、党の第十一回三中全会と第五回全国人民代表大会は農業・工業・国防・科学技術の四つの現代会を目標とする歴史的役割を提起した。以来10年来、改革開放の過程の中で、四つの現代化は顕著に発展し、同時に少なからず失敗を経て、治まりつつも一波乱ある時代であった。

　総体的に言えば、ここ40年のうちに、全国の人民は一たび治まっては一たび乱れ、治まりつつ一波乱あるという時代を経験した。中国人の身の上の民族性にも異なる表現が現れ、その優れた点・劣る点は時に現れ時に隠れ、時に高揚し時に下落した。相対的に見れば、太平の繁栄を迎えた1950年代は、民族性の中の優れた性質が突出して現れ、人々は積極的に向上し、共に団結し、発奮して強くなろうとし、人民のために奉仕するという自覚を有し、精神状態は比較的良好で、人間関係は比較的正常であった。天下大乱の「文化大革命」の時代に劣った性質は更に多く現れ、狂熱と冷酷、盲目と独尊、「革命」と破壊が現れ、ある人々は「天国」に上り「左派」とされ、別の人々は「地獄」に下り「牛小屋」に入れられ、ある人は痛快であり、ある人は恐怖し、ある人は一方では「革命」を高らかに叫び、他方ではまた人を欺き、状態はいずれも狂わされ、不真実で信頼できないものへ変わった。後に治まりつつ一波乱ありという時代へと発展し、人々の身の上には優れた点と劣った点とがほぼ同時に登場して現れ、最初の人々は四つの現代化を実現することに厚い期待を与え、狂喜し、1980年代の科学の春を迎えたが、別の一面ではこの現代化は一種の潮流として現れ、あまりに速く、勢い激しく到来し、人々には準備不足であり、対処が間に合わないところもあった。

　経済において、科学技術の普遍的発展とこれを生産力に転化することなくして、労働を提供して社会的報酬を獲得すべきであることが、人々の間でまだ明白でなかった時、すでに経済の流通の領域では安値で仕入れて高値で転売し不法な暴利を貪ることを通じて、巨万の富を築き、金持ちになる者が現れれば、それを羨ましがる者が現れ、結果として、悪

質な投機的商人が横行し、その中には役人の身であって自らの権限を悪
用して投機的商人になった者も含まれる。

　生活の方式においては、物質の生産力の発展水準と文化教育の水準が
一定水準に達しないと、自分の所得以上のものを消費する風潮が全国に
盛んに興る。突然に手に入れた金を、どのようにして使用すべきかをま
だ知らない時には、すでに流行の服装・髪型・高級商品の広々とした大
海の中に夢中になっていて、着物や帽子や見栄を語り、どっちつかずで
様にならず、俗に走ること甚だしく堪えがたいものがある。

　思想においては、冷静に落ち着くこともなしに、ほどほどに考えてす
ぐに完成としてしまう悪夢であり、流行という名詞概念や新奇な観点や
名誉を得ようとした著作がすでに市場に氾濫している。理論の世界では
剽窃や盗作や甚だしきに至っては、内容は元通りにして上辺だけを変え
己のものとする悪辣なやり口が実質となり、経済領域における悪質ブ
ローカー及びその投機的取引と同じものである。同様にどこで金を儲け
ようと、すぐにどこでも投機してうまく立ち回る。

　現在においても美しいもの・善いもの・良いものもあるが、正が邪を
圧倒しているとは言えない。問題はどこからやって来るのか。幾年もの
貧困によって、気骨を失ってしまったためであろうか。そうではない。
課題の研究を通じて我々が感じたことは、我々のこの社会は、体制と政
策上の手落ちのために、悪事の限りを働き、投機で不正をするために提
供される理由があまりに多い。このために、我が国が 1980 年代に行っ
てきた近代化と伝統の争いは、二者の間において良好な結節点を築こう
とするものであい、単に経済の方面だけで近代化と親和力を有する要素、
即ち現代科学を探求しようとするだけでなく、更に重要なことは政治の
方面でもこの種の親和力を有する要素、即ち法治と民主を探求すること
である。法治と民主があってはじめて、現代科学技術の発展のために根
本的な保証を提供することができ、民族性の改造と民族の素質の向上の
ために良好な環境を創造することができる。

ここで言っていることは、ほどよく「伝統と近代化」をつなぐ結節点を探し求めることの重要性である。結節点に沿って、民族精神を発揚し、科学と技術、民主と法制を発展させるように努力する。人の素質は経済生活と文化教育水準の向上、及び社会生活全体の正常化に伴って不断に引き上げられる。

　別の一面から言えば、ほどよく「伝統と近代化」をつなぐ結節点を探し求めることは、伝統と近代化が互いに排斥し合うものではなく、近代化を行う上で伝統を捨てる必要はなく、かえって自民族の伝統的な基礎の上に、伝統と近代化の間にここからかなたに至る橋を築き、自民族の文化の中の精髄を余さず発揮し、民族内部に蓄積された能力が近代化に向かう安定した内側からの力へと変換され、そのようであってはじめて近代化を伝統という基礎の上に立脚させ、発展させることができる、ということを意味している。

　これは、異なる程度に結節点を遠く離れた伝統、例えば、節句の活動・服装・服飾・食住の習慣・結婚と恋愛の方式・人に接する態度の方法、経営管理面における人間関係の処理方法・広告のデザインなどは、人々の代々に渡る選択を経て長期的に形成されたものであり、改め難いものである。近代化の中で、もし人々がこれに従うことを喜び楽しむのであれば、歴史によってそれらは保持され続けられる。もし人々がこれは現代の生活に適さないと認識し、これを保持することを願わないのであれば、次第に放棄される。これはいずれも人々自身の選択の過程であり、同時に歴史の選択の過程である。文化というものは、このようにして代々選択され、代々継承され、保持されることもあれば放棄されることもあり、ある歴史は少しずつ増加し、ある歴史は少しずつ減少する。中国は世界で唯一「文化の中断」がなかった文明の古い国であり、文化上の優勢は極めて深く、優・劣の勢いの間の平衡力は極めて強かった。このため、現代化の過程の中で民族伝統を尊重し、民族習慣と民族心理を尊重することは、実に重要なことに属する。これは民族感情を保護するという問

題に属する。

　私はかつて幾度か日本に渡った。日本の伝統活動と日本人の自民族の伝統に対する尊重、及び伝統の上に立った民族意識を目にするたびに、常に感嘆してやまない。中国は改革開放以来、伝統的な工芸品・食品・繊維品・漢方薬などの伝統産品や、伝統的節句の雰囲気や、礼節の往来や、養生の道などが、大量に出現して、広く人心を得て、伝統が依然として人々の心中にあり、近代化の到来によって色あせたわけではない。人は社会性を有するものであり、また歴史性を有するものである。人は常に自分以外の大なる社会に視野を向けていて、自己を拡大し、また常に未来に対して誠心からの希望を託すると同時に、過去に対してすばらしい回顧の記憶を留めており、「過去」の中で自己を理解し、人間の悲喜を享受する。人と歴史のこの角度から言えば、人が深情厚誼を抱くのは、自己に歴史があること、歴史意識があることを知るがためである。

　総じていえば、別の側面から「伝統と近代化」の結節点を見れば、近代化には結節点以外の、民族習慣や民族心理や民族感情に属するものが必要であり、これらの非理性的なるものを尊重し愛護することが、「伝統と近代化」の結節点が堅固な民族基礎を得るということである。

三、民族精神を高揚させることについて

　中華民族の民族精神（あるいは民族魂ともいう）とは、我々のこの民族が世界文明の林において立脚し、存続発展して崩壊することのない精神エネルギーを繋ぎ留め、導き、推進するものであり、我々のこの民族精神を構成するものである。

　この民族魂・民族精神とは何か。私が思うに、精神支柱と民族の二つの方面から見て差し支えない。この二つの方面から見ると、中華民族は精神と知が円満に結合した精神、及び剛と柔を円満に結合した性格特質を具足している。この見方は『中国民族性』（二）という書にて論述し、

依然として道理の通ったことだと思っている。ここで主に考慮したいことは、この民族精神を高揚させることに関する問題は、どのようにすれば我々のこの民族の民族精神を高揚することができるかということである。

　伝統は歴史遺物の一種として、物と人という記録媒体によって保存されてきたものである。近代化建設は同様に物と人を通じて実現し表現せねばならず、つるはしからトラクターへ、そろばんから計算機へ、チャイナドレスからジーパンへ、酒壺の看板からテレビ広告の番組へ、などなど種々様々なものを包括するが、これらはいずれも外なる「物」にある。（近代化建設は）日の出から耕し、日没に帰る農耕方式から、一日八時間の労働制へ、厳格なる師弟の道から校内暴力へ、額に地をつけたり、両手を組み合わせて高く挙げ上半身を少し曲げたりして礼拝する作法からカラオケへ、理性的な思考から感覚直観へ、拝金主義から奉仕精神へ、零細農家が自由気ままに分散している状態から現代社会での任務へ、現代科学に対する無知から有知へ、などなどの知と行を包括するが、いずれも「人」の列に属し、人の思考法式・行為方式・生活方式・人の素質に属する。人と物を比べると、人の作用は更に大きく重要である。もし、「伝統と近代化」の結節点が民族精神を高揚させることにあると言うならば、現代科学と技術を発展させ、民主と法制を健全化するには、そこで重要なことは人の作用である。

　過去には「倉廩実ちて礼節を知り、衣食足りて栄辱を知る。」という言い方があった。疑いなく、これは正しいものである。国家は必ず経済において豊かであることを優先せねばならない。この一点から見れば、現在人々が金持ちになって貧困から脱することを希望し、生活手段としての金があることを希望することは、理解できることである。これは状況の一側面でしかないと言うべきである。別の一側面から見れば、「人窮まりて志短からず」という言い方もある。「志短からず」とは一種の「正しい人になる」という意識であり、一種の修養である。これは中国

第十章　民族精神 ｜ 317

において、農民・労働者・知識人を問わず、これまでしばしば見られたことである。経済的に豊かにならず精神万能主義に走るならば、すきっ腹を抱えて生きていくことになり、これは生活に対する無知と毀損であり、「志短からず」は不要で人格という一身上の大切なものを喪失しては、同様に生活に対する無知と毀損である。この点は残酷な生活現実をすでに構成しており、人々が十分な重視を与えるに値する。

（一）倫理的な価値観と経済的な価値観
　伝統と近代化の関係の上で、課題研究は中国人の価値観の変化の問題に突き当たり、それは主に倫理的な価値観と経済的な価値観の微妙な変化の上に表れた。この点を説明するために、先の各章節において分析を試みた基礎の上に、人格の選択データを用いて、さらに一歩進んだ分析をしてみる。
　まず表 10-1 と図 10-1 を使用する。表 10-1 と図 10-1 の中には七種類の人格特質が分析に当てられていた、それは即ち節操・忠孝・仁愛・勤勉倹約・進取・実用・功利であり、自他の欄と「文化大革命前」及び「文化大革命後」の欄のない分布とその意義である。この七種類の人間特質はそれぞれ、自己と他者、「文化大革命前」と「改革開放後」に具有していたもの、もしくは欠乏していたのとなり、これらの人格特質が人々から重視されていたことを表している。我が国の現在の人々の価値観が追求するものという観点から見ると、この七つの人格特質は大体において倫理的な価値観（忠孝・仁愛・節操）と経済的な価値観（実用・功利・勤勉倹約・進取）に区分できる。
　倫理的な価値観と経済的な価値観の変化の上に問題を説明するために、表 10-1 の基礎の上に七項目の人格特質に、有無の選択ブロック図を作成した（図 10-2 参照）。表 10-1 の「最も具足している」は図 10-2 の中では「有」を用いて表示したもので、「最も欠乏している」は図 10-2 の中では転換して「無」としたものである。このようにして、容

易にはっきりと見出すことができる。

表 10-1　14 項の人格特質の評価（平均値）・選択

| | 理想－実際の人格選択 | | | | 三つの歴史時期の人格選択 | | | | | |
| | 平均値（%） | 理想（%） | 実際（%） | | 最も具足している(%) | | | 最も欠乏している(%) | | |
			自己	他人	文化大革命前	文化大革命中	改革開放後	文化大革命前	文化大革命中	改革開放後
気節	4.05	④13.0	⑥9.5						③10.5	③10.0
忠孝	3.92	⑤11.0	③12.5		③13.5					③10.0
仁愛	3.87	③17.0	①16.5		②17.0				②15.0	①13.5
理智	3.75	②18.5	②13.0					①13.5	①19.0	
勤倹	3.10	⑥8.5	③12.5		①20.5					22.0
進取	2.91	①19.5	③12.5	⑥6.5				①19.0	②12.5	
義俠	2.33									
中庸	0.01			③9.5		③10.5				
実用	−0.63			①17.0			②17.5			
功利	−2.77			②11.0				③14.0	③6.5	
私徳	−3.58			⑧7.0						
屈従	−3.69				①15.5					
嫉妬	−3.83			④9.0						
欺瞞	−3.83				②11.5					

注：「○」の中の数字は選択順位である。

表 3-1、表 4-1、表 4-4 に基づいて作成。

第十章　民族精神 | 319

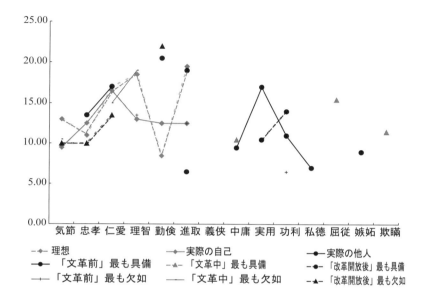

図 10-1　十四項の人格特質の評価・選択（％）

	自（有）	他（有）	文化大革命前		改革開放後	
			（有）○	（無）×	（有）○	（無）×
気節	○			×		×
忠孝	○		○			×
仁愛	○		○			×
勤倹	○		○			×
進取	○	○		×	○	
実用		○		×	○	
功利		○		×	○	

図 10-2　七項の人格特質の有無の選択ブロック図

自他の選択上において、進取の項を除いて、人々は倫理的な価値観の人格特質である節操・忠孝・仁愛・及び経済的な価値観の中の勤勉倹約を自己に当てはまると選択し、これらの項の選択は直接的で正面からのものであることを表し、実用と功利は他者に当てはまると選択し、経済的な価値観の選択は間接的で側面的なものであることを表し、ここから表されていることは、人々は生活の中の価値観の変化を見出し、反対に経済利益の直接的で公開的な追求、あるいは選択を避ける。

　「文化大革命」の前後の有無選択においては、節操の項を除いて、二つの歴史期の有無は、基本的には反対のものであった。「文化大革命前」に備えていたものはちょうど「改革開放後」には欠乏したものとなり、「文化大革命前」に欠乏していたものは逆に「改革開放後」においては備わっていたものであり、このことは異なる歴史期の中の価値観の変化を表しているが、「文化大革命前」の倫理的な価値観があることに対しては、歴史的肯定を与えられたが、「改革開放後」経済的な価値観があることや倫理的な価値観がないことに対しては、現実的否定を与えられた。改革と開放はこのように巨大な変化の歴史期であり、人々は不道徳行為の脅威を看取し、節操に欠けるという悪い結果を感じた。しかし不道徳行為・節操の欠如も人々が伝統的価値観を更新することに影響を与え、人々が経済合理原則を堅持し、生産を発展し国家を繁栄させることを直視し積極的になることを阻害した。

　勤勉倹約は中国人の伝統である。勤勉倹約は、苦労に耐えることであり、農業社会の中だけでなく、近代化の過程の中でも、人類社会が発展する上で必ず備えた人格特質である。しかし看取せねばならないことは、中国では長期にわたって発達してこなかった農業経済と零細農家の農業方式が我々の経済視野と経済意識を極めて制限しており、勤勉倹約という性質に「小経済人」という色彩を帯びさせる結果に至ったが、このために勤勉倹約に対する揺るがぬ肯定と選択は、一方では中国人による伝

統に対する好みと保存を表し、他方では我々の伝統的観念はなお完全なものたることを必要としている。

進取はただ自己が備えているものというだけでなく、他者も備えているものであり、改革開放後の歴史期に備えられていたものであった。ただし、進取は、実用・功利と共に異なる程度に改革の時期に到来し、これと同時に、節操・忠孝・仁愛・勤勉倹約なども共に異なる程度に改革期には離れ去った。これは人々がいずれも進取を望み、貧しさに安んじて道を楽しみ、現状に安んずるというような以前の状態を望まなくなったが、不仁不愛・不勤勉不倹約を進取することに対し、不安や不愉快も感じていることを表している。

現在は経済合理原則と経済価値の我が国の社会生活の中における作用に重点を置き、これをして実際に合理的なものにすることが必要である。同時に、倫理の合理原則と倫理価値の作用に重点を置くことも必要である。二者を比較的良好に結合させることで、人々は初めて経済合理原則を受容することを直視したいと希望することができ、そして倫理合理原則が経済領域においてあるべき作用を起こすことができる。

（二）人品と役割の資格

ここでは主として人の素質に関する問題を取り上げる。

課題調査の中でかつてこのようなことを経験した。我々は「役割を演じる」という形式生活と仕事を調査すべき点とした。これは近代化の設備を備えた観光旅行であり、農民による創立と自己管理の進展によってなされたものである。我々はそこで多くの素朴で温厚篤実で率直で情熱のある管理員を見たが、彼らは農業用の衣服を脱いで洋服を着たばかりの農民あるいは農民の子弟であった。彼らの品行について観ると、多くの優れた点があったが、人品が良いことが必ずしも近代化された旅館の中で良い役目に就くわけではなく、必ずしも「素質」が良いとは言えない。仕事の中では常に看取したことは、彼らは依然として元来の行為と思考

の特性を帯びていて、人に接する態度や用務員と旅客の関係は、いずれも比較的簡単なもので、あまりマナーを重んじておらず、辛抱強さと注意深さが不十分で、比較的「サービス要員」としての役割意識と風貌に欠如していた。近代化の管理については、彼らは明らかに熟知しておらず、不適応で、不調和であった。ここで重要なことは人品の問題ではなく、役割の素質に関する良し悪しの問題である。素質とは「性質」の概念であり、現代人の素質は社会における役割と互いに関係するものである。人品が良いことは人の素質が良いことと等しいことではない。今日、我が国の民族性の素質を向上させるには、1980年代の世界という範囲内における近代化の発展を参照項とし、人と現代化の間で親和力を有するものを探し出し、これによって我が国の伝統と民族性が近代化と比較的良好に結ばれるようにすることである。

　このため、ここでは役目の資格という側面から、人の素質の問題を分析する。社会学と社会心理学の中にはリーダーシップという概念があり、これは集団活動において、集団凝集力・集団目標達成・成功達成動機の形成・集団効率などに対して影響力と推進力を有する指導者の特性を指す（その中には指導者の個人的経験・科学知識・技術の精巧さ・方式方法・品格及び風貌・能力及び表現力などが含まれる）。人の素質の分析において役割の資格を用いるというこの表現は、社会的役割を指導者の人物・指導者と同じようなものとして説明したがるものであり、社会の分業は異なる、個人は一定の社会構造の中で特定の社会的地位を占め、この地位の上の仕事職責を執行し完成させるためである。通常は、「其の位に在らざれば、其の政を謀らず」と言う。その位にあれば、その政を論ぜねばならず、その職責を尽くさねばならない。役割というこの社会学の概念の重要な意義はここにあり、社会は分業原則に依拠して、特定の社会的地位を占める個人に対して、ふさわしい役割の規定と役割の要求を作り出し、これによって社会というこの有機体の機能が正常に執行され完成されることを保証している。役割の資格とは、個人が適応し、

執行し、完成させる社会的規定と社会的要求の過程であり、即ち一個人が役割の規定と役割の要求の上に備えた、科学知識・技術の精巧さ・方法方式・能力・経験・風格などの個人の特性であり、これらの個人の特性は役割の規定と役割の要求に対して効率と効果をもたらす。このために、人品が良いということは、必ずしも役割の資格を具えているとは言えない。このことは、調査の中で見出したある老人の表現と同じようである。その老人は改革開放の後に、山東省の農村から関東へ走って東北に至り、東北の大きな町や小さな村を転々とし、最後には建設されたばかりの現代化された観光地で仕事をした。人品の上では彼は正直・質朴・善良な老人であるが、彼が勝手を知らず不適応な現代のサービス業の中では、常にいいかげんで荒っぽく接客するために、企業イメージを壊してしまった。この老人の役割の執行における態度を思い出すたびに、我々は皆役割の執行というこの一点の重要性を深く思う。

　中国において、現在すでに人品を重んじ役割の資格を軽んじる問題があり、また人品を軽んじて役割の資格を重んじる問題があった。人品を重んじると同時に役割の資格を重んじるという事実もあるが、極めて少ない。もし伝統と近代化の関係という観点や、伝統において倫理的な合理性原則を重んじて経済的な合理性原則を軽んずという観点から見れば、人品を重んじ役割の資格を軽んずという現象の近代化建設に対する影響は更に大きなものである。

　調査とそのデータの中でしばしば目にした、珍しからぬ一現象は、人々が近年の社会風紀の不正・人間関係の不順に対して抱いているネガティブな情緒である。このネガティブな情緒が、人々の社会悪に対する不満と自己の役割の資格に対する自覚の欠如の間の境界線を覆い、社会や他者を見ると同時に自分を見るということは欠如し、自己の社会や他者に対する責任に欠乏している。

　社会心理学の中に「状況による規定」（definition of situation）という概念があり、その意味は人々の社会環境に対する主観による規定が意味

を授けるのであり、社会環境は状況を転換して後にやっと人々の心理生活に対して直接的に作用する。これは、主観による既定、即ち主観によってある種の意味を与えられた状況が、心理生活に対して直接的に作用し、人々の情緒に影響し、人々の心理状態を左右するということを言っている。環境がある種の意味を与える過程においては、価値観などの主観の要素が重要である。課題研究の中で示したことは、あまりに多く社会や他者を見て自らを責めないという現象であり、これは実際には情緒による規定の中の一つの問題に属す。即ち状況による規定という背後に逃避し、或いは社会責任を回避し、仕事の持ち場に就くべき者が職責を果たさず、すべきことをしない。先に提起した「どうしようもないと感じる」社会心理状態も、人々の価値観の選択と行為の傾向に根深い環境による規定という特性が存在しているために、人々が比較的良好に自己の才能を発揮することに影響をもたらしていることを明らかにした。

　実際に、我が国の改革開放というこの巨大な変革期において、人々には役割意識を育み、役割に適応する過程があった。同時に、中国の問題は複雑なものであり、一つの孤立した役割の資格や役割の実行の問題があるわけではない。

付録一　特別職業階層の調査資料 │ 325

付録一　特別職業階層の調査資料

　課題研究は三つの特別な職業階層の調査を行い、一つの側面から一歩進んで、調査結果のサンプル抽出を検証する。対照分析を通じて、我々は特別職業階層の各問題に対する回答は総じていえば全体標本抽出の調査結果と一致したが、それ自体の特色も有することを我々は発見した。本書の主な論述部分を更に精錬したものとするために、特別職業階級の調査データは本文中の討論の対象とはしなかったが、付録を作って読者の参考に供したい。

一、特別職業階層の基本的状況

　三種の特別職業階層とは、女性幹部・大連碧海山荘の従業員・流動戸である（以下ではそれぞれ女幹部組・山荘組・流動組と略称する。）各組の人員構成は以下の通りである。

女幹部組：298人。そのうち40歳以下が80.0%を占め、41～50歳は20.0%を占め、高等・中等・初等学歴はそれぞれ30.1%、68.2%、1.7%を占めた。

　山荘組：51人。そのうち男性は14人、女性は37人である。30歳以下は93.9%を占め、31～40歳は6.1%を占めた。初・中等学歴はそれぞれ6.0%、94.0%であった。

　流動組：35人。そのうち男性は25人、女性は10人。30歳以下は51.4%を占め、31～40歳は42.8%を占め、41～50歳は5.8%を占め、低・中等学歴はそれぞれ62.0%、38.0%を占めた。

　このことから分かることは、この年齢・学歴・性別の構成と全体標本の構成は異なるということである。

二、特別職業階層の調査結果

下の各図において、附図1が三つの特別職業階層の14項の人格特質に対する点数評価分布である。附図2は特別職業階層の三つの歴史期の人格特質に対する評価である。附図3は特別職業階層の自他の実際の人格選択と理想の人格選択の離合の程度の比較である。

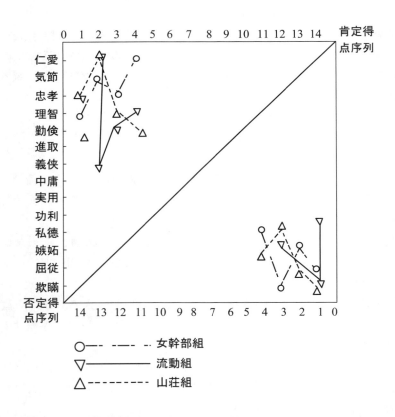

附図1　三つの特別職業階層の14項の人格特質に対する点数評価分布

三、特別職業階層の調査状況に対する簡潔な説明

　ここで我々は人格特質部分を例として特別職業階層の特性に対して間歇な説明を行う。特別職業階層の人格特質の価値判断上の態度を分析し、我々は三つの職業階層はいずれも明らかな社会的役割の特性を帯びていることを発見した。

　女幹部組は全国 12 の省市の女工幹部からなり、その中には工鉱企業の仕事における基層幹部と省・市級の女工部において指導の職務を任ぜられた中間層幹部がいて、課題組の人々はかつて彼女らと一緒に半月生活し、彼女らの中の多数の人は勇敢な精神、責任感、自尊心、満腔に漲る情熱を有し、女性の「みみっちさ」や度量、見識の欠如といった弱点もあった。このためにある時は「火」のように、ある時は「雷」のように、ある時は人情に適い道理に合し、ある時は甚だ事の道理に通じないことがあるが、彼女らの弱点は露呈しやすくまた退治しやすいものである。彼女らは人格特質における肯定的な評価の上では、理智が首位となったことも十分に自然なことであり、否定的な評価の上では、首位にあったのは屈従であった。彼女らの役割の性質から見れば、この点数評価の結果は同様に適当なものである。彼女たちの職責は女性のために福利を求め、あるべき社会的地位と尊厳を獲得することだからである。理智に対する肯定と屈従に対する否定は相互補完的なものと言える。女性組の理智と屈従に対する点数評価は、そのパーセンテージから見れば必ずしも最高のものとは言えないが、この二項の対応性のある点数評価の選択は、彼女たちの社会的役割の特性に合致している。

　流動組の人格特質の点数評価には二つの突出した特性がある。一つは彼らが忠孝に対して百分の百の肯定を示したことであり、義侠に対する強烈な肯定はその他の各種の組にはなかったものである。流動戸は故郷を離れ、異郷に身を置き、見識は広く、社会的接触は多く、経済条件は改善したが、伝統的な忠孝・義侠の観念が依然として強烈である。もし

328 | 中国民族性（第二部） 一九八〇年代、中国人の「自己認知」

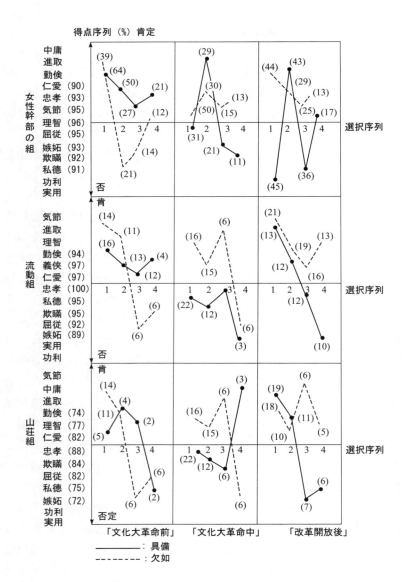

附図2　歴史人格選択と人格物質評価

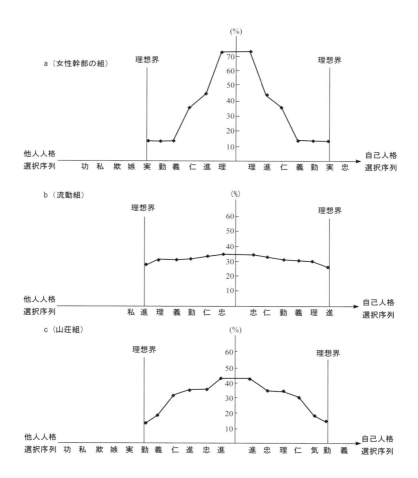

附図3　自他の実際の人格選択と理想の人格選択の離合の程度の比較

彼らの人格特質の否定的評価を一つの比較にすると、彼らの私徳と欺瞞の二項に対する首位の評価は、忠孝・義俠に対する肯定評価と相互補完するものであり、一方では義俠心と相互扶助を必要とし、他方では相互の信任と名声を必要とする。我が国の現在の流動戸は人口流動の最も自

由な部分であり、彼らは肉体労働者である以上、商品経済の競争に参加もしており、彼らのすることは近代化からはまだ遠く離れているが、目に見えない形で中国の農村の封鎖性を打破し、都市と農村の関係の近代化建設のレールを橋渡ししている。彼らの身の上に、濃厚な伝統意識が備わっている以上、競争ないし近代化建設に不可欠な信用と評判も備わっている。

　山荘組は14項の人格特質に対する肯定的評価と否定的評価のパーセンテージは、三つの特殊職業階層の中でいずれも偏って低かった。この状況は、山荘組の伝統的観念が最も少ないということを表しているのではなく、伝統観念の変化がさらに大きく、さらに曖昧なものとなっていったことを象徴している。これは彼らの社会的地位と社会的役割の転換の過渡性と不可分である。上の年齢組・学歴組・職業組の各種点数評価の趨勢から見るに、明らかな肯定（5%で首位）と明らかな否定（－5%で首位）の評価の上では、一般には年齢が上で、学歴が高い頭脳組は占めるパーセンテージも偏って高く、優れた性質の人格特質の方面では、さらに重視し、さらに講究される。劣った性質の方面では、さらに軽視される。山荘組の90%以上は中等学歴で30歳以下の青年であり、農村から近代化設備を備えた観光地へ足を踏み入れたばかりであり、旅客が込み合う時期はほぼ毎日一万人前後のお客に応対する。山荘の管理には近代化の要求の一面に符合していて、管理規則は相当に具体的で厳格であるが、管理される者の方面では、まだ厳格な人選と訓練を施し、訓練の中で役割意識を育成して強化する時間がなく、慌ただしく役割を果たしている様相がある。

　以下では再び人格特質に関する三つの附図に対していささか説明を行う。

　附図1はマトリックスの形式を用いて三つの特別職業階層の14項の人格特質に対する点数評価分布を表し、図の中の横軸はそれぞれ、人格特質に対する肯定的点数評価の序列と否定的点数評価の序列を表し、縦

軸の 14 項の人格特と対応して 14 位まである。縦軸は 14 項の人格特質を代表し、標本全体に照らして 14 項の人格特質に対する点数評価序列を完成した。対角線は肯定的点数評価区分と否定的点数評価区分を分ける。ここで、附図 1 は一つの十分に興味深い分布画面を示す。三つの特別職業階層は 14 項の人格特質に対する 1 ～ 4 位の肯定的点数評価は、右上の角（※左上の角、ではないのだろうかと疑う）に集中していて、流動組の第二位の選択は義侠の項で、流動組の義侠の特質に対する重視を突出させ、この突出点は画面上において目立って特殊であり、興味深いものでもある。14 項の人格特質に対する 1 ～ 4 位の否定的点数評価は、右下の角に集中しており、三組の選択点の分布は比較的均質的・類似的である。

　附図 2 は特別職業階層の人格特質に対する点数評価と選択の間の微妙な差異を繁栄している。図中の横軸は三つの歴史期の人格特質に対する 1 ～ 4 位のほかの人格特質の選択を代表しており、縦軸は三つの特別職業階層の 14 項の人格特質の 1 ～ 4 位の肯定と否定の二種類の評価序列及びそのパーセンテージと 1 ～ 4 位の他の選択を代表している。パーセンテージを図中に導入すると、マトリックスにただ縦横相互の比較の職能、即ち三組の人格評価と歴史人物選択の相互比較を具えさせただけでなく、評価と選択の程度の比較、即ち三組の人格評価の集中性と歴史的人格選択の分散性の相互比較を具えている。

　縦横の相互比較の中から見出すことができるのは、三組の「文化大革命前」に最も具備されていた人格特質に対する選択については、山荘組の一つの選択の他は全て肯定的評価の区域に存在し、最も具備していない人格特質に対する選択点は、半ばは肯定的評価の区域に存在しながら、半ばは否定的評価区域に存在しており、「文化大革命前」の人格に対して基本的に肯定的であることを表している。「文化大革命中」の人格特質の選択は、「文化大革命前」とほぼ相反するものであり、最も具備していた人格特質に対する選択点は、多数は否定的評価区域に存在し、

最も欠如している人格特質の選択点は、多数肯定的評価区域に存在している。改革後に最も具備している人格特質に対する選択点は、半数が肯定的評価の区域に存在し、半数は否定的評価の区域に存在し、最も具備していない人格特質に対する選択点は、半数は肯定的評価の区域に存在し、半数は否定的評価の区域に存在し、最も具備していない人格特質に対する選択点は、全部肯定的評価の区域に存在し、縦横の比較から見るに、三つの特別職業階層の歴史人格に対する選択は、標本総体の選択分布として比較的相似していて特別な箇所はなく、年齢組・学歴組・職業組の選択分布も大同小異であり、特別職業階層の特別な箇所は、評価上の高い値と選択上の低い値であり、即ち人格評価に対する高いパーセンテージと歴史人格に対する選択の低いパーセンテージであり、その最たる事例は流動組と山荘組であり、その種の差異が最も突出しており、彼らの人格特質の評価の上の集中性と歴史人格の選択上の分散性を反映している。ここで、我々は三つの特別職業階層組の歴史人格選択の比較に対して、一つ角度を換えてみることができる。それは数の角度であり、内容の角度ではなく、量の観点を用いて問題を観察する。このようにして、我々は附図２の評価上の高いパーセンテージと選択上の低いパーセンテージを通じて、さらに一歩進んで見出すことができるのは、回答者のうち、流動組と女幹部の価値観が最も明確で、安定的で、集中的であり、人格認知上においては三組では山荘組が最も明確ではなく、安定的ではなく、集中的ではないものであった。この矛盾は自己と他者に対する認知の不協調を導き得るものであり、同時に行為の価値観の傾向と認知の間の不協調を導き得る。

　附図３はａ、ｂ、ｃの三つの部分を含む。それは三組の自己・他者に対する実際の人格選択とその理想の人格の比較である。

　図中の縦横はパーセンテージであり、いずれも回答中の二つの項の選択の和を採用しているため、縦軸上のパーセンテージは200%をもって計算したものであり、例えば、女幹部の仁愛に対する選択が20%であれ

ば、縦軸には 40%の位置の上に表現される。横軸は人格選択の項であり、縦軸に近い六項は理想の人格に対する 1 ～ 6 位の選択であり、例えば附図 3a の理智・進取・仁愛・義侠・勤勉倹約・実用は女幹部の理想の人格に対する 1 ～ 6 位の選択であり、附図 3b と附図 3c はこれによって類推する。横軸の 1 ～ 6 位の項の理想の人格特質は比較の上での便宜のために、最後の一位の理想の人格の選択点に従って一本の垂線を引き、理想の選択と非理想の選択の間の境界を明示した。比較の方式はこのようなものであった。まず、理想の人格選択の人格特質とそれが占めるパーセンテージはそれぞれ縦軸の両側に一つ一つ対応しており、それぞれの選択点を連結して一つの理想の人格選択の区域を形成し、その後に、自己と他者の選択をパーセンテージ数に基づいて両側の各自の選択領域に記入する。全て理想の境界の範囲内に入るものは、全て自己あるいは他者に対する人格選択の項は理想の人格と異ならないことを意味しており、ただパーセンテージ数の上に各種の差異があり、全て理想の境界の外にあるものであり、いずれも選択項に区別があり、理想界の外に位置する選択点はますます多く、この差異はますます大きいことを表している。

　附図 3a は女幹部の自己の人格と他者の人格に対する選択と、女幹部の理想の人格に対する選択の間の比較である。女幹部の理想の人格の 1 ～ 6 位の選択項には四項の理想の人格選択と同じものがあり、二項は異なっており、義侠と実用が多く、忠孝と節操が少なかった。先にすでに比較した各組別の比較と同じく、これは一種の相当に率直な理想の選択である。そのほかに、女幹部の 1 ～ 2 位の二項の選択のパーセンテージ数は、比較すると高いものであり、仁愛の項・進取の項は比較的高い位置にあり、末位の項のパーセンテージ数も比較的低く、これは縦軸の 14 の位置の上にある。それぞれの理想の選択点によって構成される理想の人格の選択の区域は比較的壮観であり、選択点の最高置と最低値の差は大きく、選択上の集中性と理想性が比較的強いことを表している。

自己の人格に対する選択という観点から見ると、理想の選択の中の首位の項の理智は、14項の人格特質の価値判断の部分において、我々はかつて女幹部組の理智に対する高度の肯定評価と屈従に対する高度の否定評価を通じて、女幹部組の心理補完の特性を分析したが、彼女らの社会的役割・社会的責任感は彼女らに仕事への熱意・勇敢な精神・潜在力・熱望を持たせたが、優れた点を適切ではない問題に対して発揮することもあるため、冷静になった時、彼女らはさらに理智を必要とし、さらに理智を尊ぶ。理想の人格に対するこの部分は、理智に対する選択の高度な集中であり、一歩進んで女幹部の理智という人格特質に対する肯定的評価と尊敬を証明し、自己の人格に対する選択の上において、理智はかえって第四位に退けられてしまうのは、一定程度は彼女らの率直な誠意を示している。その他の五項の選択は理想の人格の選択と比較した際の差異は比較的小さく、理想の区域の境界線を離れること比較的近く、忠孝の項のパーセンテージ数は比較的低い。総じて言えば、女幹部組の自己の人格に対する選択と理想の人格に対する選択の間には明らかな分離があり、さらには比較的明らかな結合もある。分離している点では彼女らの理想性が突出しており、結合している点では彼女らの実在性が突出している。分離と結合は同時に存在しており、また理想性と実在性の間のある種の不統一性を表している。

他者の人格に対する選択から見ると、女幹部組は人と人の間の嫉妬を重視している。彼女らの他者の人格特質に対する1〜6位の選択は、二項は理想の人格の選択区域に存在し、四項は理想界の外の広い領域内に存在しており、選択のパーセンテージ数はいずれも理想の人格の末位の勤勉倹約の選択点よりも高く、他者の人格に対する選択と理想の人格の選択の間の分離の程度は比較的大きかった。

附図3bは、流動組の自己比較である。流動組は三種の人格選択において非常に明らかな特性を有している。

第一に、流動組の理想の人格に対する1〜6位の選択のパーセンテー

ジ数は相当に均衡しており、首位の人格特質の項の忠孝は縦軸 34 に位置し、末位の特質の進取は縦軸 26 に位置し、その差異はあまり多くないため、六つの選択点によって形成された理想の人格選択の区域は平らかなものであり、流動組の理想の人格に対する観念はあまり突出していないことを表しており、ある程度彼らの理想性が強くないことを表している。

第二に、流動組の自己の実際の人格に対する 1 ～ 6 位の選択点は、全て理想の人格の選択の区域に存在し、選択点の分布状態は比較的一様であり、理想の区域の線と比較的調和している。

第三に、流動組の他者の人格に対する 1 ～ 6 位の選択は、末位の私徳が理想界の外に位置し、そのパーセンテージ数が末位の理想の人格の選択項の進取よりもやや低いだけで、そのほかの 1 ～ 5 位は全て理想界の内に位置したばかりでなく、各選択点にはいずれも十分に理想の選択の区域線に接近しており、流動組の三種の人格選択上の高度の一致性を示している。しかし、他者の人格に対する選択においては、二つの状況が人の注目を引く。一つ目は仁愛の項が他者の人格の 1 ～ 6 位の選択の中で空白であることであり、二つ目は義侠の項において、他者の人格選択におけるパーセンテージ数が自己の人格の選択よりも高いことである。

流動組による理想の人格・自己の人格・他者の人格に特有の特性に対する選択は、彼らの仕事の環境がよく知らないものであり、社会的役割は不安定であり、仕事の手段は自立したものであるなどの仕事の特性と関係があり、彼らは一つの群体としてある場所に赴いてそこに留まり、基本的に生活のために流動し、困難を共に切り抜ける。

附図 3c は山荘組による自己の人格・他者の人格・理想の人格の三種に対する選択の相互比較である。山荘組の理想の人格に対する 1 ～ 6 位の選択は、その他の二つの特別職業階層と比べて、その選択項目と分布状態はいずれも標本総体の理想の人格の選択の図形と類似しており、巨大な差異を現出し、他者の人格に対する選択において、首位の選択項目

は欺瞞であり、そのパーセンテージ数は理想の選択中の末位の項の勤勉倹約よりはるかに高く、これは各種の類型におけるあらゆる組別の中でかつてあったことのない選択である。山荘組の極めて多くは三十歳以下であり、中卒あるいは高卒レベルの文化水準の青年がいて、彼らは一方では現代企業組織の碧海山荘の各種の厳格な管理を受け入れつつ、これによって比較的速い速度で前進し、視野を広げ、才能を増し、別の一面では時に現代のサービス業従業員の役割の要求に適応できず、矛盾している社会性格は彼らのこの群体中における現れが甚だ突出している。要するに、山荘組の他者の人格に対する選択の上の差異現象は、比較的特別なものである。

附表1から附表30までと附図4から附図31までは三つの特別職業階層のアンケート中の社会的要求の選択であり、社会的地位を改変する手段の選択であり、人間関係手を良くする手段の選択は、人生の価値観の選択であり、金を稼ぐことが風習となる状況下で子供の行く末に対する選択であり、才能に対する自信の程度、才能を発揮できている程度、何が苦しく、何が楽しく、苦悩・歓楽・困難・リスク、誰に対して最も言いたいか言いたくないかの選択等の問題の統計結果である。

附表1　三つの時期の社会的要求の選択（女幹部組、％）

	「文化大革命前」		「文化大革命中」		「改革開放後」	
	自己	他人	自己	他人	自己	他人
社会実現	23.2	27.5	12.6	5.3	5.0	2.9
自己実現	61.3	37.7	33.9	24.3	55.5	25.2
自尊	1.5	8.2	5.5	7.3	6.7	16.1
調和	7.4	12.7	19.3	15.4	15.2	9.5

安全	1.2	3.3	18.2	32.1	2.8	6.6
収入	1.2	2.9	2.8	2.8	11.3	33.3
その他	4.2	7.7	7.7	12.8	3.5	6.4
Σ	100.0	100.0	100.0	100.0	100.0	100.0
平均値	4.78	4.34	3.64	2.96	3.98	2.83
標準差	1.34	1.76	1.77	1.76	1.58	1.83

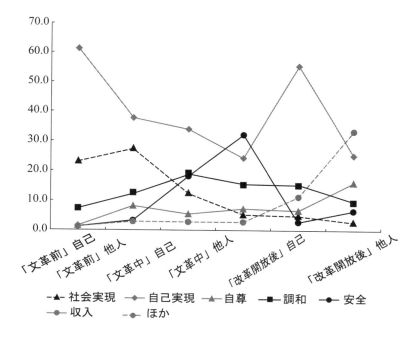

附図4　女幹部組の三つの歴史期の社会的要求の選択（％）

附表2　三つの時期の社会的要求の選択（山荘組、%）

	「文化大革命前」		「文化大革命中」		「改革開放後」	
	自己	他人	自己	他人	自己	他人
社会実現6	2.9	5.7	2.9	0.0	5.7	0.0
自己実現5	25.8	11.6	11.5	11.5	22.8	5.8
自尊4	5.7	2.9	0.0	0.0	11.4	14.3
調和3	0.0	2.9	5.6	2.9	11.4	8.6
安全2	14.3	2.9	17.2	28.4	17.2	8.6
収入1	0.0	25.7	14.3	5.7	28.6	51.4
その他	51.3	48.3	48.5	51.5	2.9	11.3
Σ	100.0	100.0	100.0	100.0	100.0	100.0
平均値	1.98	1.44	1.4	1.29	2.91	1.81
標準差	2.25	1.99	1.81	1.63	1.76	1.45

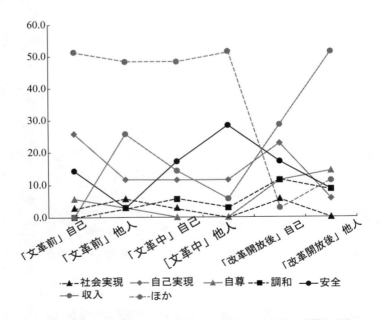

附図5　山荘組の三つの歴史期の社会的要求の選択（%）

付録一　特別職業階層の調査資料 | 339

附表3　三つの時期の社会的要求の選択（流動組、%）

	「文化大革命前」		「文化大革命中」		「改革開放後」	
	自己	他人	自己	他人	自己	他人
社会実現	0.0	0.0	0.0	2.0	3.9	2.0
自己実現	2.0	2.0	2.0	2.0	63.2	17.7
自尊	0.0	0.0	0.0	0.0	3.9	13.7
調和	2.0	0.0	0.0	2.0	11.7	9.8
安全	0.0	0.0	2.0	0.0	7.9	2.0
収入	2.0	0.0	3.9	0.0	3.9	9.8
その他	94.0	98.0	92.1	94.0	5.5	45.0
Σ	100.0	100.0	100.0	100.0	100.0	100.0
平均値	0.18	0.10	0.18	0.28	4.10	1.985
標準差	0.82	0.70	0.77	1.15	1.56	2.11

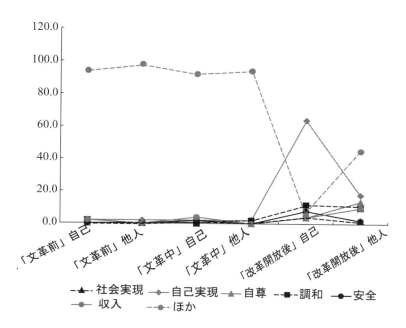

附図6　流動組の三つの歴史期の社会的要求の選択（%）

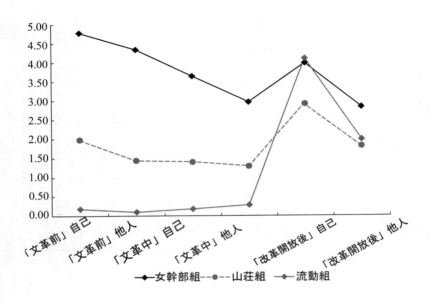

附図7　三組の三つの歴史期の社会的要求の選択の平均値

附表4　社会的地位を変えるための選択（女幹部組、％）

	理想	実際		
		自己	他人	自ー他の差
才能	96	88	23.2	64.8
コネ	1.4	4.3	12.0	− 7.7
機会	0.3	1.7	5.8	− 4.1
権勢	0.0	0.7	5.5	− 4.8
金銭	2.1	2.9	43.4	− 40.5
その他	5.5	2.4	10.1	− 7.7
Σ	100.0	100.0	100.0	0.0
平均値	4.89	4.67	2.36	
標準偏差	0.60	1.04	1.82	

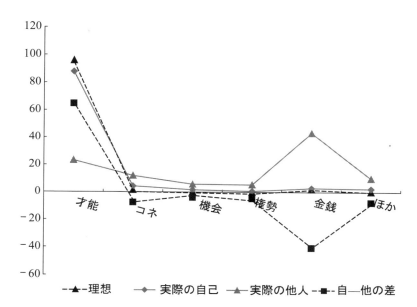

附図8　女幹部組の社会的地位を変えるための選択（%）

附表5　社会的地位を変えるための選択（山荘組、%）

	理想	実際 自己	実際 他人	自一他の差
才能	71.4	69.1	45.7	31.4
コネ	11.5	10.6	11.5	－2.9
機会	5.6	10.6	8.6	0.0
権勢	8.6	14.4	20.0	－8.6
金銭	2.9	3.9	0.0	2.9
その他	0.0	＋0.4	14.2	－22.8
Σ	100.0	100.0	100.0	0.0
平均値	4.40	4.52	3.40	
標準偏差	1.10	0.33	1.81	

中国民族性（第二部）　一九八〇年代、中国人の「自己認知」

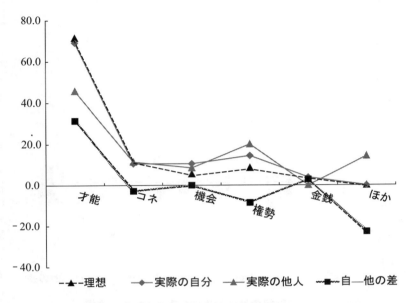

附図 9　山荘組の社会的地位を変えるための選択（％）

附表 6　社会的地位を変えるための選択（流動組、％）

	理想	実際		自―他の差
		自己	他人	
才能	64.7	70.6	15.7	54.9
コネ	19.6	5.9	11.8	－5.9
機会	3.9	3.9	0.0	－5.9
権勢	2.0	2.0	9.8	－7.8
金銭	5.9	4.0	37.3	－33.3
その他	3.9	13.6	25.4	－11.8
Σ	100.0	100.0	100.0	0.0
平均値	4.22	3.96	1.83	
標準偏差	1.35	1.84	1.79	

付録一　特別職業階層の調査資料　343

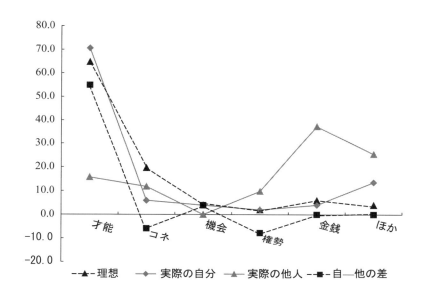

附図 10　流動組の社会的地位を変えるための選択（%）

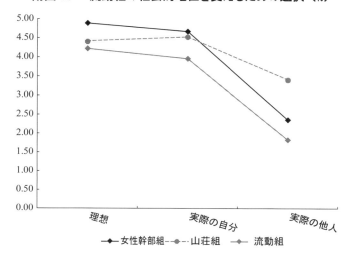

附図 11　三組の社会的地位を変えるための選択の平均値

附表7　良い人間関係を作る選択（女幹部組、％）

	理想	実際 自己	実際 他人	自－他の差
コネ	13.5	24.1	11.4	12.7
業績	49.9	52.8	13.7	39.1
ムード	32.9	3.3	6.4	－3.1
紛争調停	2.7	18.7	16.0	2.7
お世辞	0.7	0.7	47.5	－46.8
その他	0.3	0.4	5.0	－4.6
Σ	100.0	100.0	100.0	0.0
平均値	3.72	3.80	2.11	
標準偏差	0.77	1.04	1.51	

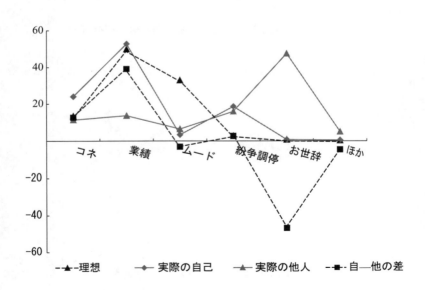

附図12　女幹部の良い人間関係を作る選択（％）

付録一　特別職業階層の調査資料　345

附表 8　良い人間関係を作る選択（山荘組、％）

	理想	実際		
		自己	他人	自－他の差
コネ	40.0	48.6	22.8	25.8
業績	25.7	17.3	20.0	－2.8
ムード	2.9	2.9	0.0	2.9
紛争調停	14.3	14.3	20.0	－5.7
お世辞	14.3	17.1	25.7	－8.6
その他	2.8	0.0	11.5	－11.6
Σ	100.0	100.0	100.0	0.0
平均値	3.54	3.67	2.60	
標準偏差	1.60	1.57	1.79	

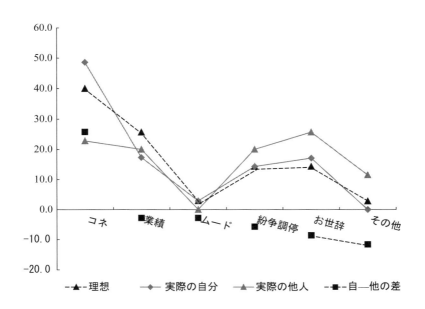

附図 13　山荘組の良い人間関係を作る選択（％）

附表9　良い人間関係を作る選択（流動組、％）

	理想	実際		
		自己	他人	自一他の差
コネ	41.1	27.4	19.6	7.8
業績	27.5	29.4	9.8	19.6
ムード	15.7	5.9	7.8	－1.9
紛争調停	7.9	19.6	17.6	2.0
お世辞	2.0	3.9	31.4	－27.5
その他	5.8	13.8	13.8	0.0
Σ	100.0	100.0	100.0	0.0
平均値	3.80	3.15	2.27	
標準偏差	1.41	1.73	1.74	

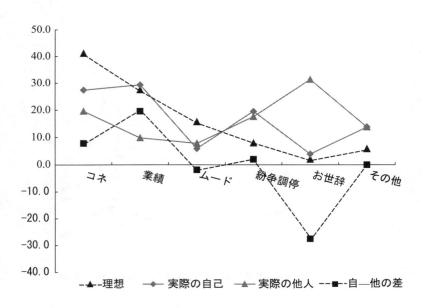

附図14　流動組の良い人間関係を作る選択（％）

付録一　特別職業階層の調査資料　347

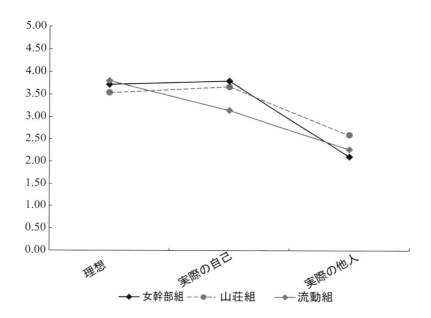

附図 15　三組の良い人間関係を作る選択の平均値

附表 10　人生観の選択（女幹部組、％）

| | 理想 | Σ | 実際 | | | |
			自己	Σ	他人	Σ
人柄（名声）	40.7 (15.2)	55.9	40.1 (14.7)	54.8	5.6 (6.3)	11.9
知識（力量）	34.4 (1.0)	35.4	16.4 (1.7)	18.1	6.3 (2.6)	8.9
健康（家庭）	4.3 (1.3)	5.6	12.4 (5.4)	17.8	4.6 (9.3)	13.9
地位（権力）	0.3 (1.0)	1.3	4.0 (3.7)	7.7	5.6 (6.3)	11.9
金銭（財産）	1.3	1.3	1.0	1.0	20.9 (1.7)	22.6
その他	0.5	0.5	0.6	0.6	30.8	30.8
Σ	100.0	100.0	100.0	100.0	100.0	100.0
平均値		4.42		4.16		1.83
標準偏差		0.82		1.10		1.73

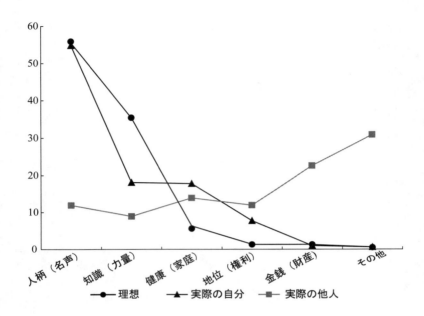

附図16　女幹部組の人生観の選択（%）

附表11　人生の価値観の選択（山荘組、%）

	理想	Σ	実際 自己	Σ	他人	Σ
人柄（名声）	31.47 (17.1)	48.5	22.9 (20.0)	42.9	17.1 (5.7)	22.8
知識（力量）	20.0	20.0	14.3 (2.9)	17.2	5.7	5.7
健康（家庭）	8.6	8.6	11.4 (8.6)	20.0	8.6 (5.7)	14.3
地位（権力）	8.6	8.6	2.9	2.9	2.9 (5.7)	8.6
金銭（財産）	8.6 (5.7)	14.3	14.3	14.3	11.4 (31.4)	44.8
その他	0	0	2.7	2.7	3.8	3.8
Σ	100.0	100.0	100.0	100.0	100.0	100.0
平均値		3.80		3.63		2.42
標準偏差		1.46		1.54		1.68

付録一　特別職業階層の調査資料 | 349

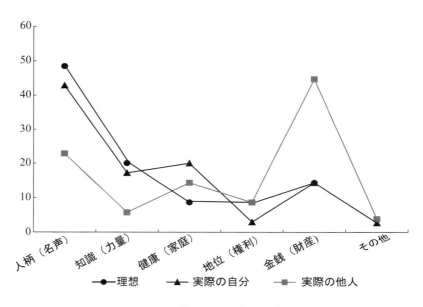

附図 17　山荘組の人生観の選択（%）

附表 12　人生の価値観の選択（流動組、%）

	理想	Σ	実際			
			自己	Σ	他人	Σ
人柄（名声）	23.5（25.5）	49.0	17.6（15.7）	33.3	9.8（3.9）	13.7
知識（力量）	23.5	23.5	21.6（3.9）	25.5	7.8	7.8
健康（家庭）	13.7	13.7	9.8（3.9）	13.7	3.9（2.0）	5.9
地位（権力）	3.9	3.9	2.0（15.7）	17.7	17.6（7.8）	25.4
金銭（財産）	3.9	3.9	2.0（7.8）	9.8	7.8（23.5）	31.3
その他	6.0	6.0	0.0	0.0	15.9	15.9
Σ	100.0	100.0	100.0	100.0	100.0	100.0
平均値		3.91		3.55		1.995
標準偏差		1.47		1.36		1.60

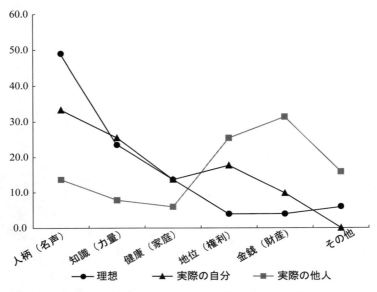

附図18　流動組の人生の価値観の選択（％）

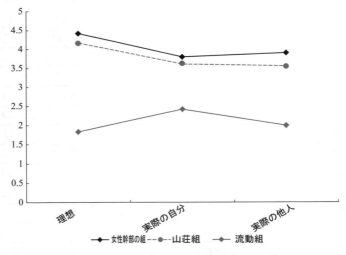

附図19　三組の人生観の選択の平均値

付録一　特別職業階層の調査資料　351

附表 13　金儲けの風潮下での子供の進路選択希望（女幹部組、%）

読み書きができれば十分。早くお金を稼ぐ	1.60
専門学校に行き、技術職に就く	20.10
大学に行き、高度人材になる	76.00
金さえ稼げれば、学校に行かなくていい	0.70
分からない	0.00
その他	1.60
平均値	3.18
標準偏差	0.61

附表 14　金儲けの風潮下での子供の進路選択希望（山荘組、%）

読み書きができれば十分。早くお金を稼ぐ	0.00
専門学校に行き、技術職に就く	8.60
大学に行き、高度人材になる	85.70
金さえ稼げれば、学校に行かなくていい	2.90
分からない	2.80
その他	
平均値	3.00
標準偏差	0.48

附表 15　金儲けの風潮下での子供の進路選択希望（流動組、%）

読み書きができれば十分。早くお金を稼ぐ	7.80
専門学校に行き、技術職に就く	31.40
大学に行き、高度人材になる	35.30
金さえ稼げれば、学校に行かなくていい	0.00
分からない	9.80
その他	3.90
平均値	2.80
標準偏差	1.55

附表 16　才能の自信の程度の選択と得点（女幹部組、%）

	自己	他人
5分（自信満々）	17.1	18.8
3分（自信がある）	57.7	37.2
1分（少し自信がある）	19.8	19.1
0分（分からない）	2.0	22.9
－1分（少し自信がない）	2.3	1.4
－3分（少し自信がない	0.7	0.7
－5分（全く自信がない）	0.3	0.0
平均値	2.725	2.212
標準偏差	1.55	1.85

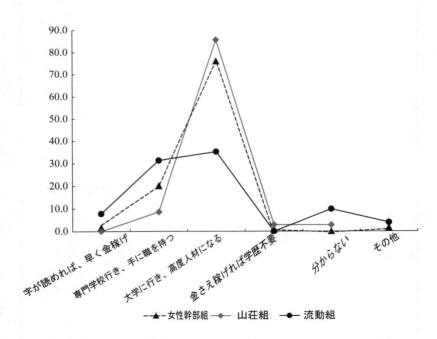

附図 20　金儲けの風潮下での子供の進路選択希望（%）

付録一　特別職業階層の調査資料 | 353

附表 17　才能の自信の程度の選択と得点（山荘組、%）

	自己	他人
５分（自信満々）	45.7	31.4
３分（自信がある）	45.7	42.9
１分（少し自信がある）	2.9	11.4
０分（分からない）	2.9	14.3
－１分（少し自信がない）	2.9	0.0
－３分（自信がない）	0.0	0.0
－５分（全く自信がない	0.0	0.0
平均値	3.66	2.97
標準偏差	1.46	1.73

附表 18　才能の自信の程度の選択と得点（流動組、%）

	自己	他人
５分（自信満々）	7.8	15.7
３分（自信がある）	37.3	15.7
１分（少し自信がある）	25.5	5.9
０分（分からない）	15.7	4.7
－１分（少し自信がない）	11.8	11.8
－３分（自信がない）	2.0	3.9
－５分（全く自信がない）	0.0	0.0
平均値	1.58	1.08
標準偏差	1.83	2.17

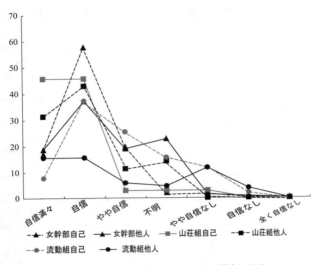

附図 21　才能の自信の程度の選択（％）

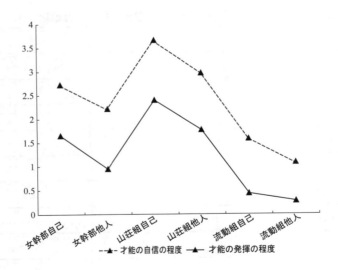

附図 22　三組の才能の自信と発揮の程度の得点比較（％）

付録一　特別職業階層の調査資料　　355

附表 19　才能発揮の程度の選択と得点（女幹部組、%）

	自己	他人
５分（とても十分）	8.4	8.9
３分（充分）	41.8	22.0
１分（やや充分）	27.6	23.7
０分（分からない）	5.1	23.0
－１分（やや不十分）	11.4	15.5
－３分（少し不十分）	5.1	5.2
－５分（とても不十分）	0.7	1.7
平均値	1.648	0.946
標準偏差	2.04	2.14

附表 20　才能発揮の程度の選択と得点（山荘組、%）

	自己	他人
５分（とても充分）	34.3	20.0
３分（充分）	31.4	28.6
１分（やや充分）	11.4	17.1
０分（分からない）	2.9	20.0
－１分（やや不十分）	11.4	11.0
－３分（少し不十分）	8.6	0.0
－５分（とても不十分）	0.0	2.9
平均値	2.40	1.77
標準偏差	2.58	2.33

附表 21　才能発揮の程度の選択と得点（流動組、%）

	自己	他人
5分（とても十分）	11.8	11.8
3分（充分）	13.7	3.9
1分（やや充分）	23.5	13.7
0分（分からない）	17.6	39.2
−1分（やや不十分）	15.7	17.6
−3分（少し不十分）	11.8	9.8
−5分（とても不十分）	5.9	2.0
平均値	0.43	0.274
標準偏差	2.63	2.22

附表 22　理解に苦しむこと（女幹部組、%）

ムード	31.6
理解	30.9
仕事	18.6
家庭	9.8
収入	2.6
その他	6.5
Σ	100.0
平均値	3.595
標準偏差	1.42

付録一 特別職業階層の調査資料 357

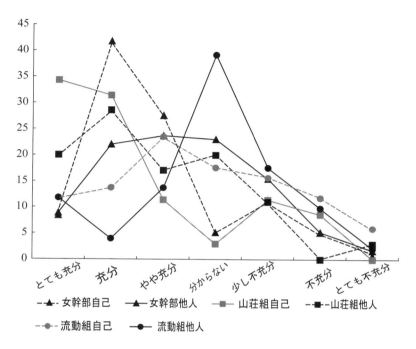

附図 23　才能発揮の程度の選択（％）

附表 24　理解に苦しむこと（流動組、％）

ムード	0.0
理解	51.0
仕事	21.6
家庭	6.0
収入	2.0
その他	19.4
Σ	100.0
平均値	2.83
標準偏差	1.53

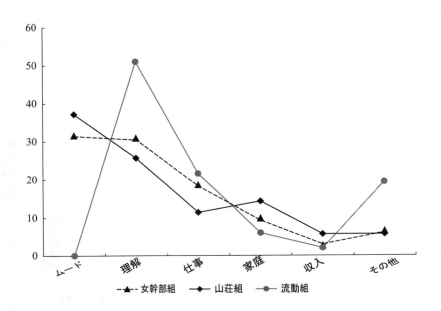

附図 24　理解に苦しむこと（％）

附表 25　家庭を楽しむこと（女幹部組、％）

地位	5.3
尊敬	9.9
仕事	31.6
家庭	43.1
収入	8.6
その他	1.5
Σ	100.0
平均値	2.56
標準偏差	1.00

附表 26　家庭を楽しむこと（山荘組、％）

地位	5.7
尊敬	8.6
仕事	0.0
家庭	57.1
収入	22.9
その他	5.7
Σ	100.0
平均値	2.00
標準偏差	1.15

附表 27　仕事を楽しむこと（流動組、％）

地位	2.0
尊敬	25.5
仕事	27.5
家庭	21.5
収入	9.8
その他	13.7
Σ	100.0
平均値	2.47
標準偏差	1.38

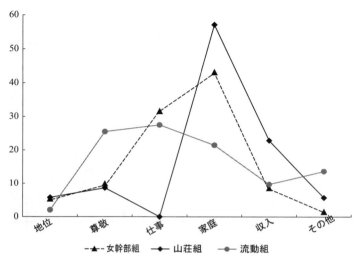

附図 25　家庭を楽しむこと (%)

附表 28　最も願うこと・願わないことを誰に話すか（女幹部組、%）

感情表現相手	悩みがある ✔	悩みがある ✘	喜びがある ✔	喜びがある ✘	困難がある ✔	困難がある ✘	リスクがある ✔	リスクがある ✘
両親	8.3	25.9	9.2	9.7	53.7	8.6	49.1	55.5
上司	4.5	0.3	19.4	21.0	36.6	75.3	26.9	20.0
友達	26.4	19.6	23.1	12.0	1.6	2.5	4.6	4.5
兄弟姉妹	2.8	3.8	5.9	4.1	4.9	4.9	10.2	4.5
先生	2.1	0.7	1.5	0.7	0.0	0.0	1.9	1.8
夫（妻）	55.2	49.3	39.9	50.6	2.4	2.5	4.6	10.0
その他	0.7	3.4	1.0	1.9	0.8	6.2	2.7	13.7
Σ	100.0	100.0	100.0	100.0	100.0	100.0	100.0	100.0
平均値	2.46	2.97	3.05	2.76	5.29	4.55	4.87	4.78
標準偏差	1.78	2.14	1.88	1.99	1.10	1.44	1.57	1.98

付録一　特別職業階層の調査資料　｜　361

附表 29　最も願うこと・願わないことを誰に話すか（山荘組、%）

感情表現相手	悩みがある		喜びがある		困難がある		リスクがある	
	✔	✖	✔	✖	✔	✖	✔	✖
両親	5.7	40.0	14.3	2.9	20.9	34.3	8.6	40.9
上司	0.0	14.3	0.0	14.3	2.9	2.9	2.5	2.9
友達	40.0	2.9	22.9	2.9	42.9	5.7	40.0	0.0
兄弟姉妹	1.4	0.0	2.9	0.0	14.3	0.0	11.4	0.0
先生	10.0	0.0	2.9	2.9	0.0	0.0	0.0	2.9
夫（妻）	20.0	2.9	42.2	2.9	8.6	25.7	11.4	14.3
ほか	22.9	39.9	14.1	74.1	11.3	31.4	25.7	39.9
Σ	100.0	100.0	100.0	100.0	100.0	100.0	100.0	100.0
平均値	2.48	3.26	2.35	1.09	3.58	2.69	2.69	2.75
標準偏差	1.88	2.80	2.02	2.01	1.83	2.65	2.03	2.80

附表 30　最も願うこと・願わないことを誰に話すか（流動組、%）

感情表現相手	悩みがある		喜びがある		困難がある		リスクがある	
	✔	✖	✔	✖	✔	✖	✔	✖
両親	15.7	21.6	35.3	5.9	25.5	3.9	17.6	11.8
上司	5.9	5.9	0.0	13.7	5.9	7.8	9.8	3.9
友達	52.9	3.9	33.3	0.0	33.3	3.9	27.5	0.0
兄弟姉妹	0.0	0.0	15.7	0.0	7.8	5.9	5.9	0.0
先生	16.3	2.0	0.0	0.0	2.0	2.0	0.0	3.9
夫（妻）	2.0	0.0	0.0	0.0	0.0	0.0	2.0	2.0
その他	16.3	66.6	15.7	80.4	25.5	76.5	37.2	78.4
Σ	100.0	100.0	100.0	100.0	100.0	100.0	100.0	100.0
平均値	3.7	1.79	3.92	1.03	3.41	0.99	2.84	1.06
標準偏差	1.60	2.59	2.02	2.12	2.27	1.899	2.39	2.07

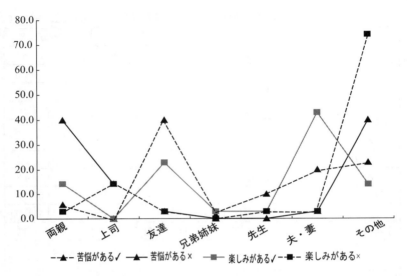

附図 26　最も願うこと・願わないことを誰に話すか（女幹部組、%）

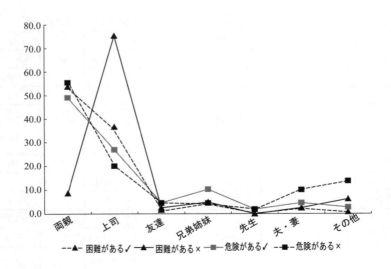

附図 27　最も願うこと・願わないことを誰に話すか（女幹部組、%）

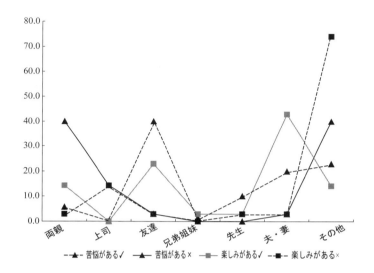

附図 28　最も願うこと・願わないことを誰に話すか（山荘組、％）

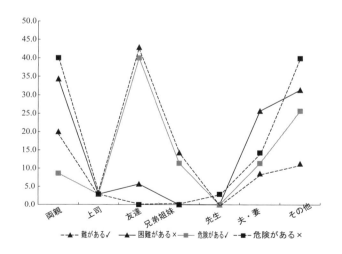

附図 29　最も願うこと・願わないことを誰に話すか（山荘組、％）

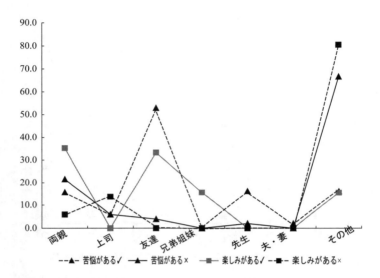

附図30　最も願うこと・願わないことを誰に話すか（流動組、％）

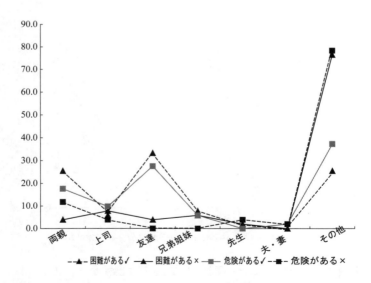

附図31　最も願うこと・願わないことを誰に話すか（流動組、％）

附録二　　x^2 検定　　365

附録二　　x^2 検定

　我々は性別・年齢・学歴・職業を独立変数とし、アンケート中の 95 の変数を従属変数とし、各種の分割表を作成した。その後これらの分割表に対して検証を行う。独立変数と従属変数の関係はいずれも名義－名義、名義－順序の変数であるから、検証方法は x^2 検定となる。

　x^2 検定とは、条件の次数表に基づいてサンプルの中の二つの変数の関係を表しており、それらの総体の中の是非の相関を推論する。即ち H_1：x と y に関係があり（総体）、H_0：x と y は無関係である（附表 1 参照）。

附表 1　rxc 表の一般形式

	B_1　$B_2\cdots B_c$	行辺縁和 $n_i = \sum\limits_{i=1}^{c} n_{ij}$
A_1	n_{11}　$n_{12}\cdots n_{1c}$	n_1
A_2	n_{21}　$n_{22}\cdots n_{2c}$	n_{20}
$\vdots$	$\vdots$　$\vdots$　$\vdots$	$\vdots$
A_γ	$n_{\gamma 1}$　$n_{\gamma 2}\cdots n_{\gamma c}$	$n_{\gamma 0}$
列辺縁和 $n_{0j} = \sum\limits_{i=1}^{\gamma} n_{ij}$	$n_{01}\,n_{02}\cdots n_{0c}$	n

$$X^2 = \sum_{i=1}^{\gamma} \sum_{j=1}^{c} \frac{(n_{ij} - E_{ij})^2}{E_{ij}}$$

　式の中の x^2 の自由度は $(\gamma -1)(c-1)$。我々は α の値を < 0.05 と定め、x^2 の値の計算と x^2 の分布の臨界値表の調査を経て、x と y の是非の相関を計算した。95 の変数に対する検証を経て、結果は附表 2 の通りになった。

附表2　95 の変数の検証結果（%）

	顕著（個数）	不顕著（個数）	総数（個数）	顕著比例
学歴	78	17	95	0.82
職業	70	25	95	0.74
年齢	54	41	95	0.57
性別	21	68	95	0.22

　表中から分かることは、95 の従属変数の中で、学歴という独立変数の影響は最大であり、それは 78 の変数に対して影響があった。性別という独立変数の影響は最も小さく、ただ 21 の従属変数に対して微弱な影響しかもたらしていない。このために、以降の分析の中では、我々は性別というこの独立変数を捨象して、分析の重点を学歴と職業の上に置く。

　学歴と職業というこの二つの変数の分割表を作成することを通じて、学歴と職業の間の関係は比較的密接に関係しているものであるという結果を得た（附表 3 参照）。

附表3　学歴と職業の間の関係

	肉体	頭脳	接客	学生	総計
高	14	452	16	115	597
中	547	248	127	48	970
初	153	9	12	2	176
総計	714	709	155	165	1743

学歴は順序変数となり、職業は名義変数となった。このために、我々は係数 λ を用いて二つの変数の相関の程度を検証した。

$$\lambda = \frac{\sum \mathrm{fim} - \mathrm{Fym}}{N - \mathrm{Fym}}$$

　Fym：y の頻度の次数
　fim：全ての x の値の y の頻度係数)

このため、上の表の λ の値は、

$E_1 = 1743 - 597 = 1146$

$E_2 = 1743 - (547 + 452 + 127 + 115) = 502$

$$\lambda = \frac{1\,146 - 502}{1\,146} = 0.56$$

λ の値から知ることができることは、学歴と職業の相関程度が比較的高く、x^2 の検証を経て、学歴と職業の相関程度から総体を類推することができる。

　だから、性別・年齢・学歴・職業という四つの独立変数の中では、学歴と職業は最も重要な変数であり、従属変数に対する影響は最も広範であり、その中で、学歴は主要な変数であり、学歴と職業の間の相関性は高い。だから、我々は課題の分析の中で、学歴という要素がそれぞれの従属変数にどのように影響しているかということを重点的に考察した。

あとがき

　課題の前後に想定・構想し資料を収集・整理し、討論・切磋して理論仮説を形成し、その後に全国での標本調査・データ処理・モデルの作成とモデルによる解釈・問題分析等々を試行し、最後に『中国民族性』（一）と『中国民族性』（二）を主要な成果の形式として、課題研究は一段落を告げたが、およそ四年の時間を費やした。心理現象、とりわけ深層心理について、比較的大規模な軽量化の研究と理論の論証を行うことは、私とその他の研究者にとって初めての試みであり、一つの経験が蓄積し深化していく過程には、困難は不可避のものである。同時に、研究のツールや手段をその内に含む、必要な研究条件も欠乏していて、課題研究の困難を甚だしくした。ある時、自分でデータを照合しモデルを作成する作業を試みるため、いつでも使い始めることのできる計算機がなんと一台も見つからなかった。書物になる最終段階で、常に手仕事によって作業をせざるを得ず、膨大な精力と時間を費やして、日に夜を継ぎ、甚だしくは夜明けに至ることもあった。研究条件の不足は、研究者にとってまったく「過酷」を極めるような制限であった。

　しかし、課題研究はそれ自体の課題の意義や強い魅力のために、常に緊張感のある愉快な仕事であった。

　中国は悠久の歴史を有する文明の長い国である。この国家に生活する国民は、ただ伝統があるというだけでなく、歴史の深みがあり、奥深くて測りがたい。中国文化には国家を国家たらしめる制度があるだけでなく、人を人たらしめる一式のものがあり、それは我が身を省みる修己を根本とし、代々の中国人を教化してきた。連綿と続いた凶作・戦乱・天災・人災が如何に猛威を振るおうとも、中国人の強靭な生命力と活力を抑えることはできず、中国人の勤勉な両手をどうすることもできず、一たび

太平の繁栄・天候や地の利を得れば、絶妙にして無比なる創造力と創作活動が時運に乗じて現れた。どれほどの年月に渡って、外国人の眼中では中国人が一つの「謎」であっただろうか。大科学者のルソーにしてもこのように中国人を見なした。西洋の中国人に対する興味と探究は、シュタインタール等が世界で最初の『民族心理学・言語学雑誌』を創刊した1859年に比べてはるか前に遡らねばならない。前世紀末には中国人の自民族に対する深刻な反省と仔細な研究がすでにあった（『中国民族性』（一）参照）。ただし、現在の我々の自己に対する認識はほとんど不案内なものであり、見当もつかないものである。

　日本は東洋の文化国家として、近代化の道程の上で二度大きな離陸があったと言えよう。一つは明治維新であり、もう一つは第二次世界大戦後である。二度の離陸はいずれも日本精神と近代化の有機的結合をきっかけとしていた。明治維新の前にはかつて「和魂漢才」が提唱され、その後に「和魂洋才」が提唱され、いずれも「魂」の紐帯作用を重要視した。私の手元には1935年に出版された『日本魂による『論語』解釈』の四冊がある。その内容を貫いている基本的な目的は、「『論語』と世界文化によって日本魂＝和魂漢才＝和魂洋才を注釈し、西洋の意味と仏の悟りである（洋意佛悟）」。第二次世界大戦の後、日本はアメリカを主とする近代化の経験を利用し尽くして、科学技術と教育を発展させた。これと同時に、日本人としての自己反省する日本人研究が幾度かブームになり、林知己夫による五年に一度の国民性の追跡調査は十分に成功を収めた。日本社会が敗戦後の混乱から比較的早く秩序を回復し、長期に渡って比較的安定し、社会の犯罪も比較的少なく、経済発展や企業の管理において卓越した成果があり、それらは日本人の自己認識・自己管理と密接に関係があったと言わざるを得ない。近代化の過程においては、民族感情の保護を近代化経験の受容と結合させる問題を抱えている。

　中国人にとっての課題研究は、難易度が極めて高いが、私と私の学生にとってほとんど使命のような任務になっており、一刻も猶予できない

ものと感じている。

　実際のところ、これまでの民族性の研究は難しいものであり、中国人にとって民族性の研究はさらに困難なものであった。この種の研究は社会心理学の領域のみでは効果がないものである。民族性を決定し影響をもたらす要素は多方面に渡るものであり、その中には種族の要素・地理的要素・生理的要素等があるが、主要なものは文化的要素であり、多方面からの研究を要して、初めてうまくいく。この方面から見ると、中国人の研究にはなお多くのやらねばならないことが存在している。

　『中国民族性』（二）の完成は決して私個人の力によって成ったものではない。それは理工系を専門とする研究者による直接の参加と協力のもとで完成したものである。数学と力学出身の砂徳松副教授はかつて計量化研究や定量と定性を統一する数学的方法等の諸方面から、多くの構想を提出し、課題研究のために啓発性に極めて富んだ数理的思考回路を提供した。力学と統計学出身の龍凱軍講師はファジィクラスターの全作業を案出し実行した。自動制御専門の出身の苗少波は相関マトリクスとサンプル抽出の最後の検証作業を案出し実行した。理工専門の出身の彭泗清は差異の検証とその他のモデル作成作業の一部を案出し実行した。社会学出身の羅新は x^2 検定を実行した。本書の完成は多くの学科の力の工作と混合作業の利益を顕示している。彼らは助手であり、私の協力者でもある。本書は彼らの功労を凝集させた。このため、本書がまもなく出版されようとしている際に、謹んで彼らに心からの謝意を表明する。

　この他に、課題の構想を温めている段階で、劉穂農尊師・凌力・呉廷嘉の三人の親切な支持と協力を得て、これを課題の名称として仕事を始めた時には、三人の女士のみならず、沈大徳・張琢・張夢揚・夏建中・鄭為徳・於碩の支持と協力を得て、幾度か一緒に座って討論し、資料集や歴史統計表の最初の編集作業を分担した。張琢と張夢揚先生は資料集のために魯迅研究に関する成果を提供し、趙雲棋先生は『山西人の性格』という論文と資料を提供し、劉炎教授は課題の始めから終わりに至るま

での参加者であり指導者であった。ここに、私は研究課題の申請者及び責任者の名義で謹んで私の先輩・朋友と真心からの協力者に対し最上の敬意と心からの謝意を申し上げる。

最後に、国家からの社会科学基金による資金援助に対して、課題研究責任者の名義で、深い謝意を表明したい。同時に、『中国民族性』（一）と本書の出版のために、たゆまず精励し真摯に責任を負われた中国人民大学出版社の劉良基先生に対して心からの謝意を表明する。

沙　蓮香

一九九〇年四月　北京

訳者あとがき

　本書は沙蓮香教授の『中国民族性』三部作の第二部の日本語版である。ご覧のとおり序章の二段落目から、民族は構造体であるという、標準的な社会科学では60年前に全否定された認識が堂々と書いてあり、いきなり読者諸氏を驚かせてしまう。

　今回訳出した部分は「民族心理学」というものが主題になっている。私の理解では「各民族には共通の性格がある」という考え方自体が人々をナチズムへ導いたとみなされ、1960年代頃からの標準的な社会科学では否定されている。1950〜60年代の社会学では、「民族の性格」という概念を用いなくても、ある社会を一つの機械のような「システム」として描くことはできるのではなかろうか、という試みがあった。しかし、いろいろな反差別運動が本格化した1960年代にはこの試みも終わりを告げる。人種とか性とか階層とか、多様な個人を含む社会を、「民族精神」にしろ「システム」にしろ、「一つのもの」として描くことを社会科学はすべて放棄し、それ以後は特に、その社会にいる多くの人に影響を与える要素（たとえば「宗教」とか「神話」とか「学校教育」など）を個別に研究することになった。しかし、それは「民族の性格」とか「社会全体」とかではなく、「その社会にとっておそらく重要な何かの個別的な研究」であるという「禁欲さ」が求められる。かつて日本で「日本人論」というのが流行したが、これは当時「非西洋で先進国になったのは日本だけ」という前提があって、「それはなぜか」と考えると、「イエ」「ウチとソト」「会社」「上下の序列」とかいった「西洋にないもの」がいろいろあるからだ、という話だ。「日本民族の性格」を考えたものではなく「日本と西洋の違い」を「個別的に」考えたものである。他方、「社会心理学」というのが「社会学」から本格的に分離していったのも

1960年代以後のことである。これ以後の社会心理学というのは、「民族の性格を分析することはできなくても、質問紙調査によって統計的に『多くの人の意見や志向』を『計量』することはできる」という信念を拠り所にしている。これは、「カウントされた数」だけ考えることで、「民族精神」とか「国民性」とかを考えずに済ませるという方向性である。

　文革前、文革中、文革後の改革開放時代という激動の時代を通じて、中国人がどのように変化したかの貴重な記録である。この本の背景には、中国では文革後に「この国は一体何だったのだろう」「私たちは一体どんな人たちなのか」という喪失感・疑問が深くあって、中国文明を中国人自身が描き出すということに、知識人が非常に高い関心を持っていた。この本が出された1991年にもまだこの空気は残っていたことがある。その後、この変化の延長線上に70後・80後・90後・00後と言われる（1970年代生まれ、80年代生まれ、90年代生まれ、2000年代生まれ）などの変化が位置している。

　本書の翻訳出版は、多くの人々の協力の下で実現した。本書の下訳は、北京第二外国語大学の大学院生の呂園園（2013年度入学）・翟敏（2015年度入学）・東京大学での後輩、倉澤正樹先生が受け持ってくれた。本書出版のために奔走してくれた、グローバル科学出版社の劉偉社長、中国人民大学出版社の藩宇女史、歴史学的な見地から訳に朱を入れてくださった鈴木昭吾先生、訳のチェック・修正を施してくださった森山美紀子先生・久保輝幸先生など、多くの方々に、この場を借りて深くお礼申し上げたい。

　本書の訳に関しては、全面的に私が責任を負うものであるが、多々不十分な点があると思う。もし、読者諸兄に誤訳の発見や、ご意見等があったら、訳者（tsudaryo@bisu.edu.cn）までご連絡いただければ、有り難い。

津田　量

2017年10月20日

編著者紹介

沙　蓮香（Sha Lianxiang）中国人民大学哲学系卒、北京大学心理系修了。1982 年より 1984 年まで東京大学文学部に留学。中国人民大学、清華大学にて教鞭を執る。1989 年より 2003 年まで東北大学・一橋大学・関西学院大学にて招聘教授。中国人民大学に 1986 年心理学研究センター、1993 年、1994 年にそれぞれ社会心理学研究所と女性研究センターを創設。現在上記研究所所長・教授。中国社会心理学学会常務理事・副会長。中国民族性の研究に長年携わり、論文のほかに『社会心理学』『中国社会心理分析』『中国人素質研究』『中国民族性』など著書多数。

編訳者一覧

【訳 者】

津田　量（ツダ・リョウ）東京大学卒、同大学院人文科学研究科アジア文化学専攻、中国人民大学博士課程社会学専攻修了（法学博士）。北京第二外国語大学准教授。

【監 訳】

森山　美紀子（モリヤマ・ミキコ）東京外国語大学卒、同大学院地域文化研究科言語文化専攻修了（言語学修士）。東海大学教授。

久保　輝幸（クボ・テルユキ）大阪府立大卒、茨城大学大学院人文科学研究科言語文化専攻、中国科学院博士課程科学史専攻修了（理学博士）。浙江工商大学准教授。

鈴木　昭吾（スズキ・ショウゴ）山口大学卒、広島大学大学院文学研究科東洋史学専攻、同大学院博士課程歴史文化学専攻修了（文学修士）。外交学院専任講師。

【監 修】

劉　偉（Liw Wei）編集者、ジャーナリスト。島根大学大学院法学研究科法学専攻修了（法学修士）。河北青年報社法人代表兼総編集長、日本海新聞記者を経て、国際・政治分野を中心に執筆多数。

中国民族性 第二部

定価：本体 3980 円+税

一九八〇年代、中国人の「自己認知」

発　行　日　　2017 年 12 月 15 日　初版第 1 刷発行

編　著　者　　沙　蓮香

訳　　　者　　津田　量

監　　　訳　　森山美紀子　久保輝幸　鈴木昭吾

監　修／出版人　　劉　偉

発　行　所　　グローバル科学文化出版株式会社

　　　　　　　〒 140-0001 東京都品川区北品川 1-9-7 トップルーム品川 1015 号

印　刷／製　本　　株式会社シナノ

Ⓒ 2017 China Renmin University Press

落丁・乱丁は送料当社負担にてお取替えいたします。

ISBN 978-4-86516-021-5　C0036